U0078876

你一定想看的韓國史

알고 싶은 한국사

脆脆的，把韓國史一次給理清楚！

每個事件都與中國、世界歷史對照
一目瞭然，給記憶一個重要的位置

作者/楊益、鄭嘉偉

韓·國·史·

前言

　　朝鮮半島與中國的關係，可謂相當密切。不必說幾千年來的政治、經濟、軍事、文化往來，也不必說數十年前韓戰爆發時的浴血奮戰，單看近來韓國歌星、影星在兩岸三地的風靡，遍及各地的韓國餐館，便也足見兩地剪不斷的緣分，韓國的歷史劇也逐漸引起大家的興趣。

　　韓（國）朝（鮮），其歷史綿延數千年，出現過許多有趣的人物和有趣的故事。對專門的研究者而言，這些東西自然爛熟於胸。但對普通讀者來說，一本通俗易懂、簡明扼要的普及型書籍，或許可以幫助讀者對我們的鄰國有更加具體的瞭解。

　　因此有了我們這一本書。

　　相對於中國幾千年朝代更替的歷史，朝鮮半島歷史有諸多特色。

　　首先是它的歷史與中國關係密切。在多數時候，朝鮮半島的政權名義上作為中國古代中央王朝的藩屬。二者之間這種關係有時是中國封建王朝用武力來維繫，有時則是對方心甘情願。不管如何，這一點註定雙方在各方面的交流和聯絡，以及彼此影響。

　　其次，由於小國寡民在統治管理上更加容易，朝鮮半島的朝代更替要遠遠少於中國。在朝鮮半島數千年歷史上，很多朝代的延續時間遠遠超過他們的中國宗主。即使不算傳說中神仙建立的一千多年的「檀君朝鮮」，

箕子朝鮮和新羅國就有八、九百年以上，勝過中國任何一個朝代。百濟、高句麗也都延續七個世紀左右，僅次於周朝。高麗和李氏朝鮮也有五百年社稷，超過商周之外的中國各個王朝。

而在半島上，朝鮮朝廷與民眾，或者文武大臣、後宮妃嬪之間的衝突，悲喜交加，頗為吸引人。當然，也有的記載，尤其是傳奇色彩比較濃厚的記載，能在中國古籍中找到類似的案例，這個在史書中也不是特別罕見的事。

限於篇幅，本書不可能將這許多故事、人物一一介紹給讀者，只能在遵照歷史大脈絡的基礎上，選取發生在半島上的一些重要的或有趣的事情，以及部分地位重要、影響深遠或者個性突出的人物，與讀者作一分享。

此外還有幾點，姑且算做對讀者的閱讀提示吧。

首先，對同一事件和人物，不同史料的記載可能大相徑庭，本書對此的處理是採用筆者認為相對可信的一種，或者能與前後記載一致的一種。並不代表其他表述就是錯誤的。

其次，本書記載的人物年齡，多數是按中國及朝鮮半島的傳統——計虛歲。而本書涉及的年代、日期，除近現代部分外，多數都是農曆。

其三，朝鮮半島政權的行政區劃、官職名稱、文學藝術、宗教、農業、軍事、曆法、服飾等沿革，每一種都可以寫出厚厚的專著，本書不可能面面俱到，故而對這些基本是一筆帶過。例如，對朝鮮半島各朝代的官職，為了使行文輕鬆流暢，多數都轉化為同時期中國的類似官職（如「宰相」、「元帥」），甚至現代的類似官職（如「部長」、「總司令」）。這一點也請讀者注意，不要被此迷惑及誤導。

此外，網上歷史愛好者的「中韓之辯」似乎有愈演愈烈之勢。比如高句麗國，韓國將其作為自己的歷史，甚至有人進而以此為依據認為「東北

地區的歷史是韓國歷史」；而中國學者和歷史愛好者就針鋒相對地指出，高句麗的發源地在中國，高句麗史屬於中國歷史，不是韓國史……其實，高句麗作為一個古代國家，疆域橫跨今日的中朝兩國，它的歷史本來就與中朝（韓）都密不可分。高句麗既然是朝鮮半島「前三國時期」的三國之一，那麼在本書中當然要對它進行收錄介紹。客觀闡述其數百年的延續、發展，其與中原帝國和半島其餘兩國的關係，讓讀者對此有個大致的認知，也就足夠了。硬要爭「高句麗是中國的」、「高句麗是韓國的」，不是本書的任務。

總之，能經由本書，使讀者產生「原來韓朝是這麼回事」的一點感悟，便是筆者最滿意的情況了。

目錄

| 第七章 | 從抗爭到分裂

楔子：韓國國王活了1900歲（檀君朝鮮）

天神下凡

朝鮮文明是如何興起的？朝鮮人有一個「自力更生」的說法。

據朝鮮的傳說，在距今四、五千年前，天上的大神叫做桓因。桓因有一個兒子，叫做桓雄。

桓雄不是嫡子，就是沒有繼承父親地位的資格。

那怎麼辦呢？桓雄趴在雲頭往下一看，有了，朝鮮這塊地不錯。他就向父親請求：我不在天上當官二代了，我要下凡去闖一番自己的事業！

桓雄帶著三千人馬，降落在太伯山（今天的妙香山，屬朝鮮民主主義人民共和國）上的一棵檀香樹附近，自封「天王」。那時候朝鮮半島的居民處在新石器時代晚期，見了威風凜凜的天王，當然是俯首稱臣。

這麼著，天王桓雄成為朝鮮半島的統治者。他教原住民耕種、紡織、木工、漁業，讓當地人的生活蒸蒸日上，同時在檀香樹下講經說法、普渡眾生。

恰巧，就在太伯山這棵檀香樹旁邊住著一隻老虎和一隻熊。牠們渴望能夠化為人身，就經常向天王朝拜祈禱。天王桓雄見牠們如此虔誠，就分別給牠們20顆大蒜和一株艾草，告訴牠們：吃下這些東西，然後在山洞裡待上100天，就可以變成人了。

記住，千萬不要見陽光！

一虎一熊興高采烈地回到自己的洞中，開始閉門修煉。頭兩天還好，再過幾天，都按耐不住了。老虎扳著爪子算算，這才幾天，還要待90多天呀，牠再也忍不住，就跳出洞來讓自己放風了。一見太陽光，原本憋了幾天的法力頓時消散殆盡，老虎也就變不成人了。

熊呢，好歹比老虎穩重些，耐不住就躺在洞裡睡覺吧。就這樣，在洞裡待了21天，熊忽然發現自己變成了一個女子！

剩下的79天還要不要繼續閉門修煉，傳說裡沒有交代。總之，熊變成了女人，稱為「熊女」。她盡情享受著為人的種種樂趣，可是沒多久又不高興了，因為沒有男人願意娶她。也難怪，誰敢娶熊當老婆啊。

於是熊女又到檀香樹下祈禱，希望能夠受孕生子。天王桓雄再次被她感動，決心幫她一把。可是天王也不能強迫男人娶熊婆不是？他就乾脆自己臨幸，和熊女發生了關係。熊女因此懷孕，並生下一個兒子。

這個兒子取名為王儉。因為在檀香樹下出生，又稱做檀君。

長大後，作為天王的孩子，他理所當然成為了這塊地方的國王。

這時候，檀君王儉的爸爸桓雄，或許覺得還是天上逍遙快活，就回天上去了。他媽媽熊女，不知道是被帶走了還是到哪去了，檀君王儉自己則從太伯山上下來，在今天的平壤地區建立了都城，開始正式的統治。

據說，這是發生在中國唐堯時期的事（西元前2333年）。

檀君王儉登基之後，因為是天神的孫子，所以有著不死之身，在位享國竟達1500年之久。這一段漫長的時間，鄰近的中國則經歷了堯、舜、禹、夏、商、周的更替。後來，商朝滅亡之後，商紂王的叔叔箕子被周武王封在朝鮮。檀君王儉看箕子是個賢人，就主動退位讓賢。又過了多年，一千九百多歲的檀君，進入阿斯達山，脫凡成神。

註：據中國歷史，從堯帝到箕子入朝鮮，其間不到1300年，即使檀君真是在堯帝時期繼位，箕子時代退位，其享國當政也還不到1500年。當然，本身就是神話傳說，年代上不吻合也不奇怪。

神話？歷史？謝謝

以上就是朝鮮文明始祖——檀君的故事。中國上古的聖賢們也有類似的傳說，比如說文明始祖伏羲是老媽聽了雷聲誕生的，商朝始祖契是老媽吃了鳥蛋生的，周朝始祖后稷是老媽踩了巨人腳印生的，秦朝始祖伯益也是老媽吃了鳥蛋生的，等等。而像朝鮮直接宣稱，檀君就是天神的孫子，而且老媽是熊變成的女子，也算耿直得可愛了。

中國上古的聖賢們往往長壽，動輒活上九十歲、一百多歲。而朝鮮的檀君，卻是活了1900歲，直接蓋上了「神仙」戳印。

總之，朝鮮的古文明傳說，在模式上與中國的華夏文明有相似之處，而又「勝於藍」。檀君王儉，作為朝鮮歷史上填補空白、開天闢地的文明始祖，他的亮相，掛著十足的「神仙」招牌。

多數神話傳說都能從現實中找到淵源。一種觀點認為，古朝鮮民族與中國的東夷民族是一系，而在四、五千年前朝鮮建立的部落或部落聯盟，或許與當時中國東北部的濊貊族有關。貊在中國古代指一種熊形動物（有時指今日的大熊貓），因此天神之子與熊女婚配誕生檀君，可以看做濊貊族與朝鮮本土民眾融合並建立文明的一種象徵。

註：濊貊又名穢貊，是東亞古代的農耕民族，夏商時期發源於中國山東，逐步遷移擴散至東北和朝鮮半島北部。西漢時期，在現今吉林一帶建立了扶餘國。根據朝鮮歷史的記載，扶餘國的移民和半島南部的三韓民族融合，成為後來的朝鮮族。

較早記載檀君完整故事的《三國遺事》，是由高麗和尚一然在西元13世紀編著的，這書多描寫的是神仙鬼怪之事。在之前一個世紀的《三國史記》中，則明確提到王儉是上古的「仙人」。長期以來，關於檀君統治朝鮮的事情，一直被當做神話傳說而非歷史。

　　然而檀君畢竟是「正統」的朝鮮君王。隨著朝鮮作為一個獨立國家的民族思想逐漸興盛，檀君在朝鮮人心目中的地位也就越發重要。朝鮮人自命為檀君的後裔，韓國曾一度使用檀君紀年（以傳說中西元前2333年檀君王儉定都平壤為元年），此外還把每年的十月三日定為「開天節」，就是紀念檀君建國的節日。最初是用農曆十月初三，後來改為西曆10月3日。

　　這一天，朝鮮半島南北雙方都會進行各種祭祀和慶典。

　　同時，朝鮮學術界也有一種聲音，致力於「還原檀君的歷史面貌」，即將檀君的統治從神話傳說轉變為真正的歷史記載。他們考證說：檀君王儉並不是天神的孫子，而是四、五千年前朝鮮半島一位部落酋長的兒子。這位公子自幼聰明能幹，胸懷大志。他繼承父親成為酋長之後，發展生產，開疆拓土，任用一批賢人，最後把朝鮮半島的各部落統一起來，建立了一個強大的國家。

　　為了消除傳說中「檀君在位1500年，活了1900歲」的漏洞，有關專家還考證說：檀君並非是一位君王，而是一個王朝，從第一位王儉開始，前後總共有將近50位君主，這樣一來，就顯得合理多了。

　　有的觀點甚至還把檀君建國的時間，從西元前2300多年提前到了前3000年左右，即從中國堯帝時代提升到了炎黃時代，朝鮮的歷史也延長了。

　　20世紀90年代，朝鮮有關部門宣布，在平壤附近挖掘出了檀君王儉的遺骨，從而證明了檀君確實是歷史上的朝鮮文明創始人。1994年，規模宏大的「檀皇陵」建成，成為朝鮮人心目中的聖地。

其實，檀君傳說，代表的更主要是朝鮮民族的一種自立意識。作為獨立國家，總想有自己的文明樹。這樣的想法也無可厚非，只要別扭曲後面的歷史記載。在「神話時代」，究竟用一個怎樣的傳說來涵蓋文明的起源，其實也是每個民族自己的權力。

| 第一章 | 韓國國王是中國人
（箕子朝鮮和衛氏朝鮮）

　　商末周初，紂王的叔叔箕子東出朝鮮，延續商朝文明，建立了朝鮮半島上第一個有史可證的國家。箕子朝鮮歷經周、秦800年，成了當時人們心中的樂土。然而在西漢初年，箕子後人的王位，卻被燕國人衛滿篡奪了。但衛滿朝鮮的國運也不久長，百年後，他的子孫得罪了漢武帝，而遭到滅國。

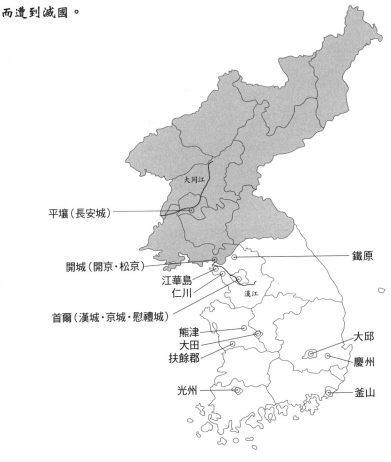

大同江

平壤（長安城）

開城（開京・松京）

鐵原

江華島
仁川

漢江

首爾（漢城・京城・慰禮城）

熊津
大田
扶餘郡

大邱

慶州

光州

釜山

濟州島

箕子東遷，朝日之鮮有樂土

河南來的朝鮮國王

朝鮮半島和中國大陸，僅僅隔了條鴨綠江。在很長時間裡，朝鮮文明與中國文明水乳交融，朝鮮對中國也是處於藩屬的地位。

事實上，撇開神話中的檀君，在朝鮮半島上的先民，多數被看做中國古代東夷部族的一支。而半島上最早的文明國家，更是一位中原人士建立的。

註：「朝鮮」這個國名，意思是「朝日之鮮」，因為半島位於大陸東部，能提早看到太陽，故有此美名。這個名字出現在箕子時代，後來又被明太祖朱元璋欽定為李氏王朝的國名。而「韓國」的「韓」源自於半島南部的三韓部落，據考究是東亞通古語系「廣大」、「寬闊」的意思。朝鮮半島的「漢江」，以及蒙古、鮮卑等部族首領「可汗」，也是同源詞彙。

開拓朝鮮文明的中國人，史稱箕子，籍貫在今河南。「箕」是他的封地，「子」是他的爵位，他的名字叫胥餘——中國古代的姓、氏、封、號就是這麼複雜，大家不用記這麼多，記得他叫箕子就行。

這老伯地位很高，是商朝王室的子弟。更嚴格地說，他是中

國著名暴君商紂王的叔叔。

幾千年來，商紂王被醜化成一個暴虐到變態的惡魔。不但他的老百姓痛恨他，他的王室親戚也都對他不滿。紂王的哥哥微子看不慣弟弟的暴行，就跑去投奔了西周，這屬於聰明人；商紂王的叔叔比干因為多次勸諫紂王，竟然被剖腹殺害，這屬於耿直人。

而箕子呢，他比比干聰明，比微子耿直。微子逃到周國的時候勸他一起，他說：身為大臣，要是因為君主昏庸，就逃到外國，這豈不是在自曝家醜嗎？不妥不妥！——殷商的人都比較不知變通，箕子就是如此。

但是，他又不像比干那樣玩命，於是披散頭髮，裝瘋賣傻。商紂王哪裡會被他騙過。不過想想：這位叔父知道裝瘋，也算識趣，那就不殺你了，關起來吧，隨你在監獄裡裝瘋。

微子跑了，比干死了，箕子既沒有跑，也沒有死——這微子、比干和箕子三位，被後世的孔夫子尊為殷商的「仁人志士三巨頭」。

等到周武王打進朝歌城，滅了商紂王，為了表現自己的英明偉大，對待前朝的這三巨頭，也要做足姿態。於是死去的比干，被封為「國神」；順應歷史潮流的微子，被封到商丘，當了宋國君主。箕子也被釋放了出來。周武王聽說箕子的賢明之名，就召他來詢問治理國家的大事。

箕子當初積累了一肚子的話，可惜紂王不聽，如今好容易遇上個「明主」，當然要說個痛快。

從頭到尾講下去，洋洋灑灑一大篇，唬得周武王一愣一愣的：「哎喲，表叔（箕子的爹商王太丁是周武王他爹周文王的岳父），您真是太厲害了，說得出這麼一大套理論。要不來輔佐我

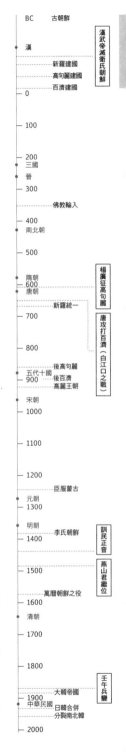

治理江山吧。」

然而箕子不願意。雖然商紂王把他囚禁起來，畢竟是他的姪兒；雖然周武王救了他，祖先創下的商王朝卻已經被人滅了。這滋味當然不好受。

於是，箕子決定去海外開創自己的王道樂土，延續商朝的社稷。他選中了東北方向的朝鮮，就帶著幾千商朝的移民，向朝鮮半島跋涉而去。

從河南到朝鮮半島，需要越過當時還是森林密佈的華北平原，沿著遼西走廊，深入遼東，穿過北方少數民族游獵的崇山峻嶺。在當時，這是一條艱險的道路。箕子和他帶領的商朝移民並沒有退縮，他一心要離開國破家亡的傷心之地，在海外尋求一個寄託希望與思念的地方。

經過幾個月的跋涉，箕子一行渡過鴨綠江，進入了朝鮮半島北部。

當時的朝鮮半島，已經有了不少的部族。但與鼎盛時期的殷商相比，還是比較落後。箕子本人是很善於說教的，又有先進的生產力和軍事制度作為後盾。這一小群殷商人在朝鮮半島定居下來，幫助當地人開墾農田、養蠶織布、冶煉金屬，同時箕子親自進行文化教育。

很快，當地人心悅誠服地接受了箕子這位國王。箕子在平壤建立了自己的都城，並且把商朝的一些政治、經濟、文化制度都搬到了朝鮮。

周武王看箕子這麼堅決，也無可奈何。他就正式冊封箕子為朝鮮的君主，並且申明，這位朝鮮國君，不算是周朝的直屬臣下。

這是發生在西元前一千餘年的事。

耶穌基督出生　0—

君士坦丁統一羅馬
羅馬帝國分成兩部

波斯帝國　500—

回教建立

阿拉伯人攻佔西班牙

凡爾登條約

神聖羅馬帝國建立　1000—

十字軍東征

英國大憲章

蒙古第一次西征

英法百年戰爭開始

文藝復興

哥倫布發現新大陸　1500—

英國大破無敵艦隊

光榮革命

發明蒸汽機

美國獨立
拿破崙稱帝

明治維新

美國南北戰爭開始

第一次世界大戰
第二次世界大戰

2000—

犯禁八法

箕子曾到陝西去朝見周武王。在路過河南時,看見商王朝的宮殿已經成了廢墟,並且被農民開闢來種農作物了。這畢竟是自己的故國啊,箕子欲哭無淚,他就作了一首詩歌,大意是:

麥苗的芒兒尖尖,禾苗的葉子閃閃,那個壞小子啊,惹了多大的麻煩!(原文「麥秀漸漸兮,禾黍油油。彼狡僮兮,不與我好兮!」)

這裡的「壞小子」,說的就是他不成器的姪兒商紂王。把整個江山都葬送了,當然是大麻煩。商朝的遺民聽到這首歌,都禁不住涕淚長流。

然而,商朝畢竟已經滅亡了,再怎樣哀嘆也無力挽回了。箕子就把自己對故國的滿腔懷念,都傾注到新天地的建設中去。他要把商紂王因為暴虐而失去的一切,都重新找回來,按照自己的意願建設一個美麗家園。

箕子畢竟是一位大賢人。他為鴻蒙時期的朝鮮制定了八條法律,稱為「犯禁八法」。這裡面沒有繁文縟節,都是針對當時最關鍵的社會問題提出的法律要求。

第一條,殺人的償命。第二條,把人打傷了的,賠償糧食。第三條,盜竊別人財物的,男人罰給人家當奴隸,女人當女奴。想要贖身的,需要出五十萬錢(這在當時算一筆鉅款了)。第四條,婦女應該守貞潔,不要亂搞男女關係。第五條,山川河流都有邊界,各部落不許跑到別人的地盤去。第六條,部落之間有相互侵犯的,就要罰賠償別人奴隸和牛馬。第七條,同姓的不許結婚。第八條,日常生活要注意忌諱,如果屋子裡有人病死,就要廢棄這座屋子,另外造新屋。

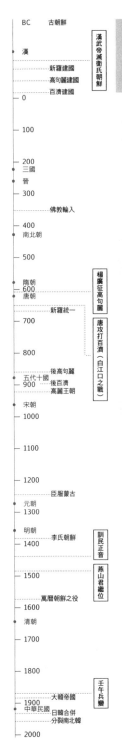

BC
耶穌基督出生　0—
君士坦丁統一羅馬
羅馬帝國分成兩部
波斯帝國　500—
回教建立
阿拉伯人攻佔西班牙
凡爾登條約
神聖羅馬帝國建立
1000—
十字軍東征
英國大憲章
蒙古第一次西征
英法百年戰爭開始
文藝復興
哥倫布發現新大陸
1500—
英國大破無敵艦隊
光榮革命
發明蒸汽機
美國獨立
拿破崙稱帝
美國南北戰爭開始
明治維新
第一次世界大戰
第二次世界大戰
2000—

除了第一條殺人償命是幾千年不變的真理之外，對比第二第三條，可以看出在箕子的法律體系中，「盜竊」是比「傷人」嚴重得多的罪行，因為後者從道德上更加可恥，不僅僅加以經濟上的制裁，更是人格上的羞辱。

第四條和第七條則是建立了當時還很淳樸的人倫道德，可以說對朝鮮人的倫理觀進行了初步建設。

過去朝鮮人發生爭執，要嘛看誰的拳頭硬，要嘛看誰和酋長關係好，要嘛看誰的部落男人多，都沒個公理可講，於是恃強凌弱，紛亂不斷。如今，有了箕子大王這八條法規，誰是誰非，一目了然。那些不守規則的，在閃亮亮的青銅刀劍強迫下，償命的償命，罰款的罰款，為奴的為奴。不多久，大家也都知道遵紀守法了。

孔子想當韓國人

箕子不僅是法學家，更是政治家和教育家，他適時地對當地人民進行道德教化。這樣恩威並舉，原本就淳樸的朝鮮人民，其社會風俗也就越來越好，簡直到了「夜不閉戶」、「路不拾遺」的程度。

箕子在朝鮮執政數十年後去世，他的政策則由子孫傳了下來。這一支殷商王朝的後裔，對紂王暴虐民眾以致亡國的教訓銘記在心，因此他們執政，也就反其道而行之，大力加強文教。

紂王熱衷於開疆拓土，窮兵黷武；而箕子的子孫們，對朝鮮半島上稍微遠些的部落，以商貿和文教傳播為主，以德服人，基本上沒有派兵。所以，在箕子王朝時期，整個朝鮮半島依然存在許多大大小小的部落或部落聯盟，只不過北部的受殷商文明影響更大一些而已。

就這麼安樂地過了300年，朝鮮依舊平靜度日，而「一衣帶水」的周朝政治混亂，周厲王殘酷鎮壓民眾，引發「國人之亂」；周幽王「烽火戲諸侯」，遭到了少數民族犬戎的入侵，西周滅亡。周平王遷都洛陽，從此進入東周時期。周天子的權勢日漸式微，大大小小的諸侯國開始相互征戰，什麼春秋五霸、戰國七雄，真是兵連禍結、烽火連天。

這時候，朝鮮因為本身領土有限、人口不多，很符合老子「小國寡民」的自然狀態。由於三面是大海，除了北面毗鄰的燕國有時候入侵外，也沒有別的外敵威脅，再加上「仁義治國」，成為一片樂土。於是，一些在戰火和苛政下難以生存的中國百姓，紛紛扶老攜幼，往朝鮮半島地區逃難。箕子朝鮮的統治者和人民敞開雙臂歡迎這些兄弟同胞。朝鮮的人口持續增加，文明也得到了進一步發展。

朝鮮的和平與安寧，不僅僅吸引著平凡百姓，還讓一位偉大的思想家、教育家也心馳神往。

他就是孔子。孔子說：如果我的大道得不到弘揚，那我就坐船出海。（原文出自《論語》：道不行，乘桴浮於海。）《漢書》、《後漢書》都認為孔子出海的目的地就是朝鮮。

他看中的是箕子及其後人在朝鮮實行的「仁政」和「先王之道」。再說，孔子祖上是宋國的貴族，也就是紂王的哥哥微仲衍的子孫，與朝鮮先王箕子一樣，都屬於殷商王室後裔，真要去朝鮮也算是投親靠友。

可惜，孔子也只是說說而已，他還是捨不得中華大地，畢生致力於在中國傳播思想、發展教育。據說，現在有人在考證「孔子是韓國人」，這當然是無稽之談，不過倒是可以說「孔子曾經想過要做韓國人」。

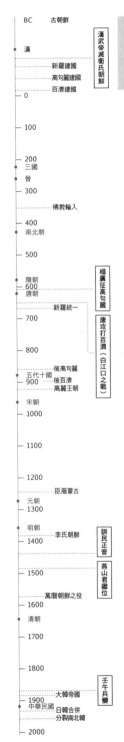

BC　古朝鮮

漢

新羅建國
高句麗建國
百濟建國

0

漢武帝滅衛氏朝鮮

100

200
三國
晉

300

佛教輸入

400
南北朝

500

隋朝
600
唐朝

新羅統一

楊廣征高句麗

700

唐攻打百濟（白江口之戰）

800

五代十國
900
後高句麗
後百濟
高麗王朝

宋朝

1000

1100

1200

臣服蒙古
元朝

1300

明朝
李氏朝鮮
1400

訓民正音

1500

燕山君繼位

萬曆朝鮮之役
1600

清朝

1700

1800

壬午兵變

大韓帝國
1900
中華民國
日韓合併
分裂南北韓

2000

引狼入室，忘恩衛滿霸朝鮮

耶穌基督出生　0—

君士坦丁統一羅馬

羅馬帝國分成兩部

波斯帝國　500—

回教建立

凡爾登條約

神聖羅馬帝國建立

1000—

十字軍東征

蒙古第一次西征

英法百年戰爭開始

哥倫布發現新大陸

1500—

英國大破無敵艦隊

發明蒸汽機

美國獨立
拿破崙稱帝

美國南北戰爭開始

第一次世界大戰
第二次世界大戰

2000—

阿拉伯人攻佔西班牙

英國大憲章

文藝復興

光榮革命

明治維新

難民潮

　　箕子朝鮮的仁政與和平，能讓大師孔子都如此心馳神往，對普通百姓的吸引力可想而知。尤其隨著中國歷史從春秋轉向戰國，諸侯國間的征戰殺伐愈加嚴酷。不堪被蹂躪與殘殺的人民，把朝鮮當做維生的寶地，紛紛前往避難。那時候的航海技術已經有了一定的發展，有的老百姓走陸路，經燕國到遼東；有的則走海路，從齊國的山東半島乘船渡海，抵達彼岸。

　　西元前256年，周王室被秦所滅，中國歷史上最長的朝代，持續八百餘年的周朝宣布終結。此時，箕子在朝鮮建立的國家，已經傳了四十餘代，他的後人，也終於目睹了先前的救命恩人和滅國仇人走向末日。

　　西元前221年，秦王政掃平六國，一統天下，自稱皇帝。之後，秦始皇出兵兩路，北驅匈奴，南吞百越，繼續開疆拓土。奇怪的是，對僅一江之隔的朝鮮，秦始皇卻沒有起吞併之心。或許在秦始皇心中，朝鮮地域狹窄，實在犯不著吞併；又或許朝鮮在秦始皇看來是古代的禮儀之邦，加上一貫對中原政權恭順，所以手下留情。

　　秦始皇統一了中國，中國人民的日子卻更加難過。長城、阿房宮、驪山陵墓⋯⋯嚴酷的政治管制和繁重的徭役取代了戰國

時期的戰亂，讓老百姓更加痛苦。秦始皇死後，秦二世繼位，陳勝、吳廣、劉邦、項羽等紛紛起兵反秦。等到秦亡之後，劉邦、項羽又展開了持續數年的「楚漢戰爭」，同樣是殺人如麻，殘酷程度超過戰國。

這驅使民眾繼續向著朝鮮逃難。從秦末到漢初這持續數十年的移民大潮，使得在朝鮮的中國人數量大大增加，促進了兩地的文化交流，也促進了朝鮮半島的文明發展。

然而，這種發展未必全是好事。對於朝鮮本土人，包括800年前隨箕子入韓的殷商人來說，這些後來者帶來了中原的科技文化，也帶來了人心險惡。依靠禮法、仁義建立的箕子朝鮮，很快就要被顛覆了。

東北來了個野心家

話說西元前202年初，劉邦在垓下一戰除掉項羽，從名義上統一了天下，而戰火仍然未能完全平息。本來已經投降了劉邦的燕王臧荼，又起兵造反。劉邦大怒，親自率軍征伐，七月出兵，九月就把臧荼逮住斬了。臧荼手下的大將衛滿帶著千餘殘兵敗將，從東南方向逃到了朝鮮半島。

這時候朝鮮的君主，是箕子的四十世孫，名字叫「準」，已經在位十多年了。箕子國到現在還守著老祖宗的一套：仁義治國，以德服人。準大哥在位的十多年裡，從中國逃難來的人源源不斷，他都好好地安置了。等到衛滿帶著千餘人趕來，準大哥更高興了：人才難得啊，這位是燕國的大將，一定能成為我治理國家的好幫手！

朝鮮半島的箕子國，中原的宋國，都是商王朝後裔建立的國家。有趣的是，因為商紂王殘暴而亡國，所以，這兩個國家的人

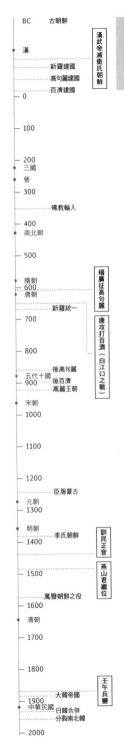

都反其道而行之，特別講道義。宋國能出「宋襄公」，打仗都要先等人家排好陣；朝鮮國君準呢，面對中原亂世混出來的將軍衛滿，也絲毫沒有戒備心。

衛滿剛剛從漢高祖劉邦的刀下逃得性命，也特別乖，對著準大哥就是一陣甜言蜜語。他是刀口上滾過來的，軍事政治方面的見識自然比朝鮮那些幾百年沒上過陣的官員們強多了。準王見他能幹，就授他做了個大大的官，在都城平壤西邊給了他一塊地，讓他幫忙守邊疆。

衛滿心懷鬼胎，以這塊地盤為根據地，從逃難來的中國人中招募自己的部屬，尤其是那些被劉邦打敗的殘兵。衛滿告訴他們：「寄人籬下的滋味不好受吧，朝鮮國的武備鬆弛，我們努力一把，富貴險中求！」

就這樣，他聚集起不少人來。衛滿本人又是將軍出身，把這些人武裝編制後嚴加操練，幾年間居然練成了一支像模像樣的「精兵」。準王得知此事，還挺高興，心想：我真是善於用人呀。

蛇咬農夫

這時候，中原依然不平靜。西元前195年，漢高祖劉邦派大將樊噲征討新任燕王盧綰，結果自己先翹辮子了。即使如此，東北地區已經鬧得雞飛狗跳，盧綰自己帶著幾千人馬逃到匈奴去了。

風聲傳到朝鮮，一時之間情況不明，人心惶惶。衛滿見機會來了，便派人去平壤對準說：「大王，大事不好，漢朝要發兵討伐我們了！」

準一聽慌了：「那可怎麼辦呀？」

衛滿的使者說：「要是被他們在邊境包圍就全完了，要是被

耶穌基督出生　0—

君士坦丁統一羅馬

羅馬帝國分成兩部

波斯帝國　500—

回教建立

阿拉伯人攻佔西班牙

凡爾登條約

神聖羅馬帝國建立
1000—

十字軍東征

英國大憲章

蒙古第一次西征

英法百年戰爭開始

文藝復興

哥倫布發現新大陸
1500—

英國大破無敵艦隊

光榮革命

發明蒸汽機

美國獨立
拿破崙稱帝

明治維新

美國南北戰爭開始

第一次世界大戰
第二次世界大戰

2000—

他們分兵偷襲平壤就更麻煩。我們將軍想先轉進到平壤，一起保衛首都。漢軍遠道深入，糧草接濟不上，我們堅守幾個月他們就只好退走了。」

準要是明白軍事，一定當場給他一巴掌。當初讓你家將軍在邊境占一塊地盤招兵買馬，不就是為了保衛邊境，現在一有風吹草動怎麼就想往首都跑啊？這還不夠居心叵測麼？可是準跟他的遠房長輩宋襄公一樣，沒那麼明白，看衛滿這麼忠心，還挺高興，當場就答應了。

於是在西元前194年，衛滿帶著他那支訓練了幾年的軍隊，浩浩蕩蕩地從封地向平壤進發。等到兵臨城下，立刻露出獠牙，向平壤進攻。

面對這個「忠心」部下的反噬，準目瞪口呆，火冒三丈。然而，大錯已經釀成。衛滿手下那群烏合之眾，從秦末亂世一路打過來，雖然不是劉邦、項羽的對手，但面對和平了800年的朝鮮軍隊，那是摧枯拉朽。朝鮮軍隊守不住城，只好保著他們的國王突圍，逃到朝鮮半島南面去了。

這麼著，忘恩負義的衛滿轟走了舊主，建立了「衛氏朝鮮」。河北人（也可能是遼寧人）取代河南人成為朝鮮的君主。

箕子朝鮮從箕子開國到王準逃難，前後延續了四十餘代，八百多年。這個時限，已經超過了中國最長的朝代周朝。

最早的韓朝對峙

準王逃到朝鮮半島南部後，當地還分散著幾十個大大小小的部落國家，每個國家也就相當於中國的一個縣大小。這幾十個國家又分成三大塊聯盟，最大的是西邊的馬韓，是土生土長的朝鮮半島人。此外，東南角的是辰韓，裡面的居民有很多是秦朝時期

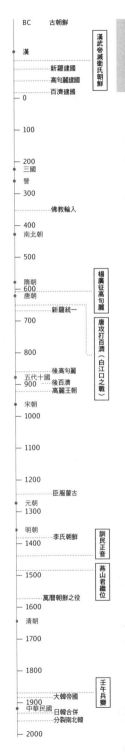

BC

耶穌基督出生　0—

君士坦丁統一羅馬

羅馬帝國分成兩部

波斯帝國　500—

回教建立

阿拉伯人攻佔西班牙

凡爾登條約

神聖羅馬帝國建立
1000—

十字軍東征

英國大憲章　蒙古第一次西征

英法百年戰爭開始

文藝復興

哥倫布發現新大陸
1500—

英國大破無敵艦隊

光榮革命　發明蒸汽機

美國獨立
拿破崙稱帝

明治維新　美國南北戰爭開始

第一次世界大戰
第二次世界大戰

2000—

從山東渡海逃難而來的中國人。東北的則叫弁韓。馬韓、辰韓、弁韓，合稱「三韓」，其得名則是由於朝鮮半島南部的大河韓水（就是漢江，意即廣大）。

在過去許多年裡，南部三韓的部落多少曾受到箕子朝鮮的文明影響，準帶著幾千人馬南下，恩威並舉，很快征服了最大的馬韓部落聯盟，辰韓和弁韓表示順從。準大哥一統三韓（其實只是獲得了名義上的擁戴），自稱韓王。

這樣，半島上出現北方「衛氏朝鮮」和南方「箕子韓國」的對峙。當然，他們對峙的分界線不是「三八線」。

據說，準王南遷後，箕子的後裔又在三韓地區延續了兩個世紀的統治，才因為某一代養不活兒子，導致後裔滅絕（一說被百濟吞併）。要是按這麼算，殷商王朝在朝鮮半島的這一脈，前後延續千年左右，不但等到了頭號仇人周王朝的滅亡，還等到了二號仇人衛氏朝鮮的滅亡（衛氏朝鮮僅僅延續一個世紀）。所謂「我打不過你，熬得過你」就是這話了。

夜郎自大，懷怨殺官惹漢皇

衛滿的如意算盤

且說燕國人衛滿恩將仇報，把箕準轟到南朝鮮，自己占據了平壤為中心的北朝鮮。他也知道：自己原本只算是漢朝的叛將，如今劉邦雖然死了，憑藉朝鮮這巴掌大的地盤，也沒法和大漢對抗啊。

衛滿就派人主動向大漢皇朝稱臣。他說：朝鮮以前被箕子的後人占據，現在換我來占據，對皇上的忠誠都是一樣的。我願意作為一個「外臣」，幫您守住東邊這一塊，管理這些野蠻人，您看怎麼樣？

恰好，那時劉邦死後，兒子漢惠帝儒弱無能，劉邦的老婆呂后垂簾聽政，朝廷裡鬥得不可開交。另一方面，當時的匈奴很強大，對漢朝構成嚴重威脅。在這種情況下，呂后和漢惠帝也就樂得清靜，他們承認了衛滿在朝鮮的權力。作為條件，衛滿必須向漢朝表示臣服，約束朝鮮半島的各部落不得騷擾漢朝的東部邊境，如果其他小國首領要朝見大漢皇帝，衛滿不得從半路阻撓。

這樣，衛氏朝鮮「大漢外臣」的身分得到了認可。依仗這把尚方寶劍，衛滿開始擴張勢力。他以平壤為基地，訓練軍隊，四處耀武揚威。有不聽話的部落，就發兵討伐。

朝鮮半島和平的歲月結束了。享受了箕子朝鮮800年「以德服

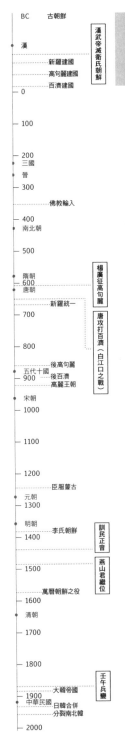

人」的那些個部落，在衛氏朝鮮的刀劍面前，很快適應了這種新穎的管理方法。衛氏朝鮮擴張大片土地，其疆域包括今天朝鮮半島的北部以及中國的遼寧省東部和吉林省西部，占地數千里。半島南部的三韓小國，也都紛紛向衛氏朝鮮討好賣乖。

衛滿在開疆拓土的同時，並沒有一味使用暴力。他想盡辦法招攬人才，完善對領土和人口的管理機制。衛氏朝鮮在疆域內建立了與中國類似的各級行政區域和統治制度，也像模像樣地設立了各級官吏。

衛滿這一輩子，對於漢朝中央，一向是表面服從，骨子裡暗中積蓄力量。他要確保的是實質上的獨立，至於名分上，並不介意拜漢朝為老大。當出頭鳥是沒有意義的找死行為，唯有見機行事，才能左右逢源。

不懂事的孫子

後來，衛滿死了。他一手創建的衛氏朝鮮，傳給了他的兒子。

再後來，衛滿的兒子也死了，他從老爹那裡繼承下來的衛氏朝鮮，傳給了他的兒子。

這位衛氏朝鮮的第三任國王名叫右渠。常言道「富不過三代」。衛滿的這位孫子，給這句話加上了一個例證。

就在衛氏朝鮮父死子承的同時，中國的漢朝也經歷了幾番波折。漢惠帝和呂后死後，周勃等人粉碎了呂氏集團，保文帝劉恒登基。文帝死後，景帝劉啟繼位，平定了吳楚「七國之亂」。在景帝之後登上皇位的，則是歷史上威名赫赫的劉徹——漢武帝。這也是位脾氣大的主。

當年，衛滿是從秦末農民戰爭和楚漢戰爭的死人堆裡爬出來

的，見識過劉邦、項羽的厲害，也明白自己的斤兩。所以，他懂得隱忍，懂得謙恭，一面向漢朝討好換取支持，一面暗中擴充自己的勢力。

而右渠和他爺爺不同。他在榮華富貴中長大，見慣了臣民和附屬小國的迎合，自然而然就無法無天起來。在他看來：我堂堂朝鮮有兩千里江山，兵精糧足，何必要對漢朝奴顏婢膝？

於是，莽夫右渠成為朝鮮王之後，就改變當初衛滿的政策，對漢朝傲慢起來。右渠私下拚命地引誘漢朝的民眾和逃犯亡命朝鮮，他手下的人有時候騷擾下漢朝邊境，右渠也睜隻眼閉隻眼了。

此外，在朝鮮半島南部還有些小國，想要途經衛氏朝鮮的領土，去向大漢皇室朝貢。作為漢朝周邊的小國，這本來是理所當然的事。可是右渠大王把眼一瞪：朝鮮半島是我們的勢力範圍，你們直接給我朝貢就是了，去什麼漢朝啊！他就截斷了道路，不許這些使臣通過！

當初衛滿向漢朝承諾的條件，正被他的孫子一條一條地破壞著。在朝鮮和漢朝之間，火藥味越來越濃。

兩個莽夫

右渠很沒眼力，不會判斷天下大勢。經過「文景之治」，漢朝的國力已經遠非劉邦時代可比。而漢武大帝又是一位果決好武的雄主。面對猖獗百年的匈奴，漢武帝都敢武力解決，任用衛青、霍去病屢屢出征，區區一個衛氏朝鮮，這時候敢來摸老虎屁股，不是自找苦吃嗎？

到了元封二年（西元前109年），漢武帝覺得應該稍微調教一下朝鮮，讓他們老實點了，於是從攻打匈奴的百忙之中抽空，

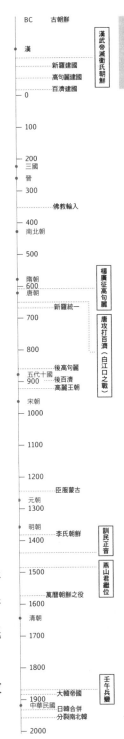

耶穌基督出生　0—

君士坦丁統一羅馬

羅馬帝國分成兩部

波斯帝國　500—

回教建立

阿拉伯人攻佔西班牙

凡爾登條約

神聖羅馬帝國建立
　1000—

十字軍東征

英國大憲章　蒙古第一次西征

英法百年戰爭開始

文藝復興

哥倫布發現新大陸
　1500—

英國大破無敵艦隊

光榮革命　發明蒸汽機

美國獨立
拿破崙稱帝

明治維新　美國南北戰爭開始

第一次世界大戰
第二次世界大戰

　2000—

派遣一個叫涉何的使臣前去平壤，詔諭右渠：小兄弟，適可而止哦，不聽話可是會挨揍的。

右渠面對漢武帝的詔書，態度輕浮，毫不在乎。涉何苦口婆心地說了半天，右渠甚至連面子上的客氣都不願意表示。最後，他拒絕了漢武帝的詔書，派了個大貴族，彬彬有禮地將使者涉何送出邊境。

涉何原本自以為上邦天使，帶著皇帝詔書而來，右渠當然應該畢恭畢敬地迎接，三叩九拜地接受詔書。誰知道說得口乾舌燥，竟然被人趕出來了！這下，丟了自己的臉事小，丟了天朝的面子事大啊！回去後漢武帝會饒得了他嗎？

事實證明，這位涉何也是個莽夫，與朝鮮王右渠恰是天造地設的一對。或許是心胸狹隘，又或許他有點藺相如「不辱使命」的血氣。在氣昏了頭的時刻，他居然生出一條不那麼高明的計策來。

就在朝鮮大貴族把漢朝使者送到邊境，準備拱手作別的時候，莽夫涉何忽然拔出刀來，向送客的大貴族猛然刺過去！

毫無防備的朝鮮貴族（應該也是河北人），目瞪口呆仰面倒下，涉何立刻飛身上馬，帶著隨從轉身就跑。等隨行的朝鮮人反應過來，這幾個人已經一路飛奔到漢朝邊境那邊去了。

莽夫涉何殺了送行的朝鮮貴族，一不做二不休，竟然向朝廷報告：「朝鮮王不肯接受皇上的詔書，想造反，我就斬殺了他們的大將回來了。」

漢武帝想想右渠這廝最近太無禮，而涉何竟然能斬朝鮮的大將，真是揚了我漢朝的威風！他也不經過仔細調查，就任命涉何為遼東郡的都尉，相當於遼東軍分區司令，專門鎮守中國和朝鮮相鄰的邊境。

右渠聽說自己派去送行的貴族竟然被涉何殺了，不由得暴跳如雷：兩國交兵還不斬來使呢，我好心好意派人送你出境，你居然下這種毒手！什麼上邦天使，分明是卑鄙凶手嘛，我們朝鮮也不是好欺負的。他就調集軍隊，向漢朝的遼東郡發動了突然襲擊。

朝鮮方面占了理，部隊士氣高漲，迅速突破了邊境。剛剛上任的莽夫涉何，還沒來得及熟悉自己的新崗位，就被朝鮮軍包圍了。他又不是關羽、趙雲這等猛將，遇上這種陣仗，自然是死於亂軍之中。

比涉何更笨的莽夫右渠收兵回國。他卻沒有考慮，如果說涉何的行為是一次卑劣的刺殺，那麼自己帶領朝鮮軍隊越過邊境，攻入漢朝境內，殺死漢朝的軍分區司令，這算是怎樣的性質？

事實上，這意味著宣戰。

對於窮兵黷武的漢武帝而言，哪裡容得下朝鮮這樣的挑釁！他龍顏大怒，就算正和匈奴大戰，也要騰出手來，叫這小子知道厲害！

歷史上中國對朝鮮的第一次戰爭，由此揭開序幕。

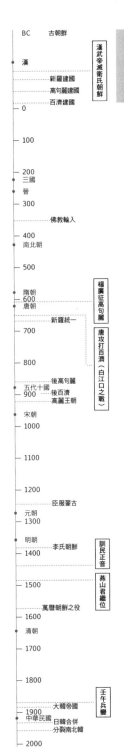

一怒興師，漢武揚鞭滅衛朝

水陸並進

看當時漢朝和朝鮮的疆域、人口對比，這仗根本沒法打。但實際上，戰場態勢遠遠沒有綜合實力對比那樣懸殊。首先，漢武帝當時四面伸手，北面還在與大敵匈奴做決死戰，西面在征討西域不服的國家，南面又在鎮壓少數民族的叛亂。能夠抽調到朝鮮戰場上的兵力有限，將領也不是第一流的。

其次，更為艱難的是補給。那時候交通不發達，從中原地區走陸路到朝鮮，崇山峻嶺，為了運送一斤糧食到前線，路上民工的消耗得要幾十斤。走海路呢，雖然運輸上的壓力小，萬一碰上風浪，那就更危險。

而在朝鮮半島北部，則有鴨綠江和大大小小的山脈。朝鮮軍隊以逸待勞，在這裡守住要塞，就可以把從遼寧一帶過來的中國軍隊擋住，長久這麼耗下去，補給、士氣都會跟不上。

歷史上中國軍隊進攻朝鮮，一般是兵分兩路。一路走陸路，從河北、遼寧南下朝鮮；另一路走海路，從山東半島坐船穿過黃海，在半島西部登陸，兩面夾擊。後來的隋煬帝、唐太宗採用的都是這種戰略。

這次漢武帝討伐朝鮮，安排是這樣的：北線軍團，以左將軍荀彘帶領五萬人馬，從遼東出發，進攻朝鮮北部，這叫「泰山壓

耶穌基督出生　0—

君士坦丁統一羅馬
羅馬帝國分成兩部

波斯帝國　500—

回教建立

阿拉伯人攻佔西班牙

凡爾登條約

神聖羅馬帝國建立
　　　　1000—

十字軍東征

英國大憲章

蒙古第一次西征

英法百年戰爭開始

文藝復興

哥倫布發現新大陸
　　　　1500—

英國大破無敵艦隊

光榮革命

發明蒸汽機

美國獨立
拿破崙稱帝

明治維新

美國南北戰爭開始

第一次世界大戰
第二次世界大戰

　　　　2000—

頂」。南線軍團，以樓船將軍楊僕帶領七千人馬，乘船從山東渡海，登陸平壤西部，直取朝鮮首都，這叫「黑虎掏心」。

最重要的是兩路的配合必須緊密。要是北線太慢，南線軍團很可能遭到敵軍優勢兵力的圍攻而覆滅；要是南線太慢呢，又可能讓北線軍團白白在敵軍防線前消耗，等北線支持不住了，南線又變成了孤軍深入。

西元前109年秋天出兵，到11月左右，北路荀彘軍團已經接近鴨綠江，南路楊僕軍團也乘風破浪地迫近了朝鮮半島。

面對漢軍的兩路夾攻，右渠水來土掩，也調集全國軍隊迎戰。他派遣一部分軍隊在鴨綠江沿岸險要的地方駐紮，自己帶著主力守在平壤城中。右渠的如意算盤是：依仗鴨綠江天險擋住北線漢軍主力，集中優勢兵力先打垮在平壤登陸的漢軍，折斷它一隻胳膊。剩下的只需要利用朝鮮北部的複雜地形堅守，就可以等待漢軍自己糧盡退兵了。

初戰

沒多久，戰役就在南北兩線幾乎同時展開。

在北線，荀彘派一員副將做先鋒，衝擊朝鮮軍的鴨綠江陣地。該先鋒十分輕敵，驅兵大進，冷不防朝鮮軍從營壘中猛衝出來，迎頭痛擊。漢軍遠道而來，擋不住朝鮮的生力軍，頓時潰敗。該先鋒立刻從冒險主義轉為逃跑主義，自己先溜了，部隊被朝鮮軍一路追殺，損失不小。

荀彘大怒，按照軍法把這個倒楣蛋斬首示眾，以儆效尤。接著重整大軍，向鴨綠江進逼。朝鮮軍不敢大意，趕緊退守險要陣地。荀彘就分兵不停地攻打，企圖突破鴨綠江防線。

這時候，南線楊僕的七千人馬已經靠岸登陸，來到了平壤城

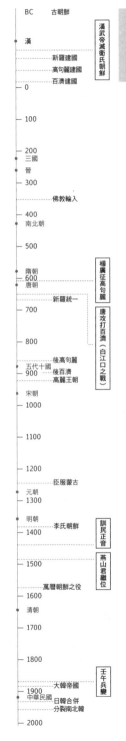

下。右渠見楊僕兵少，就帶著全部軍隊，猛衝出來！楊僕的兵在海上顛簸了許多天，個個吐得七葷八素，哪裡還能抵擋敵軍？頓時四散而逃。

然而，畢竟漢軍是在和匈奴等強國作戰中磨練出來的，而朝軍頂多只有欺負附近小國的戰爭經驗。在實戰中，漢軍表現出比朝軍強得多的作戰水準。儘管漢軍潰散了，朝軍也無法消滅他們，只是一路追趕，把他們轟進了平壤附近的山區。

樓船將軍楊僕在兵荒馬亂中和自己的部隊失散了。為躲避朝軍的追殺，他潛伏在山中，風餐露宿達十多天。後來才漸漸與自己的士兵匯合，又獲得了補給，就這麼堅持下來。

至此，雙方的第一回合交手結束，表面上看朝軍全線告捷，北面打敗了荀彘的先頭部隊，南面揍得楊僕稀裡嘩啦。但這只是戰役層面的勝利。

從戰略上來說，北線漢軍主力已經逼近鴨綠江，南線朝軍主力不能迅速消滅楊僕，反而形成對峙局面。接下來，朝軍的日子會很不好過了。

果然，在隨後的一段日子裡，北線荀彘分兵輪番猛攻鴨綠江防線，讓朝軍手忙腳亂，告急文書一天三遍地飛來，請大王趕緊派人增援！南線楊僕卻像釘子一樣釘在平壤附近，使得右渠不敢抽調主力北上。右渠漸漸明白了漢軍的厲害，心裡有些懊悔了。

半途而廢的和平

哥倫布發現新大陸 1500—

英國大破無敵艦隊

光榮革命　發明蒸汽機

美國獨立
拿破崙稱帝

明治維新　美國南北戰爭開始

第一次世界大戰
第二次世界大戰

2000—

右渠難受，遠在長安的漢武帝也不爽：怎麼小小朝鮮，到這時候還沒攻下，還吃了敗仗？還是恩威並舉吧。他派了一個叫衛山的使者，前去平壤，曉諭右渠：還是識相點，趕緊認個錯吧，認錯了我就不打你了。

右渠正煩心呢，一聽老大給臺階下，急忙地點頭：「是是是，皇上天威，我一時糊塗，我錯了。其實我早就想投降了，只是害怕荀彘、楊僕騙我，殺我。現在貴使大人帶著皇上的符節來，我正式請求投降！」

於是，右渠停止了對南線漢軍楊僕部的攻擊，又派他的太子帶著一萬多人，押送著許多馬匹出發，去向漢朝謝罪。同時還帶去了許多糧食，準備贈送給漢軍北線荀彘部，以表示誠意。

要是事情就這麼了結，對大家都好。可惜漢武帝那時候的使者似乎都有點毛病。上一位使者涉何是莽夫，這位衛山卻是心眼太多。他看右渠這麼痛快地就答應認錯，相當懷疑。等到朝鮮太子的人馬浩浩蕩蕩北上，疑心越發重了，猛然想到：「哎喲，這傢伙不會是趁機增援鴨綠江防線，對我軍展開突然襲擊吧？」

為了證實自己的想法，他跑去和北線司令荀彘商量。荀彘一聽也急了：「我攻打鴨綠江防線已經很辛苦了，要是讓朝鮮太子這一萬多人再突然襲擊，那危險得很啊！」

怎麼預防這種危險呢？衛山和荀彘拿了個主意，他們對朝鮮太子說：「你要來進貢馬匹，送糧食，好得很。不過既然是已經投降，那麼渡過鴨綠江的時候，你的手下都不許帶兵器。」

朝鮮太子一聽，心想：「你以為我傻啊？我這一萬多人都赤手空拳，你們這裡五萬人刀槍在手，要是你們起個壞心眼，那我不是成了砧板上的魚肉了？好歹我祖上也是中國人啊，長平之戰殺降的典故又不是沒聽過。說近的，你們涉何上次幹的事情還想讓人放心？」

朝鮮太子越想越怕，認定了衛山和荀彘沒安好心，想騙他解除武裝後加以屠殺。他乾脆掉轉頭回平壤，也不進貢，也不投降了！

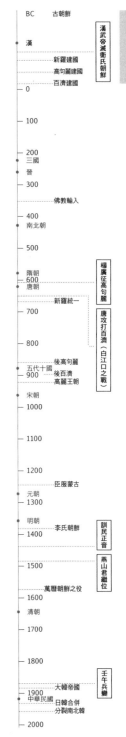

這下衛山和荀彘傻眼了，煮熟的鴨子也能飛。衛山只得無奈地回轉長安，向漢武帝報告。漢武帝一聽火了：大漢的臉面，都被你們這群膽小鬼丟光了！連個投降的人都搞不定！他一氣之下，下令將衛山推出去砍了。可憐的衛山就因為這麼一次不成功的勸降而掉了腦袋。

內訌

殺了衛山，漢武帝嚴令荀彘火速進攻。荀彘不敢怠慢，親自督軍猛攻，終於擊破了鴨綠江沿岸的朝軍，然後長驅直入，南下平壤。南線的楊僕也帶著自己的軍隊來會師。朝鮮王右渠退到平壤城中，堅守不出。

接下來就是艱苦而又無聊的圍城戰。在冷兵器時代，攻城是消耗最大的作戰方式。漢軍一連圍攻了幾個月，都沒有打下來。

說起漢朝這兩個大將，荀彘擁兵五萬，而且一路從鴨綠江打過來，士氣旺盛，算是「鷹派」；楊僕兵本來就不多，又曾經被朝鮮軍打敗過一次，自然謹慎得多，動不動把「不戰而屈人之兵」放在嘴上。漢軍攻城的時候，也是荀彘在城北打得猛，楊僕在城南就象徵性地打打。

這麼一來二去，城中的朝鮮大臣也看出來了。他們想：被人圍成這樣，早晚要守不下去，不如趁現在還有點士氣，聯絡下投降的事情吧。荀彘兵多，火氣大，找他沒戲唱。楊僕人不錯，找他吧。朝鮮大臣們就暗中派人去楊僕的營中，商量求和的事。

楊僕樂了。本來自己打了敗仗，兵又少，就算攻克平壤，功勞大半也是荀彘的。現在朝鮮人自己來聯絡投降，這要真能成了，功勞可就大了。楊將軍很客氣地接待了朝鮮使者，和他們說：別擔心，我大漢是天朝上邦，只要你們誠心投降，虧待不了

你們的。

　　再說荀彘猛攻平壤，雖然氣勢洶洶，但看著死傷的士兵那麼多，心裡也有點發毛。他也派出使者去城中，向朝鮮人勸降。可是朝鮮這幫官員，真是有商業道德，心想我們已經在和楊僕將軍討論投降了，總不好背著他又勾搭別人吧，對荀彘的勸降，來了個敷衍了事。

　　荀彘看自己的使者坐了冷板凳，又打聽到經常有朝鮮人進出楊僕的營帳，起了疑心：「這楊僕做什麼呢？莫不是想勾結朝鮮人造反？」

　　自古大軍出征，如果委任了平級的將領，最容易因為爭功奪權，引起自己人猜忌。後來三國末年鄧艾、鍾會滅蜀就弄得自相殘殺。荀彘和楊僕雖然沒那麼狠，但彼此之間存了這個念頭：相互提防，對平壤的圍攻就懈怠下來。漢武帝在國內也聽說了他們的糾紛，不滿道：「當初就是衛山膽子小，錯過了收降朝鮮的機會，現在這倆還要重蹈覆轍嗎？」他派了一個叫公孫遂的官員擔任特派員，統一節制兩支軍隊。

　　公孫遂趕到平壤城下，荀彘先下手為強，湊到公孫遂耳朵旁邊說：「特派員啊，其實朝鮮早就該打下來了，都怪楊僕，先是損兵折將，挫動銳氣；現在呢，我幾次要約他一起攻城，他推三阻四。我還查明這小子私下和朝鮮人有勾搭，只怕他勾結朝鮮人造反，那我們就危險了！」

　　公孫遂一聽大驚，派出間諜暗中窺探，果然看見有朝鮮人出入楊僕的營寨。公孫遂初來乍到，信以為真。他就與荀彘商量了一個計策。於是，公孫遂拿出特派員的符節，召楊僕來商量軍機大事。楊僕一接到命令就來到帳中，被公孫遂擲杯為號，讓士兵綁了。他的部隊也全被荀彘收編了。

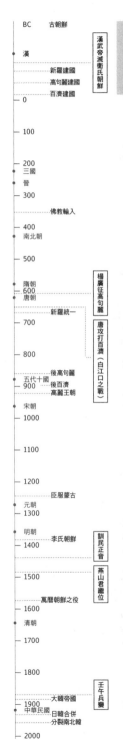

公孫遂看這麼輕而易舉的逮捕了「叛賊」，心裡非常高興，對荀彘說：「老荀啊，現在兩支部隊都歸你管了，你好好攻城吧。我帶著叛賊回去給陛下處置！」說完，他就押著莫名其妙的楊僕，又千里迢迢跑回長安去了。

回到長安見了漢武帝，公孫遂得意洋洋地說：「陛下，我這一去，輕而易舉地就把雙方的爭端化解了。」

漢武帝勃然大怒：「我是讓你去調解荀彘和楊僕的爭議，誰叫你去逮捕楊僕的？你說他勾結朝鮮人造反，證據呢？他真要造反還會這麼容易被你抓住？身為特派員，做事這麼糊塗，你這是在抽朝廷的耳光啊！」越說越氣，漢武帝當即喝令，把這個糊塗蟲給我拖出去砍了！

自以為是的公孫遂就這麼掉了腦袋。對於楊僕，漢武帝暫時沒搭理。

滅朝置四郡

再說朝鮮那邊，荀彘吞併了楊僕的隊伍，衝勁十足，加緊進攻平壤城。朝鮮君臣原本還指望楊僕說點好話，現在更搭不上了。有幾個大臣就向朝鮮王右渠建議：還是趕緊把投降的事敲定了吧？

哪裡知道，右渠的脾氣又上來了，他說：「我們當初聯絡投降的明明是楊將軍，如今楊將軍被抓走了，這荀彘對我們凶得很，豈能降他！」他壓住了投降的言論，繼續頑抗。

攻城與守城的戰爭持續著，但朝鮮的大臣們實在不能忍受了。他們中的好些人，找機會逃出城來，投降了荀彘。

一旦有了投降的人，說明這城中堅持不了多久了。荀彘信心大增，加緊攻擊。等到元封三年（西元前108年）夏天，頑冥不化

耶穌基督出生 0—

君士坦丁統一羅馬

羅馬帝國分成兩部

波斯帝國 500—

回教建立

阿拉伯人攻佔西班牙

凡爾登條約

神聖羅馬帝國建立
1000—

十字軍東征

英國大憲章

蒙古第一次西征

文藝復興

英法百年戰爭開始

哥倫布發現新大陸
1500—

英國大破無敵艦隊

光榮革命

發明蒸汽機

美國獨立
拿破崙稱帝

明治維新

美國南北戰爭開始

第一次世界大戰
第二次世界大戰

2000—

的右渠，終於被平壤城中的投降派殺死。右渠的大臣成已還想為國盡忠，召集兵馬守城頑抗，但大勢已去。投降派一招呼，城中的軍民集合起來又把成已殺了。於是，平壤完全陷落。

左將軍荀彘滅了朝鮮，自以為立下大功，志得意滿地班師回朝。誰知一進長安，漢武帝瞪眼道：「你這傢伙，為了爭奪功勞，嫉妒同僚，居然污蔑陷害楊僕，留你何用！」

漢武帝手一揮，滅掉朝鮮的功臣荀彘，就被押到市場上公開斬首了。

這麼一來，為了攻打朝鮮而派遣的幾位高官，衛山、公孫遂、荀彘都被漢武帝宰了。那位之前被逮捕送回來的楊僕，在前哨戰中打敗仗、挫動銳氣，按法律也該殺頭，後來他出了一筆鉅款贖罪，總算留了一條活命，但也被罷了官職，廢為庶人。

作為戰勝的一方，所有指揮官全部遭到嚴懲，這在戰爭史上也算少見了。

立國不到一百年的衛滿朝鮮，就此從歷史上消失。漢武帝把朝鮮原來的土地，分為真番、臨屯、樂浪、玄菟四個郡，收歸中央所有。朝鮮的那些投降的大臣，連同朝鮮王右渠的兒子，都被封為侯爵。這幫戰敗的亡國之人，其下場反而比戰勝的諸位將軍要好得多。

作為獨立國家的朝鮮，也就這樣暫時消失了。當然，在朝鮮半島南部還有一些部落聯盟的小國家，也就是所謂三韓地區，當時還處於箕子朝鮮剩餘勢力的影響下。漢朝對他們的要求也很簡單：別搗亂就行了。

西元前2世紀末，從中原文明分化遷移而來的朝鮮文明，暫時融回到中原文明，只不過這樣的融回也是短暫的。

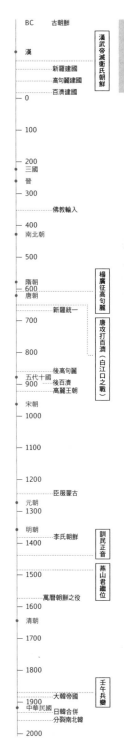

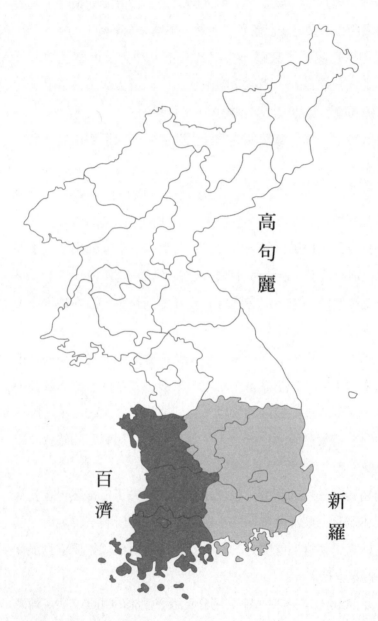

高句麗

百濟

新羅

初建國時期，新羅在半島東南，百濟在半島西南，高句麗則在半島
北部，與中國東北毗鄰（實際上高句麗占據著中國東北的大片土地）。

｜第二章｜半島版「三國演義」
（前三國時代）

　　西漢末年，從扶餘國出走的王子高朱蒙建立了高句麗國，高朱蒙的兒子出走建立了百濟國，半島南部的部族聯盟建立了新羅國，從此展開了長達七百年的三國鼎立。歷經漢、魏晉南北朝、隋唐之後，新羅國在唐朝大軍的支持下，成為朝鮮半島上唯一的統治者。

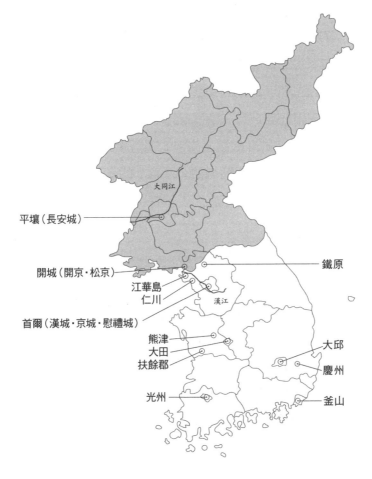

大同江

平壤（長安城）

開城（開京・松京）
江華島
仁川
漢江
首爾（漢城・京城・慰禮城）

鐵原

熊津
大田
扶餘郡

大邱
慶州

光州

釜山

濟州島

天賦奇緣，高句麗東亞立國

耶穌基督出生　0—

君士坦丁統一羅馬

羅馬帝國分成兩部

波斯帝國　　500—

回教建立

阿拉伯人攻佔西班牙

凡爾登條約

神聖羅馬帝國建立
　　　　　1000—

十字軍東征

英國大憲章　蒙古第一次西征

英法百年戰爭開始

文藝復興

哥倫布發現新大陸
　　　　　1500—

英國大破無敵艦隊

光榮革命

發明蒸汽機

美國獨立
拿破崙稱帝

明治維新　美國南北戰爭開始

第一次世界大戰
第二次世界大戰

　　　　　2000—

天上掉下個怪孩子

　　衛氏朝鮮被漢武帝滅掉後的幾十年，朝鮮半島上再次興起了三個國家。它們經歷數百年，在這個半島上演繹了一場「三國鼎立」的好戲。高句麗就是三個主角之一。

　　高句麗，在史書中又常常記為句麗、高句驪、句驪等。如同中國大部分王朝一樣，高句麗的建立者和立國的過程充滿神話色彩。在中國東北部，有一個扶餘國（今天的吉林省一帶）。西元前1世紀，國王金蛙在太白山南邊的優渤水邂逅了一個美女。那個美女相當神奇：她自稱是河伯（水神）的女兒，名叫柳花。河伯的女兒怎麼會在這兒呢？原因更神奇：某一天，柳花和其他兄弟一起遊玩的時候，遇到了一個男人，兩個人一見鍾情，柳花情不自禁地跟他一起去了他的房間裡……而這個男人是天帝的兒子！柳花這麼隨便就跟著一個男人廝混，父母很生氣。看來河伯夫婦還是很有氣節的，不會因為對方是天帝之子就放棄原則。他們責備女兒輕佻，罰她謫居在優渤水。

　　聽了這個故事，金蛙對這個神奇的美女產生了非常濃厚的興趣，用一種很獨特的方式占有了她——把她拘禁在一個小屋子裡。柳花被拘禁的期間，又發生了一件怪事。屋子外的太陽光居然穿透屋子，照在柳花的肚皮上，而且像裝了定位系統一樣，一

直跟隨著她。

更為奇怪的是，柳花居然被太陽光照懷孕了。尤其奇怪的是，懷孕後的柳花生下了一個巨蛋！金蛙王那時候還沒有《封神演義》看，不知道哪吒的故事，更何況這個蛋到底是誰的也說不清楚。他很討厭這個巨蛋，命人把它扔去餵豬、餵狗。然而阿豬阿狗們對這個蛋也提不起食欲，幾日下來巨蛋毫髮無傷。金蛙再把巨蛋扔到大街上，過路的牛馬都會繞道而行，甚至有鳥兒用自己的翅膀保護這個蛋。

漸漸地，金蛙被這顆奇怪的蛋激發了濃厚的興趣。他很想剖開來看看裡面到底裝著什麼，但想盡辦法都無法敲開巨蛋。無奈之下，金蛙只好把那個蛋還給它的媽媽。

柳花還是非常珍愛這顆自己生下來的怪蛋。知子莫如母，她採用了一個最傳統的方式來弄開這個蛋：孵。柳花用一些衣物把蛋裹好，放在一個溫暖的地方。終於，母愛的偉大讓這個蛋在溫暖的環境中孵出來一個男孩。男孩在母親的照料下，長得特別快，而且天資聰穎，學什麼都快。他七歲的時候，開始自己製造弓箭玩，而且能夠百發百中。扶餘人把會射箭的人叫做朱蒙，於是這孩子有了他那個響噹噹的名字——朱蒙。

金蛙有七個孩子，幾個小孩一起玩耍的時候，其他孩子的技藝都比不上朱蒙。這種情況未必是好事，因為人都是有嫉妒心的。帶素是金蛙的長子，他不甘心來歷不明的朱蒙把他比下去，就在父王面前說起了壞話：「朱蒙這個蛋生的傢伙一定不是什麼好東西，而且那渾蛋天生神力，如果不早日除掉，以後肯定會惹事的！」

金蛙王原本就對朱蒙的身分有所猜忌，被這麼一說，更是有了意見。雖然沒有動手處理掉這個孩子，卻把身為王子的朱蒙派

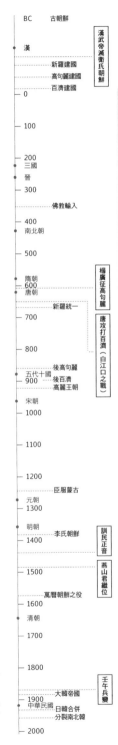

BC　古朝鮮
　　　　　　　　　漢武帝滅衛氏朝鮮
漢
　　　　　新羅建國
　　　　　高句麗建國
0　　　　　百濟建國

100

200
三國
晉
300
　　　　　佛教輸入

400
南北朝

500

隋朝　　　　　　楊廣征高句麗
600
唐朝
　　　　　新羅統一　唐攻打百濟（白江口之戰）
700

800

　　　　　後高句麗
五代十國　後百濟
900　　　　高麗王朝
宋朝
1000

1100

1200
　　　　　臣服蒙古
元朝
1300
明朝
　　　　　李氏朝鮮　　訓民正音
1400

1500　　　　　　　　燕山君繼位

　　　　　萬曆朝鮮之役
1600
清朝
1700

1800

　　　　　大韓帝國　　壬午兵變
1900
中華民國　日韓合併
　　　　　分裂南北韓
2000

去養馬。聰明而隱忍的朱蒙並沒有發脾氣。他不動聲色地工作，而且暗中留下後路。朱蒙善於分辨哪些馬是良駒，他平時故意不給好馬吃太多食料，把牠們餓得比較瘦。相反，把那些駑馬養得又肥又壯。金蛙王總喜歡騎那些看起來膘肥的駑馬，卻不知道朱蒙騎的那些瘦馬才是良駒。

這就是朱蒙的童年，雖然生於王家卻和奴僕無異，明明是兄弟和父親，卻想置自己於死地。然而在這樣壓抑的環境裡，朱蒙卻鍛鍊出了過人的魄力和膽識，並終於在日後成了開國之君。

據考證，韓國國王又要變成吉林人

在那種艱苦的環境下，朱蒙一直忍耐著。但是他的兄弟們沒有因此而放過他，在暗中磨刀霍霍，想要殺他。母親柳花得知消息，終於忍不住了，她悄悄地對朱蒙說：「快走吧，孩子！他們這樣做就是要把你往火坑裡推啊！與其在這裡被這些庸人羞辱，還不如逃離出國，建一番事業。」

朱蒙也感覺到自己根本不被國人所容，於是就和烏伊、摩離、陝父三個人一起出逃。那些想致朱蒙於死地的人自然不會這麼輕易放過他們，派出追兵緊緊地跟在後面。朱蒙他們一直逃到了鴨綠江東北邊的蓋斯水，被河流擋住了去路。前面無路可走，後面追兵甚急，眼見著就要被追上了，朱蒙面對著滔滔的河水，大喊起來：「我是天帝的孫子、河伯的外孫，現在正在逃難，但是追兵馬上就要趕上我們了，這該怎麼辦啊？」被他這麼一喊，河裡的烏龜、魚、蝦、河蟹，奇蹟般地全部都浮上水面，搭成一座橋，朱蒙他們因此得以渡河。朱蒙渡河後，那些水中生物又都散開了，後來到的追兵只能望河興嘆。

朱蒙得到這些水生動物的幫助，脫離險境後繼續南逃，在路

上又遇到三個奇裝異服的賢者，並得到他們的幫助。一行人來到了扶餘國南邊鴨綠江畔的一個國家，叫卒本扶餘。卒本扶餘的國王年老而沒有兒子，見朱蒙很有本事，就把自己的女兒嫁給他，臨終更把王位傳給了朱蒙。

西元前37年，年僅22歲的朱蒙，在鴨綠江畔建立了自己的國家，國號高句麗，都城在今天遼寧的五女山城一帶，並且從此以「高」作為姓氏。這個號稱有天神與水神血統的扶餘國落難王子，將在腳下這一片土地上，書寫數百年的傳奇。

朱蒙建國後，發揮自己的聰明才智，治理著卒本扶餘。四周許多人和小部落紛紛來歸附他。朱蒙也積極地擴張領土，征服了鄰近的沸流國。建國19年後，朱蒙去世，年僅四旬，而他建立的高句麗則從此正式登上了歷史的舞臺。一個吉林人開創的國家，逐步擴展到朝鮮半島北部。

孤兒尋爹

朱蒙去世後，其子高類利（或稱高孺留）繼位為高句麗國的新君。

他的童年，不比父親朱蒙幸福多少。他的母親禮氏是朱蒙還留在扶餘國時娶回來的，在禮氏懷孕不久之後，朱蒙就為了躲避兄弟的迫害而離開了扶餘。這樣，小類利出生後就失去了父親，和母親相依為命。

有一次，小類利在田間玩耍，不小心打破了旁邊打水大媽的水罐，大媽生氣地罵類利：「這有娘生沒爹教的壞孩子，一點規矩都不懂。」

類利被大媽責罵，覺得很慚愧。回家見到媽媽就大哭起來，問她：「我爹到底是誰啊？他現在到底在哪裡啊？」

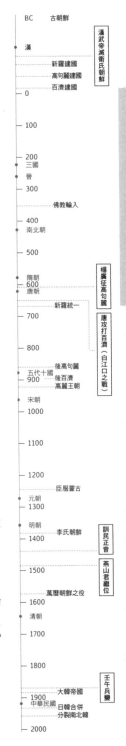

BC

耶穌基督出生　0—

君士坦丁統一羅馬

羅馬帝國分成兩部

波斯帝國　500—

回教建立

阿拉伯人攻佔西班牙

凡爾登條約

神聖羅馬帝國建立
1000—

十字軍東征

英國大憲章

蒙古第一次西征

文藝復興

英法百年戰爭開始

哥倫布發現新大陸
1500—

英國大破無敵艦隊

光榮革命

發明蒸汽機

美國獨立
拿破崙稱帝

明治維新

美國南北戰爭開始

第一次世界大戰
第二次世界大戰

2000—

母親見孩子哭得傷心，只好耐心地對他說：「你父親不是普通人，他被自己國家的人排斥，逃到了南方，建國稱王。他離開這裡之前曾經對我說過，如果我將來生下一個男孩，就告訴他：他的父親為他留下了一件寶物，叫孩子去找，找到了才是父親的好兒子。」

類利擦乾了淚水，根據母親的指示，找到了當年父親留下來的半柄斷劍。類利拿著這半截劍，帶著母親，千辛萬苦地來到了卒本扶餘，見到了他的父親朱蒙。這時候，朱蒙已經繼位為卒本扶餘的國王。他拿出來自己保留的另外半柄斷劍，正好能和類利手上那一半合成一把完整的劍。朱蒙高興地把類利立為太子，死後由類利繼任王位。

丟了一頭豬，還了一個都

類利繼承王位後，高句麗國就開始面臨著生存的危機。

首先就是來自鮮卑的威脅。鮮卑是中國北方的一個強盛部族，臨近高句麗，而且地處險要，高句麗不易攻打他們，鮮卑人卻很容易進入高句麗擄掠；若見形勢不對勁，又可以撒腿開溜，迅速撤退。

類利認為長久下去必為國患，徵求大臣們對此的意見。經過激烈的辯論，他聽從了大臣扶芬奴的建議──扮豬吃老虎。

類利派出間諜，到鮮卑國散佈謠言，說高句麗國弱兵虛，君主懦弱無能。這些消息，讓本來就蠢蠢欲動的鮮卑人大為高興。經過幾次試探，他們就調集全部族的軍隊，大舉進攻，準備在高句麗好好地撈一票。

沒想到扶芬奴一面留下軍隊守住國內，一面趁他們大舉入侵高句麗、國內空虛的時候，反過來率領精兵抄襲後路，攻入了鮮

卑的地盤，占據了險要地勢。這樣一來，鮮卑腹背受敵，後路斷絕，毫無辦法之下只得臣服，很長一段時間也不敢侵犯高句麗。

一波未平一波又起。類利剛剛解決了鮮卑的威脅，那頭扶餘王帶素（就是類利的伯父，過去陷害朱蒙的那個哥哥）派人來，要求姪兒類利臣服，並送遣兒子到扶餘國做人質。扶餘國力比高句麗強大許多，類利認為好漢不吃眼前虧，決定讓太子都切前去。但都切膽小怕死，縮在家中沒有去成。帶素以此為藉口，出兵攻打高句麗，一時之間，鐵蹄壓境。所幸，恰逢當時天寒大雪，不利行軍攻城，扶餘軍才無功而返。年輕的高句麗國逃過一劫。

扶餘今年撤退了，明年還會來，不能次次指望大雪救命。高句麗國家面臨的危機仍然沒有解決，類利為此傷神不已。

此時，一個極其偶然的事件，竟然改變了高句麗國的命運。這個事件的導火線是一頭膘肥體壯、皮毛光亮的豬。

這頭豬是國家專門飼養用於祭祀的，是很光榮的地位。雖然光榮，可豬先生也不願意就這麼當祭品犧牲。牠就拱圈而出，撒開四蹄飛奔逃命。負責管理豬圈的官員薛支心想：大哥呀，你這不是要了我的老命嗎？他不敢怠慢，也拚命地去追逃走的豬。他倆就這麼你追我趕，一個慌不擇路，一個窮追不捨，一路跑出老遠，跑到一個叫「國內」的地方（在今天吉林集安一帶），發現這豬被當地人抓住了。

薛支仔細考察國內這地方，發現那裡地勢險要，土地肥沃，又有很多鹿、魚、鱉之類的特產。薛支回去以後，便建議類利遷都國內。類利親自視察該地後，決定遷都於此，避免長期受到他國侵擾。這個決定很快被執行，高句麗同時在附近建築尉那巖城，作為防禦之用。

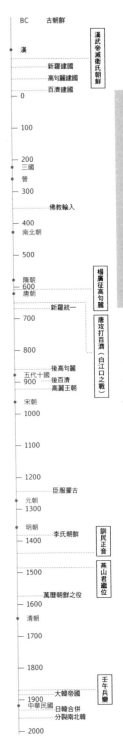

類利只是丟了一頭豬，就找到一個合適的都城，算是賺翻了。遷都以後，高句麗有了更好的防禦態勢，應對周邊入侵的能力也得以增強，從而安心蓄養國力。直到西元427年高巨連把首都遷移到平壤之前，國內城雖然屢次遭到毀滅，但因為它地勢險要，一直都作為高句麗國的政治中心。

王莽的凌辱

遷都國內後，雖然改善了被其他國家侵擾的態勢，但高句麗作為一個新興的國家，在實力上依然與鄰國有一定的差距。西元9年，類利的伯父扶餘王帶素又派遣使者來到高句麗，譴責之前太子都切沒有按照約定作為人質前往扶餘，並且威逼類利，必須讓高句麗附屬扶餘。

那時候，高句麗還只是一個「郡級」的國家，沒法和「州級」的扶餘相對抗。迫於兩國勢力差距過大，類利只得接受這項恥辱的「命令」。

連州級的扶餘都可以欺負高句麗，高句麗在大漢面前更是只能乖乖聽話了。可怕的是，當時恰逢王莽篡漢，為了樹立自己的威信，這位「新朝」皇帝對周邊少數民族採取高壓政策，新興的高句麗是一個絕好的欺負對象。

更恥辱的事情很快接踵而來。西元12年，王莽向高句麗徵兵討伐胡人。高句麗人都不願意應徵，王莽動用武力逼迫高句麗人從軍。這逼得很多人逃出塞外，落草為寇。於是，原本的兵源反而成為邊境之患。遼西太守田譚在追擊這些流寇時被殺死了，中國官員們害怕惹禍上身，就把田譚的死歸罪於高句麗政府。王莽怒不可遏，要出兵討伐高句麗。

有個叫嚴尤的將領，算是王莽手下的明理人，他勸王莽不要

耶穌基督出生 0—

君士坦丁統一羅馬

羅馬帝國分成兩部

波斯帝國 500—

回教建立

阿拉伯人攻佔西班牙

凡爾登條約

神聖羅馬帝國建立 1000—

十字軍東征

英國大憲章

蒙古第一次西征

英法百年戰爭開始

文藝復興

哥倫布發現新大陸 1500—

英國大破無敵艦隊

光榮革命

發明蒸汽機

美國獨立
拿破崙稱帝

明治維新

美國南北戰爭開始

第一次世界大戰
第二次世界大戰

2000—

多處樹敵。但王莽不聽他的勸誡，反而還強令嚴尤討伐高句麗。無奈之下，嚴尤趕到邊境，用計誘殺了一個高句麗的將軍，班師回朝完成差事。

王莽見嚴尤這麼輕易就「打贏」了高句麗，大喜過望，下令把高句麗國君的王號貶為「下句麗侯」，並且昭告天下，讓所有人都知道。這種接二連三的欺負，當然讓高句麗人相當不滿。自此，高句麗人經常組織大小不等的武裝集團侵犯新朝邊境。

這件事情當然是王莽理虧，吃飽了撐著瞎折騰——他正是秉承這種折騰精神，沒幾年把自己的老命折騰掉了。同時，從這裡也不難看出，高句麗這個國家雖然有他們自己的君主，君主也以「王」自稱，而且經常會侵犯中原王朝的邊境，但此時的高句麗在很大程度上仍然被中原王朝控制，高句麗有時也會根據自己需要向中原王朝靠攏，以求安穩。畢竟，只要中原王朝本身政治穩定，小國高句麗是願意有這麼一座靠山的。

對這時的高句麗而言，最大的威脅還是來自開國大王朱蒙的母國——扶餘。類利奮鬥了一生仍然無法讓高句麗擺脫扶餘的威逼和控制，最後在西元18年逝世，號琉璃明王。

逆轉扶餘

高句麗國在類利去世後迎來了第三代君主高無恤。高無恤是類利的第三個兒子。類利的長子都切膽小懦弱，曾因為不敢去扶餘做人質，險些引來大軍入侵，後來早逝；而次子謝明勇武過人但性情粗暴，與父親鬧脾氣，最後自殺身亡。所以，輪到了三子高無恤繼承父親的遺業。

雖然無恤是因為兩位兄長死於非命才有機會繼位，但是從後來的事實來看，無恤作為王子時就已經聰明異常，他應該比膽小

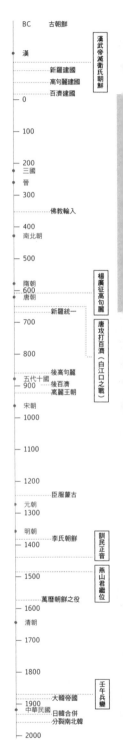

的大哥、乖張的二哥更適合為人君。

那是在西元13年，扶餘又一次起兵侵犯高句麗，國君類利讓三王子無恤領兵作戰，無恤設奇計，埋伏在山谷中。當扶餘軍到達鶴盤嶺的時候，無恤的伏兵鼓號齊鳴，分路殺出，猝不及防的扶餘軍被殺得大敗而逃。

類利執政的最後那幾年，無恤就被立為太子，而且開始掌管軍國重事。父親去世後，無恤繼位，更加勵精圖治，發誓要讓高句麗擺脫扶餘控制，走上強國之路。他任用賢明，發展生產，訓練軍隊，國力蒸蒸日上。

西元20年，無恤已經繼任國君之位四年多了。北邊，老不死的扶餘王帶素，這時候又發現了新鮮玩意：他找到一隻赤烏（紅色的烏鴉），而且這烏鴉竟然是一個頭，兩個身體。帶素得到這個連體變異的怪胎，如獲至寶，認為這是象徵著扶餘國要吞併高句麗，就非常高興地把赤烏送給自己的姪孫兒，告訴他：我扶餘準備要收你們高句麗了！

哪裡知道，無恤得到赤烏，和帶素一樣高興。他大喜地對扶餘使者說：「烏鴉本來的黑色是北方的顏色（扶餘在高句麗的北方），現在轉變成代表南方的紅色，這是什麼徵兆呢？而且赤烏是瑞物，你們的老大好不容易撿到了好東西，卻把牠送給我們，那麼我們兩國到底誰死誰生呢？還是走著瞧吧！」帶素聽說這番回話後，大驚失措，後悔不已。

無恤說到做到，到西元21年12月，親自率兵討伐扶餘。這一路上又遇到不少怪人，而且他們有各種奇怪的器具，比如無火自熱的神鼎什麼的。這些稀奇古怪的玩意兒，給無恤的軍隊很大的幫助。

哥倫布發現新大陸　1500—

英國大破無敵艦隊

光榮革命
發明蒸汽機

美國獨立
拿破崙稱帝

明治維新
美國南北戰爭開始

第一次世界大戰
第二次世界大戰

2000—

然而，戰爭最後還是要靠刀槍相見。次年的2月，無恤進軍到

扶餘國的南部，那個地方到處都是泥潭沼澤，無恤命令軍隊在僅有的平地上紮營。

扶餘王見高句麗竟敢先行來犯，大怒，率領全部軍馬迎戰，準備趁無恤剛剛到達，立足未穩的時候，以騎兵突擊他們。剎那間，只聽蹄聲如雷，扶餘軍萬馬奔騰，殺向高句麗軍。

誰知道衝到半路，扶餘軍的騎兵卻陷入沼澤進退不得，頓時陣勢大亂。無恤當機立斷，命令剛剛加入軍隊的猛將怪由發動反攻。怪由拔出劍來，怒號而進，所向披靡，扶餘軍不能抵擋。怪由砍開血路，直取八十多歲的扶餘王帶素，一下子把老頭子的頭砍了下來。

那場戰鬥驚心動魄。扶餘軍在失去首領後，並沒有馬上潰敗。他們在其他將領的率領下拚死奮戰，反而以人數的優勢愈戰愈勇，把無恤軍包圍了起來。無恤寡不敵眾，只能趁著濃霧逃出重圍。

這一仗從戰役層面，雙方可謂平手。無恤雖然在戰場上最終敗退，但卻殺死了一貫欺負自己的叔公帶素，使扶餘國開始出現內訌。高句麗收兵不久就得到好消息，帶素的弟弟帶著一夥人逃離扶餘，到其他地方另立國家去了。後來，帶素的堂弟更是帶領著一萬多人歸降無恤。這麼一來，扶餘國逐漸瓦解。從朱蒙逃離扶餘，到無恤殺死帶素，歷經三代人的努力，高句麗終於戰勝了扶餘，國力進一步增強。

抵禦漢兵，恢復王號

高句麗擊敗扶餘後，開始在無恤的帶領下不斷地對外擴張。西元26年，無恤攻陷蓋馬國。同年12月，句荼國王迫於壓力，主動投降。高句麗國變得越發強盛。

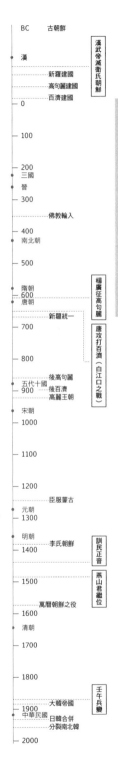

到了這一步，無恤甚至敢帶領高句麗人抵擋起漢軍的進攻。

西元28年（東漢光武帝劉秀建武四年），遼東太守突然起兵討伐高句麗。無恤與群臣商議對策，右輔松屋句認為：當時漢帝國內部正處於王莽篡政之後的混亂時期，中央根本不可能有人閒著沒事，插手管千里之外的地方。遼東無故起兵，恐怕是當地的太守想趁著中央混亂，私下來看看有沒有什麼油水可撈，這樣的軍隊是不可能打勝仗的。左輔乙豆智則建議無恤堅壁清野，避開漢軍鋒芒，等到他們在這裡好好享受遠征的疲勞後，又沒有什麼好處可圖，自然就會退兵。

無恤聽從他們的建議，進入尉那巖城，死守城池。守了幾十天後，漢兵依然包圍在外面，城裡面人心惶惶。

無恤再次向群臣問計。乙豆智說：漢軍遠道而來，還敢一直在外面包圍著，多半認為尉那巖城內水源、糧食都不多，想依靠長期圍困來逼迫我們投降。他就請無恤準備幾瓶好酒，再捉幾條鯉魚，用水草包好，送給城外的漢軍。無恤聽從他的建議，還寫了封信，信上寫著：「是寡人愚昧，得罪了天朝上國，現在還勞煩將軍帶著百萬之眾，在我們這窮地方辛苦了這麼久，真的是不好意思。我們沒有什麼好東西，現在只好用這些鯉魚做禮物送給你們。」

城外的漢將一看被包圍了這麼久的無恤居然還有這麼好的伙食，認為尉那巖城一時拿不下來。見無利可圖，又收到一封言辭謙卑的信，他們也就識趣地下了臺階，大言不慚地說：既然無恤知道錯了，我天朝上國就不再追究，你們以後好自為之。說完轉身就跑。這樣，高句麗避免了一場可能摧毀國家的戰禍。

除了對外征服小國、抵禦漢軍，無恤對內治理國家也取得了不錯的成績。他任用真正有才能的人，松屋句、乙豆智二人分

別擔任國家最高官員左右輔。這哥兒倆在漢兵來襲的時候立下大功，幫助高句麗渡過了難關。

無恤又罷免了為非作歹的沸流部長仇都、逸苟、焚求三人，委任鄒素代替他們。鄒素上臺後，並沒有採取嚴厲的手段懲罰之前那些犯罪的人，反而拉著他們的手，很有誠意地勸導他們改過自新。那些階下囚被新任長官如此厚待，都自愧以前犯下的錯誤，表示一定改過。

在無恤和他的良臣們的共同努力下，高句麗不斷發展壯大。

西元32年（東漢建武八年），無恤派遣使者入中國朝貢。當時劉秀剛剛登基不久，想獲取一個較為安定的環境，就順水推舟地恢復高句麗的王號。在類利時期被王莽貶為「下句麗侯」20年後，無恤終於恢復了高句麗的王號。

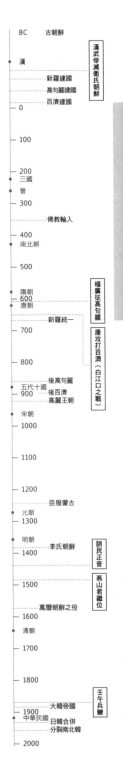

兄弟分家，百濟興邦半島南

從「十濟」到「百濟」

　　就在高句麗不斷發展的同時，南方有另一個國家正在興起。它和高句麗國屬同宗，但是在以後的發展過程中，兩國卻不斷發生摩擦衝突。它就是朝鮮版《三國演義》的另一位主演，占據半島西南部的百濟。讓時間回到類利剛剛帶著那柄斷劍，從扶餘逃到高句麗，和父王朱蒙重逢那一刻。父子重逢的溫馨畫面當然美好，但對某些人來說，這意味著自己日後的命運將會發生變化。這裡所講的某些人，就是朱蒙在卒本扶餘時養的另外兩個孩子，沸流和溫祚。

　　關於朱蒙這兩個兒子的身世，史冊記載著兩種不同的說法。一種說他們是朱蒙逃到卒本扶餘，娶了國王女兒後生下的兩個兒子。另一種則說他們是朱蒙的養子。他們的生身父親名叫優台，是扶餘王解扶婁（前文當中金蛙的父親，朱蒙和帶素的爺爺）的庶孫，也就是朱蒙和帶素的堂兄弟。優台死得比較早。父親去世後，兄弟倆跟隨著守寡的母親召西奴住在卒本扶餘。朱蒙在此立國的時候，娶了堂弟的寡妻召西奴為妃子。召西奴非常賢慧，給了剛剛立國的朱蒙很大的幫助，朱蒙對她寵愛有加，愛屋及烏，自然把兩個收養的堂姪子當做自己親生的一樣對待。

　　不管如何，沸流和溫祚原先在高句麗是以理所當然的繼承候

BC

耶穌基督出生　　0—

君士坦丁統一羅馬

羅馬帝國分成兩部

波斯帝國　　500—

回教建立

阿拉伯人攻佔西班牙

凡爾登條約

神聖羅馬帝國建立

1000—

十字軍東征

英國大憲章

蒙古第一次西征

英法百年戰爭開始

文藝復興

哥倫布發現新大陸

1500—

英國大破無敵艦隊

光榮革命

發明蒸汽機

美國獨立

拿破崙稱帝

明治維新

美國南北戰爭開始

第一次世界大戰

第二次世界大戰

2000—

選人自居的。誰知道突然多了一個哥哥類利，而且這個類利還被朱蒙立為太子。長期跟著朱蒙長大的兩個孩子自然不高興，認定自己在這裡不會再有立足之地。

於是哥哥沸流帶著弟弟溫祚離開這個國家。他們一路向南走，路上又有一些百姓追隨他們。

兄弟倆走到漢山的時候，發生了一點分歧。弟弟溫祚聽從十個死黨的建議，打算在慰禮（今天的首爾）定居下來，但是哥哥沸流不願意待在這裡，領著一批人跑到了別的地方定居。西元前18年，溫祚在慰禮定都立國，因為是聽從十個大臣的建議才定都於此的，所以起初國號為十濟。

過了若干年，溫祚領導十濟人民努力生產，安居樂業，國家建設也是有聲有色。而哥哥沸流帶領的人在別處建國，卻因為環境太惡劣而無法居住下去，只好回來投奔弟弟溫祚。溫祚以百姓安樂為意，又把國號改為「百濟」。大概因為溫祚和沸流的父親是扶餘國人，母親是卒本扶餘人，因此百濟王族就以「扶餘」為姓氏。

百濟開國始祖是高句麗開國始祖的兒子，兩國其實是一家。建國之初，百濟就為東明聖王高朱蒙立廟。多任百濟國君主親自拜祭東明王朱蒙，可見當時百濟人還是念念不忘自己是朱蒙後人，對朱蒙敬重有加。但是後來高句麗和百濟兩國卻因利益衝突而互相攻伐，最終反而成全了南方的新羅，這應該是兩國始祖都不想看到的。

恩將仇報襲馬韓

溫祚建立百濟之後，周圍強敵環視，最富有侵略性的是北邊的靺鞨部落。溫祚對他的大臣們說：我們一定要作好準備，防止

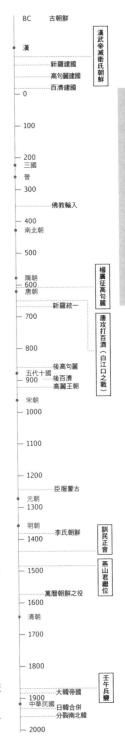

BC

耶穌基督出生　0—

君士坦丁統一羅馬

羅馬帝國分成兩部

波斯帝國　500—

回教建立

阿拉伯人攻佔西班牙

凡爾登條約

神聖羅馬帝國建立
1000—

十字軍東征

英國大憲章

蒙古第一次西征

文藝復興

英法百年戰爭開始

哥倫布發現新大陸
1500—

英國大破無敵艦隊

光榮革命

發明蒸汽機

美國獨立
拿破崙稱帝

明治維新

美國南北戰爭開始

第一次世界大戰
第二次世界大戰

2000—

靺鞨的進攻。

他沒有猜錯。靺鞨部落果然在溫祚建國後第三年舉兵來犯。幸虧溫祚早有準備，迎頭痛擊，把靺鞨打了個落花流水。但這次勝利對大局無補，更不能永久杜絕靺鞨的來犯。此後，靺鞨不斷侵擾百濟，三天兩頭就來打打游擊。

為了保家衛國，溫祚一方面訓練軍隊，不斷領兵與靺鞨作戰，另一方面在邊境和要地積極地修建防禦工事，以求更佳地抵禦。這時候，鄰居樂浪（當時屬於漢帝國統轄的一個郡）被他們密集的工事嚇壞了，他們認為百濟頻繁地修築工事，多半是準備侵犯自己。為此，樂浪派遣使者向百濟下最後通牒，要百濟立即停止採取這種軍事行動。

溫祚這邊，應對靺鞨的侵襲已經很頭疼了，心想：你是在看熱鬧說風涼話，我在挨打啊，修築軍事設施難道不是很正常的事情嗎？他就沒有理睬樂浪。這讓樂浪郡官員非常生氣，乾脆反過來聯合靺鞨對付百濟。

這樣一來，百濟就同時面臨靺鞨、樂浪兩個敵人。溫祚自己雖然是個能人，也覺得長久下去不是辦法。萬般無奈，他開始謀劃把國家重心往半島南部遷移，以避開兩邊敵人的夾擊。

百濟的南方，當時屬於馬韓的部落聯盟政權。溫祚就向馬韓請求援助，希望能讓出一些領土，讓他們安身。馬韓深受箕子朝鮮的影響，古時候的君子之風還留存了一些，就分給了百濟一些土地，也算是對他們的一種救濟。百濟向南擴展後，明顯降低了靺鞨侵擾所帶來的危害。

能夠換得如此平靜的生活，百濟應該多多感謝當初接受他們南遷的馬韓國。兩國最初相安無事。但溫祚是一個軍事狂人，最喜歡到處開基地。他又一次在新領土上亂蓋要塞，而且越蓋越起

勁，明顯威脅到新鄰居馬韓的安全。馬韓國王也不能忍受溫祚這種行為，就派人指責他。起初溫祚尚且知道慚愧，在馬韓的指責下，主動拆毀過界的軍寨。

但是後來，溫祚眼見馬韓逐漸衰落，又重新覬覦這片土地。溫祚很「好心」地認為，馬韓現在已經衰弱了，卻占據著這麼一大片肥沃的土地，遲早要被人吃掉的。肥水不流外人田嘛，為了馬韓人民的幸福，溫祚覺得馬韓還是由自己吃掉比較好。

終於，在西元8年，溫祚帶著人馬假裝出來郊遊打獵，逼近馬韓邊境之後，突然發動襲擊。馬韓怎麼也料不到百濟會恩將仇報，完全沒有防備，很快被打得一敗塗地。在次年，百濟占領馬韓全境。可憐馬韓王，用自己國家的命運為代價，又演了一齣農夫與蛇的悲劇。

定國立制

百濟吞併馬韓之後，又征服了鄰近的一些部落國家，逐步占有了從漢江流域直到西南海岸線的大片領土，成為半島西南的強國。

溫祚去世後，百濟國繼續發展。經過兩個世紀的王位更替，在西元235年，古爾王繼位。

古爾王在位期間，為百濟國定立了完善的官僚制度。首先置六部佐平，分管宣納、庫藏、禮儀、衛兵、刑獄、兵馬之事。六部佐平官階皆為一品。在佐平之下，設立各級官職總共15級。又效仿中國，制定嚴格的服飾制度，底層的官員穿青色的朝服，十一品以上的官員穿紅色的朝服，而六品以上的大官員則穿紫色朝服，還要用銀花來裝飾。至於百濟王自己更是打扮得像彩雀一樣，紫色的大袖袍、青色的錦褲、頭頂金花裝飾的烏羅冠、腰纏

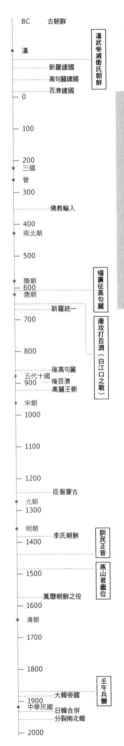

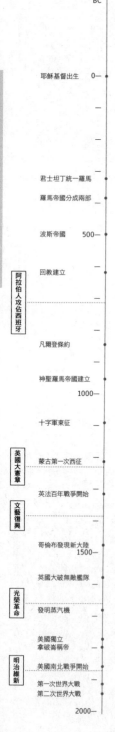

BC

耶穌基督出生 0—

君士坦丁統一羅馬

羅馬帝國分成兩部

波斯帝國 500—

回教建立

阿拉伯人攻佔西班牙

凡爾登條約

神聖羅馬帝國建立
1000—

十字軍東征

英國大憲章

蒙古第一次西征

英法百年戰爭開始

文藝復興

哥倫布發現新大陸
1500—

英國大破無敵艦隊

光榮革命

發明蒸汽機

美國獨立
拿破崙稱帝

明治維新

美國南北戰爭開始

第一次世界大戰
第二次世界大戰

2000—

素皮帶、腳踏烏韋履，坐於百官之上聽政。

　　百濟在不斷發展的期間，經常會與周邊勢力發生衝突摩擦，除了前文講到的靺鞨、馬韓之外，另一個國家的名字越來越頻繁地出現在《百濟本紀》當中。在百濟東方的新羅，朝鮮三國時期的最後一個主角終於登場了。

六部聯盟，新羅國政歸三姓

「蛋生」和「小龍女」

　　和高句麗、百濟兩國相比，新羅國有一些不同。首先，高句麗的始祖朱蒙是扶餘人（中國吉林），百濟是朱蒙兒子建立的，而新羅人則是土生土長的朝鮮半島南部「三韓」人種。其次，新羅的歷史更為悠久。新羅始祖朴赫居世在西元前57年成為新羅首領的時候，高句麗、百濟尚未建立。

　　但此時的新羅，其實只是一個由東南部六個部族組成的一個聯合國家，國號也不是「新羅」，而是叫「徐那伐」。真正把國號改為新羅，還是五百多年後的智證王辦的。

　　起初的新羅首領也並不稱「王」。其始祖朴赫居世自稱「居西干」，到了第二代就變成「次次雄」，後來又改為「尼師今」。首領的位置也不一定是世襲，由朴、昔、金三氏輪番傳遞。

　　朴赫居世的身世故事也是十分撲朔迷離。據傳，當時的高墟村村長蘇伐公在山林間視察的時候，突然聽到附近有馬嘶叫的聲音。蘇伐公覺得好奇，四處探看，結果根本沒有見到什麼馬，只找到一個蛋。（又是蛋！）

　　他把那個蛋撿回去之後敲開，結果發現蛋裡面裝著一個孩子。蘇伐公把這個孩子養大。這個孩子從小聰明伶俐，處事沉

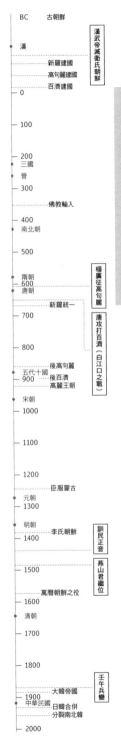

著。在孩子13歲那年，六部人都覺得這孩子是個神人，於是推舉他為首領。

這個當首領的孩子，當然就是新羅始祖朴赫居世。

朴赫居世的妻子閼英也是像神話人物一樣誕生。據說在朴赫居世執政的第五年，有人發現一條龍，這條龍居然從右邊腋下生下一個嬰兒。當時的人真的很喜歡滿大街撿孩子回去養，一個老人家把這個孩子領回去養大之後，居然長成了一個美少女。朴赫居世就把「小龍女」閼英納為妃子。閼英不止容貌漂亮，也非常賢慧，幫助丈夫把國家打理得非常好，當時的人就把他們夫妻稱為「二聖」。

君士坦丁統一羅馬

羅馬帝國分成兩部

波斯帝國　500—

回教建立

阿拉伯人攻佔西班牙

凡爾登條約

神聖羅馬帝國建立
　　　　1000—

十字軍東征

英國大憲章

蒙古第一次西征

英法百年戰爭開始

文藝復興

哥倫布發現新大陸
　　　　1500—

英國大破無敵艦隊

光榮革命

發明蒸汽機

美國獨立
拿破崙稱帝

明治維新

美國南北戰爭開始

第一次世界大戰
第二次世界大戰

　　　　2000—

牙齒多的當國王

朴赫居世去世後，其子朴南解繼位，他把原來的首領稱號「居西干」改為「次次雄」。朴南解任用文武雙全的昔脫解為大輔，主理軍國大事。

西元24年，朴南解去世。南解臨終前，把自己的寶貝兒子朴儒理和得力助手昔脫解叫到自己的面前說，他死後，朴、昔兩家，只要誰較為年長就為國君。朴南解去世後，朴儒理對昔脫解說：「您是我爹的助手，年齡比我大，應該您當國君。」昔脫解不肯接受，推讓說：「國君這位置，不是隨隨便便能坐的。我聽說聰明的聖人們都有很多牙齒，那大家一起來看看，我和儒理到底誰的牙齒多吧！」

於是，兩個人就每人拿出一塊燒餅，使勁咬了一下，然後數上面的牙印個數。這場牙齒的比拚最後是由儒理勝出。儒理繼位後，把首領稱號又從「次次雄」改為「尼師今」。根據後來的新羅學者金大問記載，「尼師今」是一句方言，意思就是「牙印

兒」。

　　其實，朴儒理和昔脫解兩人都有謙讓的想法，比誰的牙齒多只是一個藉口。同時，新羅人能接受用這種方法決定自己的國君，也可以看出當時新羅國民風還相當質樸。

　　朴儒理在位期間，昔脫解繼續擔任國家首輔。在西元32年，更改原來六個部落的名稱，並且逐一賜予李、崔、孫、鄭、裴、薛等姓。又設立十七等官職，分管全國政務。新羅國社會安定，人民安居樂業，還有很多鄰國的人前來投奔。在君臣和諧的統治下，人民富足，許多人高興得唱歌慶祝，由此形成了一種風氣，成為當地的歌樂誕生之始。

　　儒理常讓六部的女子分為兩隊，讓兩個公主分別帶領著，進行績麻競賽，輸的一方要向贏方敬酒。歌舞祝酒的時候，會有一名女子一邊跳舞，一邊唱著「會蘇！會蘇！」後來，人們紛紛仿效，成為著名的會蘇曲。

　　就在會蘇曲清雅的歌聲當中，新羅國不斷地興盛、發展，逐漸擴張，最終獨霸半島東南，成為能夠與高句麗、百濟逐鹿爭鼎的國家。

雞林裡的金盒子

　　朴儒理在位34年，臨終時把王位讓給自己的大輔昔脫解。這位輔佐父子兩代的老臣昔脫解終於脫解不得，繼位尼師今。

　　昔脫解在位期間，有一天晚上聽見金城以西的始林當中有奇怪的雞鳴聲。結果在樹上發現一個金色的盒子，而那棵樹下有一隻白雞在叫。打開那個金盒子，裡面居然有一個小男孩。昔脫解大喜：又出來一個不明身分的孩子，真是賺了啊。他高興地收養了那個男孩。小孩子長大後，大家發現他非常聰明，於是起名叫

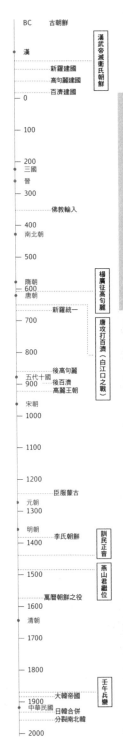

BC　古朝鮮

漢　　　　　　　　　漢武帝滅衛氏朝鮮

　　　　　　新羅建國
　　　　　　高句麗建國
0　　　　　　百濟建國

100

200
三國
　　　　　　佛教輸入
晉
300

400
南北朝

500

隋朝　600　　　　　　　　楊廣征高句麗
唐朝
　　　　　　新羅統一　　　唐攻打百濟
700　　　　　　　　　　（白江口之戰）

800

　　　　　　後高句麗
五代十國　900　後百濟
　　　　　　高麗王朝

宋朝
1000

1100

1200

　　　　　　臣服蒙古
元朝　1300

明朝　　　　　李氏朝鮮　　訓民正音
1400

1500　　　　　　　　　　燕山君繼位

　　　　　　萬曆朝鮮之役
1600
清朝

1700

1800

　　　　　　大韓帝國　　　壬午兵變
1900
中華民國　　日韓合併
　　　　　　分裂南北韓

2000

闕智，又因為他是從金盒子裡鑽出來的，所以姓金。韓國最著名的一個姓氏就此誕生。

　　也因為這件事，脫解把始林改名為雞林，並且以「雞林」作為國號。後來唐帝國在新羅設立雞林州都督府，也是來源於此。現在的韓國慶州國立公園內，仍然能找到當時的那片樹林。

　　金闕智在新羅擔任了重要職務，立下許多功勞，他的後人最後取代了朴、昔二姓，占據新羅的王位，開創了新羅的統一時代。

　　到這裡，朝鮮前三國時期的主演都已經登場。在半島上還有大大小小幾十個小國家，但他們無法與這三國抗衡，逐漸都被這三國吞併，或成為附屬。高句麗、百濟、新羅這三個國家，則展開了數百年的競爭。

　　讓我們先回到朝鮮半島的北方，從高句麗開始講起。

耶穌基督出生　0—

君士坦丁統一羅馬

羅馬帝國分成兩部

波斯帝國　　500—

回教建立

阿拉伯人攻佔西班牙

凡爾登條約

神聖羅馬帝國建立
　　　　　1000—

十字軍東征

蒙古第一次西征
英國大憲章

英法百年戰爭開始
文藝復興

哥倫布發現新大陸
　　　　　1500—

英國大破無敵艦隊

光榮革命
發明蒸汽機

美國獨立
拿破崙稱帝
明治維新
美國南北戰爭開始

第一次世界大戰
第二次世界大戰

　　　　　2000—

烽煙迭起，高句麗南攻北守

兄弟爭位

朝鮮半島的三國，新羅在半島東南，百濟在半島西南，高句麗則在半島北部，與中國東北毗鄰（實際上高句麗占據著東北的大片土地）。前文已經提及，高句麗自建立國家以來，就一直與中國糾纏不清。

西元197年，高句麗王高男武去世，他的王后于氏想儘快找到王位的繼任人。因為男武沒有兒子，所以繼任者只能從他的弟弟當中選擇。

于氏有她的打算，沒有發布國王去世的消息，而是在當天晚上，悄悄地跑到了高男武最年長的弟弟高發歧家裡，對他說：「你哥哥沒有兒子，你應該作為後嗣。」發歧不知道哥哥已經去世，他非常「正經」地拒絕嫂子的建議說：「誰當繼承人，應該讓天意來決定。嫂嫂您作為已婚婦人，深夜跑到別的男人家裡，好像不太合婦道吧。」

于氏一番好心被當成驢肝肺，又氣又羞。她轉而來到另外一個弟弟高延優的家裡，這次她得到了完全不一樣的接待。高延優設宴款待了于氏，還親自操刀割肉給嫂子吃。也不知道是有心還是無意，高延優割肉的時候把自己的手劃破了。于氏解下自己的裙帶，替延優包紮。隨後，高延優親自送嫂子回宮，還和她手拉

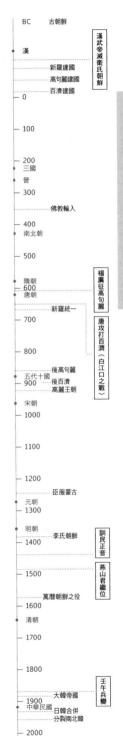

手地走入宮內，一個晚上都沒有出來。

　　沒有人看見他們那天晚上做過什麼。到了第二天，王后就宣布根據先王的遺令，由高延優繼承王位。這時候高發歧才反應過來，原來嫂子昨晚是玩真的。這人原來也是個偽君子，裝腔作勢，心裡其實對王位在意得很。身為高延優的兄長，他當然不願意吃這個悶虧。於是高發歧起兵包圍了王宮，向高延優問罪，但是國內根本沒有人願意幫助他。這時他感覺到情勢不太對勁，只好帶上妻兒，連夜逃到中國遼東去了。

　　當時正值漢末三國時期，遼東由公孫氏割據。高發歧居然開口向公孫氏提出借兵討伐高句麗的要求。公孫氏一心想在東北稱王稱霸，早有向朝鮮半島擴展勢力的野心。現在碰上機會，自然不會放過。高發歧領著從公孫氏那裡借來的三萬兵馬，又浩浩蕩蕩地殺回高句麗。

　　關於這場戰事的勝負，中國和朝鮮的記載各不相同，《三國志》稱公孫氏與高發歧攻破了高句麗國，還焚毀了他們的都城。而《三國史記》卻說帶領著漢兵入侵本國的高發歧，遭遇了小弟弟高罽須率領的高句麗軍，被打得大敗，還被弟弟叱責，羞愧不已，自殺身亡。

　　不管這場戰爭誰勝誰負，兄弟不團結導致高句麗一國連遭兵禍終歸是事實。看來他們的父王也一定沒有對他們講過「三支箭」的故事。若是兄弟齊心協力，又怎麼會讓外人有機可乘呢？

　　高延優去世後，其子憂位居繼位。此時中原已經進入三國鼎立的時期，遼東的公孫氏勢力也被魏國的司馬懿消滅。在司馬懿滅公孫淵時，憂位居也曾派兵助戰。但隨後，高句麗和魏國繼續上演「邊境騷擾」的遊戲。西元246年，曹魏派遣大將毌丘儉領兵一萬，再次進攻高句麗。

耶穌基督出生　0—

君士坦丁統一羅馬

羅馬帝國分成兩部

波斯帝國　500—

回教建立

阿拉伯人攻佔西班牙

凡爾登條約

神聖羅馬帝國建立
　　　　　1000—

十字軍東征

英國大憲章

蒙古第一次西征

英法百年戰爭開始

文藝復興

哥倫布發現新大陸
　　　　　1500—

英國大破無敵艦隊

光榮革命

發明蒸汽機

美國獨立
拿破崙稱帝

明治維新

美國南北戰爭開始

第一次世界大戰
第二次世界大戰

　　　　　2000—

高句麗方面，憂位居親率軍隊抵擋魏軍。初戰告捷，擊殺魏軍數千人。憂位居勝利之後十分高興地對部屬說：「魏國大軍人強馬壯，卻打不過我們，毌丘儉也是魏國的名將，現在淪落到被我們隨意戲耍了！」

這一下信心大了，憂位居想乘勝追擊，親率步騎兵二萬，要把入侵的魏軍趕盡殺絕。毌丘儉就組織魏軍結成方陣，抱著必死的心來決戰。兩軍一場血戰，這次憂位居終於見識到了魏國正規軍的厲害，高句麗全軍被擊潰，一萬八千多人戰死，憂位居僅帶著一千多騎兵倉皇逃跑。高句麗軍大敗後，大將紐由詐降，拚死刺殺魏軍先頭部隊的主帥，憂位居才得以聚眾反攻。而毌丘儉則揮軍攻陷丸都城，把高句麗的首都摧毀，然後在石碑上刻下功績，這才洋洋得意地班師回朝。

這一戰，高句麗以舉國之力，被曹魏一萬邊防軍殺得大敗，唯一慶幸的是最後國王憂位居總算撿回性命。魏軍撤退後，高句麗還不至於滅亡。

慕容氏的修理

在西晉時候，趁著「八王之亂」引發的西晉邊防力量削弱，高句麗從晉軍手中奪取了朝鮮半島北部的樂浪郡等大片土地。這些土地從漢武帝滅衛氏朝鮮時被漢朝設為中央直屬的郡縣，現在終於被啃掉了。在過去三百年裡，高句麗的領土主要在中國東北地區鴨綠江流域，現在其勢力則大大深入朝鮮半島，基本覆蓋了過去衛氏朝鮮的疆域。

然而，等到高斯由在位期間，高句麗又遭到兩次毀滅性的打擊。

那時候，中原正處於東晉十六國的混亂時期，位於遼東與

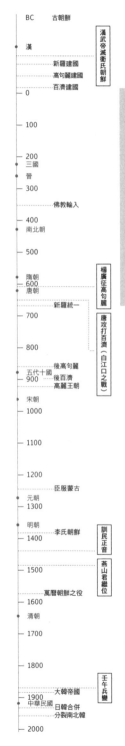

BC

耶穌基督出生　0—

君士坦丁統一羅馬
羅馬帝國分成兩部

波斯帝國　500—

回教建立

阿
拉
伯
人
攻
佔
西
班
牙

凡爾登條約

神聖羅馬帝國建立
　　　1000—

十字軍東征

英
國
大
憲
章

蒙古第一次西征

英法百年戰爭開始

文
藝
復
興

哥倫布發現新大陸
　　　1500—

英國大破無敵艦隊

光
榮
革
命

發明蒸汽機

美國獨立
拿破崙稱帝

明
治
維
新

美國南北戰爭開始

第一次世界大戰
第二次世界大戰

　　　2000—

高句麗接壤的，是鮮卑族的慕容氏政權。慕容氏政權南有後趙威脅，身邊還有同為鮮卑族的宇文氏部族與之相爭，其國力並不比高句麗強大。

朝鮮半島的三國把這種形勢看做是擴張的機會，紛紛插手中國東北的亂戰，高句麗干涉得最是起勁。不幸的是，鮮卑慕容氏擁有一大批出類拔萃的人才，高句麗多次出兵東北，常被打得狼狽逃回。接下來，高句麗很快要為自己的輕率付出更加慘重的代價。

西元342年，為了在日後與宇文氏對決時可以保證無後顧之憂，前燕王慕容皝決定出兵討伐高句麗。軍中大將包括慕容皝的兒子慕容恪、慕容霸（即後來的後燕皇帝慕容垂），庶兄慕容翰等，都是十六國時期一等一的名將。從雙方的陣容來看，這場戰爭的結局就已經註定了。

燕軍討伐高句麗，有南北兩條道路可以選擇：北道寬闊平坦，方便大軍行走；而南道則狹窄險要。高句麗人都認為燕軍一定不會去南道自討苦吃。高斯由讓弟弟高武率領五萬人在北道準備抵擋燕軍，自己則帶著五千人躲在南道準備做做樣子，這樣就可以避開生死惡戰了。

他萬萬沒有想到，燕軍偏偏反其道而行。慕容皝派副將王寓帶一萬五千兵走北道，以四萬大軍從難走的南道前進。果然，他們在南道遇上了怕死偷懶的高句麗王高斯由。好逸惡勞的高斯由撞上了四萬燕軍主力，此時他唯一的不滿，一定是深恨娘親沒有給自己多生兩條腿。

燕軍當中有一個將領叫鮮于亮，本是降將，一直受到慕容皝的讚賞，知恩圖報。兩軍一交戰，他就大喊：「像我這樣的俘虜，是因為承蒙大王厚愛才有機會施展自己的才能，這樣的厚恩

不得不報，今天我就要力戰到死為止了！」說完，就帶著幾個騎兵直接衝殺高句麗軍。跟隨高斯由的高句麗兵，原本想著戰事會在北方，自己在南邊是度假的，哪知道自己不但遭遇了敵軍主力，而且一來就是個不要命的瘋子。鮮于亮一路殺來，無人敢阻擋。後面的少年英雄慕容霸趁機揮軍突襲，高句麗軍隊的陣形很快大亂，潰不成軍。

乘勝追擊的燕軍一口氣攻下了都城丸都城，劫持了高斯由的生母，又把高斯由父親的屍首挖出來，順帶綁架了五萬多百姓，並將丸都城劫掠一空，然後大搖大擺從北道回國。高句麗軍已經被嚇破了膽，看燕軍又有人質，動都不敢動，乖乖讓開大路，「禮送」燕軍回遼東。

高斯由經此慘敗，再也不敢招惹是非，向燕王俯首稱臣。他轉而把目標指向南方的同宗國家百濟，心想：我打不過鮮卑人，還打不過你嗎？西元369年，高斯由率領兩萬人在雉壤與百濟軍作戰。可是運氣偏偏這麼背，對百濟的進攻依然以失敗告終，而且因此與百濟結下仇隙。西元371年，百濟的近肖古王率軍反攻高句麗，在戰場上射死高斯由。

兩個同祖同宗的國家，終於發展到了互相仇殺的地步，三國之爭也進入了最為激烈的時段。

廣開國土，遷都平壤

西元393年，高談德繼承高句麗王位。高談德不僅長相非常雄壯，而且自小就胸懷大志，文韜武略也勝人一籌。他第一次出征侵略百濟，就一口氣攻下了十座城。後來又在浿水大破百濟軍，俘虜八千多人。

打百濟不算稀奇，高談德還再次入侵東北。當然，這時候

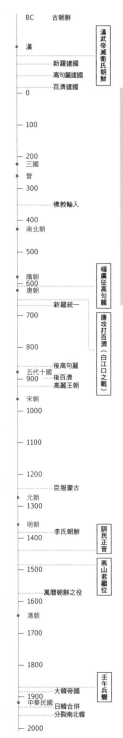

東北的局面已經和半個世紀前完全不同。鮮卑族慕容氏的前燕已經被滅過一次，慕容垂雖然復興了後燕，但自己也已身死，留下一群不成器的子孫，又被鮮卑族拓跋氏的魏國所侵襲。這種情況下，高談德出兵與燕軍爭鋒，占領了遼東一部分城池；然後又用外交政策配合堅壁固守，一邊消化既有好處，一邊求和。這樣軟硬兼施，霸占了遼東。

之後，高談德很識趣地見好就收，轉而繼續不斷地向南擴張。他在位22年間，經歷數十場戰役，居然沒有一場敗仗。高談德把高句麗的版圖向南擴張到臨津江和漢江之間的地區，北邊則保有遼東。他去世後也獲得與功績相當的王號——廣開土王。

高談德去世後，其子高巨連繼位。這位高巨連活了近百歲，在位79年，史稱「長壽王」。他在位期間，繼續發揚父親的對外政策。一方面，他幾乎每年都向當時北朝的魏國進貢，同時也不忽略南朝的劉宋，接受孝武帝劉駿的冊封。總之就是不得罪中國。保障國土北部的安寧後，高巨連就集中精力對南方的百濟、新羅進行侵略。

為了貫徹南侵的戰略，西元427年，高巨連把都城從丸都城遷移到平壤。這一舉動有著重大的意義。丸都城在今吉林省集安市西，方便高句麗侵略遼東。但是現在高句麗已經不再打算與中原勢力競爭，那麼丸都城就不再具有原來的優勢，反而成了容易被襲擊的軟肋。對正準備南侵的高句麗來說，這個地方已經不再適合作為國家的政治中心了。

相反，南方的平壤城位於大同江流域，土地肥沃，而且地勢險要，利於防守。最重要的是，平壤更接近南方的百濟、新羅，如果以此為首都的話，就能良好地實行南侵的戰略。自遷都平壤後，高句麗的統治中心就從鴨綠江流域，轉移到了朝鮮半島中

部。這也標誌著高句麗由一個兼跨中國東北的國家逐步轉變為一個更「純粹」的朝鮮半島國家。

圍棋愛好者的悲劇

南遷平壤後，高巨連馬上開始著手南侵。首先被他盯上的是百濟國。

百濟蓋鹵王大名扶餘慶司，在位期間有21年之久，但是史冊上記載的這21年間的事只有兩件，一是蓋鹵王上表北魏朝廷，對侵略中國的高句麗進行嚴屬地譴責。另一件則是遭到高句麗進攻，自己也因此身亡。在位這麼長時間就只有這麼一點點事蹟可寫，可想而知慶司平時到底都是怎麼治理國家的了。他唯一能被人稱道的，或許就只有善於下棋這一點了。

和昏庸的慶司相比，巨連是一個真正的對弈高手。在南侵之前，他早已經做好準備工作，派出了大量間諜，潛入百濟做臥底。其中有一個叫道琳的人，也是一位圍棋高手。

道琳第一次見慶司的時候，就向慶司發出挑戰，要在棋盤上決一高下。幾局下來，兩人棋逢對手，殺得天昏地暗，慶司不禁大呼過癮，和道琳相見恨晚，現在終於找到了知音。隨後，慶司把道琳尊為上客，從此沒再做過別的事，就沉溺在他們兩人的棋盤世界當中。

當慶司完全信任了他的好棋友之後，道琳向慶司獻策：「大王啊，你看我們的國家山川險固，哪裡有人敢來打我們啊？而且大王勢力強盛，哪有人不尊敬崇拜大王啊？但是，我覺得大王還有一點點事情做得不夠好。我們的城池、皇宮都不夠氣派；先王的骸骨沒有好好地安葬；還有，河水經常氾濫，沖毀民居。如果連這些缺陷都改過來的話，那我們的國家簡直就是完美了。」

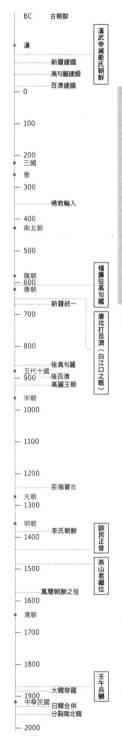

耶穌基督出生 0—

君士坦丁統一羅馬

羅馬帝國分成兩部

波斯帝國 500—

回教建立

阿拉伯人攻佔西班牙

凡爾登條約

神聖羅馬帝國建立 1000—

十字軍東征

英國大憲章

蒙古第一次西征

英法百年戰爭開始

文藝復興

哥倫布發現新大陸 1500—

英國大破無敵艦隊

光榮革命

發明蒸汽機

美國獨立
拿破崙稱帝

明治維新

美國南北戰爭開始

第一次世界大戰
第二次世界大戰

2000—

看到棋友對「我們的」國家如此關心，扶餘慶司非常感動。為了滿足棋友的心願，慶司傾盡國力，大興土木。他重新建宮殿，建得華麗非凡、氣勢逼人。又命人在河中撈上來大石塊，做成大石棺把他父王的骸骨風光大葬。最後沿著河岸修建大壩，從蛇城的東邊，一口氣修到崇山北邊。

扶餘慶司把所有事情都做好後，滿心歡喜地去找棋友，準備把自己這份精心準備的禮物送給他。但是，在他收到道琳留給他的禮物時，他再也不相信友情了——道琳早已經遠走高飛。回贈給他的，是長壽王高巨連帶領的三萬高句麗軍隊。

道琳完成任務後潛逃回國，報告高句麗王巨連，慶司窮盡民力，現在百濟國已民不聊生。高巨連便於西元475年，舉兵三萬入侵百濟。

百濟國原本還過得去的人力、物力、財力，已經在扶餘慶司的大興土木中消耗殆盡。因此，高句麗大軍很容易就到達了百濟國的都城漢城。巨連兵分四路，把漢城團團圍住，城內一片惶恐，有人甚至想出城投降。

看到這樣的景象，慶司終於意識到自己這盤棋輸了，而且輸得非常徹底。眼見城池是守不住了，他把自己的兒子文周叫來，悔恨地對他說：「是你的父王我沒用啊，聽信了那奸人的話，把國家弄成這樣子，現在大禍臨頭了，沒有一個肯為國家作戰的人。我肯定是要為此負責而去殉國的。但是你可不同啊，你不要和我一起在這裡白白犧牲，逃吧，孩子，我國未來的希望就在你的身上了！」他讓人把兒子從南邊偷偷送出城。

之後沒幾天，漢城就被高句麗軍攻陷了。慶司被俘，最後被高句麗將軍再曾桀婁、古爾萬年殺死。頗具諷刺意味的是，這兩個將軍過去都是百濟人，因為獲罪才逃到高句麗國的。讓自己走

向滅亡之路的是曾經最信任的棋友道琳，而親手殺死自己的更是原來自己的屬下。善於在棋盤上對弈的慶司，看著自己的棋子把自己逼死，不知有什麼感覺？

　　所幸的是，他臨死前總算把自己的兒子文周送出了城外，為百濟國保留了最後的一線希望。讓我們拭目以待，看看百濟的後人是如何反擊的。

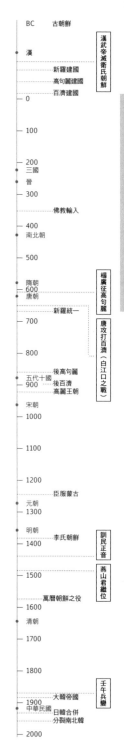

復興的艱難，百濟國舉步維艱

復興的艱難

　　百濟被高句麗攻破都城，國王被敵軍殺死，還好太子文周得以逃脫，加上此時新羅的救兵前來，阻止了高句麗進一步南下，百濟國才得以延續。文周逃到南邊的熊津繼位，百濟國開始了復興的路程。

　　然而這條路並不容易。繼任的兩任國王都英年早逝，以致政局不穩。

　　文周為人寬厚，善待老百姓，深得民眾的擁護，但他性情柔弱，缺少決斷，尤其在用人方面分不清好壞。繼位的第二年，一名叫解仇的人擔任兵官佐平（負責兵事的一品大員，相當於國防部長）。解仇在任上為非作歹，讓本來已經千瘡百孔的百濟國雪上加霜。他還有瘋狂的權力欲，熱衷於政治爭鬥。文周在繼位的第三年命自己的弟弟昆支為內臣佐平（負責傳達王命的一品大員，相當於內務部長）。但是，昆支在三個月後就離奇死亡。沒有人知道解仇在這件事中有沒有動手腳，但很明顯的是，競爭對手死了以後，解仇更加肆無忌憚地獨攬國政，還把矛頭指向了自己的君主文周。他暗中糾合了一批強盜，趁著文周出外田獵的時候發動突然襲擊，就這麼把國君殺害了。

　　文周突然被害，由他的兒子壬乞繼任。壬乞繼任時只有13

歲，所有軍國大事都由解仇掌控。解仇並沒有就此滿足於權臣地位。他認為時機已經成熟，在壬乞繼位的次年，就公開在大豆城聚眾反叛，想要自立為王。國難當前，解仇的倒行逆施，終於激起了全國軍民的憤怒。百濟大將真男、真老二人，僅以二千五百的兵力就打敗了這個猖獗一時的賊臣，解仇兵敗後被擊殺，得到了應有的懲處。

雖然剷除了解仇，但壬乞並沒有完成復興的大業。他在13歲繼任，16歲那年又離奇死亡。繼任者是牟大，他是昆支之子，文周的姪兒，壬乞的堂兄弟。經歷重重磨難，百濟終於在牟大在任期間，走上了復興之路。

捲土重來

牟大一繼位，就開始採取各種積極的手段，力圖挫敗高句麗，收復失地，復興國家。牟大同時清楚，光憑自己的力量，很難擊敗強盛的高句麗的。怎麼辦呢？雙拳難敵四手，他開始尋找同盟者。

首先，牟大積極地與中國的南齊建交。但是由於高句麗占據著主要的道路，百濟與中國的交通並不方便。而且高句麗早已經同時和中原的南北朝都建立了友好的關係，在整個南北朝格局上，也是北方略占上風。所以，這個方法成效並不明顯。

中國勢力靠不住，牟大又把目光投向朝鮮半島內。新羅和百濟一樣，位於高句麗向南擴張的道路上，深受高句麗兵鋒威脅之苦。牟大看中了這點，把橄欖枝拋向了和百濟有著同樣命運的新羅。西元493年，高句麗和新羅結為姻親，兩國的同盟正式成立。次年，高句麗在薩水與新羅交戰的時候，百濟立刻出兵救援，擊退高句麗。同樣的，百濟軍在雉壤城被高句麗包圍時，新羅也立

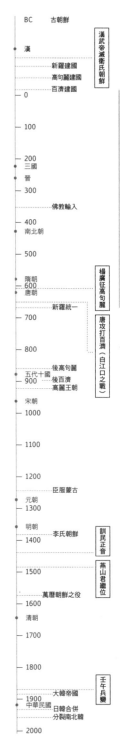

即出兵相救。

百濟和新羅互為唇齒，獲得了休養生息的機會。

牟大去世後，其後人繼續奉承「東連新羅，北拒高句麗」的政策。等到牟大的孫子聖王在位時期，百濟國看到了完成復興偉業的希望。

西元538年，聖王把都城從偏僻的熊津遷移到泗沘，並且改國號為南扶餘。比起熊津來，泗沘交通更加便利，利於與其他國家往來。遷都後，聖王實施了一系列富國強兵的政策，又多次派遣使者到中原，學習中原的先進文化思想和制度，使得國家力量進一步增強。

百濟國逐漸強盛起來後，高句麗又一次大舉南侵。西元548年，高句麗進攻百濟的獨山城。與以往一樣，百濟火速求援於新羅，新羅將軍朱珍率領三千人日夜兼行，把高句麗軍殺得大敗而歸。有了這次勝利，聖王更加信心滿滿。

新羅背叛

550年，百濟聖王領兵一萬，攻陷高句麗的道薩城。高句麗不甘示弱，也出兵把百濟的金峴城包圍起來。

正當高句麗、百濟雙方劍拔弩張，準備一決雌雄之時，卻有第三者跳出來，把劇情推向另一個發展方向——在一旁看戲的新羅趁百濟、高句麗兩軍筋疲力盡時，突然出兵，把兩座城都據為己有。

新羅背叛盟友的行為，令人聯想起在中國的漢末三國時期，南方兩個比較弱小的勢力劉備、孫權也曾經聯盟抗擊北方的曹操。後來孫權偷襲劉備的荊州得手，自己占了便宜，卻讓盟友損傷慘重。

新羅的手段比起孫權簡直是有過之而無不及。西元553年7月，新羅在得到兩城之後，得寸進尺，出兵攻取百濟東北部，獲取了大量的土地。同年10月，新羅迎娶百濟公主，這讓人十分佩服當時新羅的真興王神通廣大，在這種情況下，搶了人家的城，居然還能抱得美人歸。

第二年，聖王為了雪失地之恥，決定出兵討伐新羅。聖王領著軍隊分路南下，本人走到狗川，卻遭到新羅軍的突然襲擊。聖王萬萬想不到此處有埋伏，隨身士兵並不多，在新羅軍奇襲下一時無措，竟然死在亂軍之中。可憐雄才偉略的百濟聖王，正要帶領百濟國走向復興，卻在此處冤死。新羅軍殺死聖王後，乘勝猛攻，大敗百濟軍。據說在此役中，百濟軍有四個佐平陣亡，損失兵力將近三萬人。遭受如此沉重的打擊，百濟的復興戛然而止，直到滅亡為止都沒有再站起來。

而背棄盟友的新羅，則走上了統一的道路。

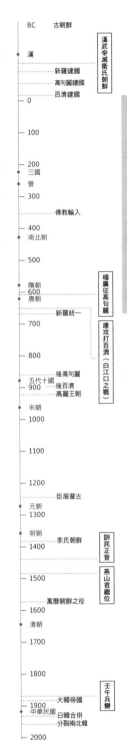

BC

耶穌基督出生　0—

君士坦丁統一羅馬

羅馬帝國分成兩部

波斯帝國　500—

回教建立

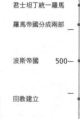
阿拉伯人攻佔西班牙

凡爾登條約

神聖羅馬帝國建立
1000—

十字軍東征

蒙古第一次西征

英國大憲章

英法百年戰爭開始

文藝復興

哥倫布發現新大陸
1500—

英國大破無敵艦隊

光榮革命

發明蒸汽機

美國獨立
拿破崙稱帝

明治維新

美國南北戰爭開始

第一次世界大戰
第二次世界大戰

2000—

集賢政治，新羅國順勢崛起

舞獅子征服島國

當百濟的東城王牟大，還在為百濟復興苦苦奮鬥的時候，東邊的新羅國迎來了又一位對國家貢獻巨大的君主——智證王金智大路。他在位期間，新羅終於從原來那個部落聯盟一樣的政權，發展成一個成熟的國家。

在前文我們提到，新羅建國之初國號並不叫新羅，首領位置也不世襲，首領也不稱王，而是用一些「次次雄」、「尼師今」、「麻立干」這一類奇怪的方言稱號。這種狀況到金智大路時期得以改變。他聽從群臣的意見，取「德業日新，網羅四方」之意，把國號改為新羅。而且從他開始，以後的新羅國君正式稱王，告別了那些的方言稱號。

金智大路下令禁止殉葬的陋習，勸農耕作，又開始使用耕牛，提高了生產力。他親自為國內定制州郡，並且在每個州上設立軍主，對地方加以有效的管理。至此，新羅終於有了一個中央集權國家的形態。

金智大路在位期間，還用一種非常有趣的手段攻取了附近的于山國。于山國在一個叫做鬱陵的島上，因為地方偏遠，一直不肯服從新羅國，讓金智大路很苦惱。新羅國何瑟羅州的軍主異斯夫卻想了一個辦法。他造了很多獅子木像，裝到船上，浩浩蕩蕩

開過去。到了島上，他就用那些木像恐嚇島上的人，聲稱如果不投降的話，放獸咬人，就不要怪我。一直待在島上沒出去見過世面的島民，根本沒有見過獅子，看見船上的「猛獸」嘴巴大得能一口把自己吞下，都沒敢確認是不是真的，就直接投降新羅。正如他的國號一樣，德業日新，網羅四方，新羅國在金智大路帶領下，逐漸強盛。

耍魔術弘揚佛教

新羅和其他兩國相比，離中原比較遠，交通不便，所以受中原文化的影響比較慢。宗教傳播也是如此，在其他兩國已經逐漸流行佛教的時候，新羅國還處於未開發時期。

在5世紀中葉，新羅國收到中原送來的禮物，禮物裡面有一些香。新羅國居然沒人知道那是什麼東西，更不知道是怎麼用的。國王只好到處問人。一個從高句麗國來的僧人墨鬍子，認出這是拜佛的香。恰逢當時新羅公主染病不起，墨鬍子就示範了一次如何焚香祈願。不知道是不是皇家的香真的特別好，墨鬍子這麼一拜，公主就真的病癒了。經歷這件事以後，佛教才開始逐漸在新羅國流行起來。

到西元528年，新羅法興王金原宗在位期間，決定大興佛法。當時的大臣都持反對意見，他們並不相信那些光頭怪服的僧侶所說的理論對國家有什麼裨益。這讓金原宗非常苦惱。

有一個叫異次頓的近臣，忠心耿耿，向金原宗獻計「殺雞儆猴」。金原宗道：「好辦法。那些大臣就是猴了，不過誰來當雞呢？」異次頓道：「我來當雞。殺了我，震懾那些反對佛教的人。」金原宗大驚：「為了弘揚佛教，殺無辜的人，這算什麼啊。」異次頓道：「為了弘揚佛教而死，我死而無憾。」於是第

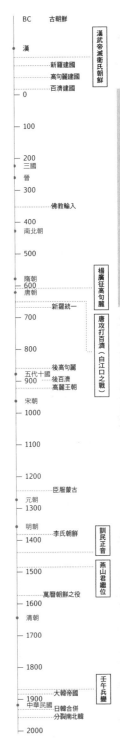

耶穌基督出生　0—

君士坦丁統一羅馬

羅馬帝國分成兩部

波斯帝國　500—

回教建立

阿拉伯人攻佔西班牙

凡爾登條約

神聖羅馬帝國建立
　　　　　1000—

十字軍東征

英國大憲章

蒙古第一次西征

英法百年戰爭開始

文藝復興

哥倫布發現新大陸
　　　　　1500—

英國大破無敵艦隊

光榮革命

發明蒸汽機

美國獨立
拿破崙稱帝

明治維新

美國南北戰爭開始

第一次世界大戰
第二次世界大戰

　　　　　2000—

二天，君臣二人在大殿上連袂出演。當大臣們再度群起反對佛教時，異次頓力排眾議，堅決支持國家推行佛法。金原宗裝模作樣地說：「你的觀點和大臣們衝突，只好犧牲你了。」就要處斬不知悔改的異次頓。異次頓高呼：「我為了推行佛法而死，如果神佛是真的存在的話，我死之後一定會有特別的事情發生的，你們這些愚蠢的人就看著吧！」劊子手一刀下去，異次頓人頭落地。然而此時發生的事讓在場的所有人都驚訝了，異次頓被斷頭而湧出的血居然像牛奶一樣白！那些反對佛法的人見到這樣的場景，以後再也不敢對推行佛教有任何異議。

異次頓「斷頭流奶」的魔術事件後，佛法才開始真正的在新羅興盛起來。後來新羅出了許多高僧，他們積極地到中原各地求經學法，再把許多先進的思想文化帶回新羅。其中最具代表的是圓光高僧，他提出的「世俗五戒」為新羅統一朝鮮半島發揮了重要的作用。

註：圓光法師，南北朝末期到隋唐初期的朝鮮高僧。他早年在中國修行佛法，歸國後，居住在加悉寺，為民眾講解佛經。他提出的「世俗五戒」是指人在世上應該遵從的一些行為規範：一曰事君以忠，二曰事親以孝，三曰交友有信，四曰臨戰無退，五曰殺生有擇。其中的忠、孝、信都與中國的儒家思想相吻合。這種思想不但是積極的出世佛論，而且受世俗推崇。後來新羅國選拔人才的「花郎道」，也是以這五戒為精神支柱。

扮偽娘選拔人才

新羅國有一個獨特組織，叫做「花郎」。這個組織聚集一群青年男女，盡搞些吃喝玩樂、吹拉彈唱，甚至男扮女裝的把戲。

而最終目的，卻是為國家選拔人才——這事要從哪兒說起啊？

話說在西元576年，新羅國在位的是真興王金深麥夫。這位大王和他的大臣們每日茶飯不思，就是擔心不知道該怎麼選取有才幹的年輕人作為國家的接班人。

他們思來想去，最終想出來一個辦法：英雄愛美人，我們用美人計！君臣就在民間找了兩個美女，一個叫南毛，一個叫俊貞。真興王讓美女天天開派對，吸引青年才俊來聚。有美女為主題，自然能吸引很多人。剛開始的時候，每天都會有幾百名青年聚集在一塊飲酒作賦、唱歌起舞，而國王就暗中派人觀察這些青年當中有哪些優秀的人才，選拔出來讓他們當官。

本來這的確是個很不錯的方法，可惜好景不長，兩個美女私底下經常比誰的魅力更大，進而互相嫉妒。女人的妒火終於讓她們萌生殺意。有一天，俊貞把南毛騙到自己的家，灌醉她之後再扔到河裡淹死。正所謂最毒婦人心，大家知道了平日裡的夢中女神居然如此狠毒，不免大失所望，好不容易聚集起來的青年們又一哄而散。

真興王並不想就此甘休。他調整了自己的計畫，不再找妒忌心強的美女，而是去找一些美男子，讓他們塗上胭脂水粉，就像過去的美女一樣，繼續搞派對。這些美男子，就是後世所說的「花郎」。年輕人重新圍繞著這些花郎（其實就是偽娘）繼續活動。先是吃喝玩樂，吹拉彈唱，接著就開始學文習武，談論國家大事，並且建立報國立功的組織。

根據金大問所著的《花郎世記》記載，新羅國後來的賢良忠臣、勇將猛士都是從這些年輕人當中選出來的。更有不少花郎，長期與這些青年俊傑接觸，自己也得以提升素質，日後從花郎界退出後，直接轉入軍界政界，立下不少功勞。包括後來為新羅統

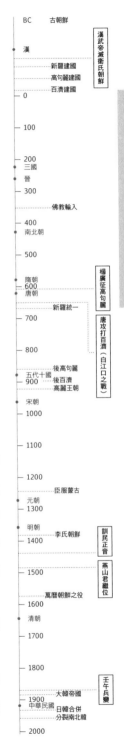

一作出巨大貢獻的名將金庾信，也曾經擔任過花郎。據說直到今天，韓國軍隊依然有名為「花郎」的演習。而「花郎道」中練習的武藝，則逐漸發展為跆拳道的前身。可見這個看似不正規的組織，其實對新羅國影響非常深遠。

　　新羅國在智證王之後，開始快速發展。在真興王時期，新羅背叛了盟友百濟，在對外戰爭中取得了一定的優勢，並且從此開始挑戰高句麗、百濟兩國，正式走上統一朝鮮半島之路。

BC

耶穌基督出生　0—

君士坦丁統一羅馬

羅馬帝國分成兩部

波斯帝國　500—

回教建立

阿拉伯人攻佔西班牙

凡爾登條約

神聖羅馬帝國建立
　　1000—

十字軍東征

英國大憲章

蒙古第一次西征

英法百年戰爭開始

文藝復興

哥倫布發現新大陸
　　1500—

英國大破無敵艦隊

光榮革命

發明蒸汽機

美國獨立
拿破崙稱帝

明治維新

美國南北戰爭開始

第一次世界大戰
第二次世界大戰

　　2000—

招惹隋唐，高句麗兵連禍結

楊廣三征高句麗

就在新羅逐漸強大的同時，三國中原本最強大的高句麗卻不斷衰落。衰落的一個主要原因，是他們自己違背了當初不招惹中原政權的國策，主動挑戰，導致隋、唐對其報復進行大規模的征伐。

在西元598年的時候，高句麗曾經聯合靺鞨侵略隋帝國邊境。隋文帝楊堅為了報復而對高句麗進行討伐，卻因為糧道不便無功而返。

到了隋煬帝楊廣在位的時候，他就不像他老爹那麼溫柔了。西元612年，為了再次討伐高句麗，楊廣動用了大量兵力，號稱百萬，因為人數太多了，道路走不開，只好分批出發，每天走一批人，等上批人出發一天之後，下一批再動身。就這麼足足用了四十天，最後一批人才開始動身。大軍首尾相繼，旌旗連綿九百六十里，真的是前無古人後無來者。

隋軍來到遼水，與高句麗軍隔河對峙。楊廣命人搭建浮橋渡河作戰。高句麗軍也非等閒之輩，他們先按兵不動，等隋軍的浮橋還差一丈多才修到對岸時，突然開始進攻。隋軍中一些勇猛的兵將，果斷下水和高句麗軍交戰。但在水中作戰很吃虧，隋軍很快就大敗而退。

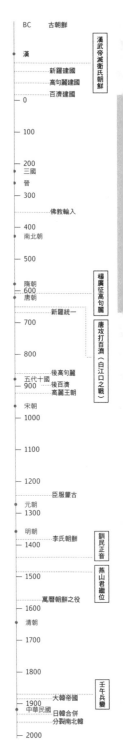

BC

耶穌基督出生　0—

君士坦丁統一羅馬

羅馬帝國分成兩部

波斯帝國　500—

回教建立

阿拉伯人攻佔西班牙

凡爾登條約

神聖羅馬帝國建立
　　　　1000—

十字軍東征

英國大憲章

蒙古第一次西征

英法百年戰爭開始

文藝復興

哥倫布發現新大陸
　　　　1500—

英國大破無敵艦隊

光榮革命

發明蒸汽機

美國獨立
拿破崙稱帝

明治維新

美國南北戰爭開始

第一次世界大戰
第二次世界大戰

　　　　2000—

首戰失利，隋軍選擇了另外一個地方搭橋，成功渡河。渡河後，百萬對十萬的交鋒就毫無疑問了，隋軍打敗高句麗軍，進逼遼東城（遼東城本來屬於中國的轄地，在慕容燕政權衰弱時期被高句麗奪走）。

這時候，楊廣的腦子卻開始犯毛病。他想要享受一番「百萬大軍一起殺進遼東」的快感，於是下令全軍各部都要完全聽從自己的指揮，沒有他的命令，誰也不准擅自出擊！可是隋軍有百萬之眾啊！從一頭傳令到另一頭，快馬也要跑半天，這中間怎麼調度？這支龐大的隊伍就變成了一個行動遲緩又笨重的大烏龜。本來趁著勝利的情勢，完全可以一舉攻下遼東城，現在卻因為各部將領總是在等上級的指令，耽誤了戰機。高句麗軍趁機加強了城防，隋軍久攻不下。

水路方面，來護兒率領的江淮水軍曾經深入到距離平壤只有六十里遠的地方。然而，來護兒急於求成，輕軍冒進，被高句麗引誘到包圍圈後擊敗。

水路進攻失敗後，後勤也出現了問題。負責運糧的兵士負重太大受不了，為了減輕負擔，他們竟然想出了一個絕妙的主意：偷偷地把軍糧埋在地下！結果路程還沒有走完一半，就已經把糧食埋光了。再往前，只好餓肚子了。

隋軍進攻受阻，後方無糧，只好撤退。歸心似箭的隋軍在撤退的途中被高句麗四面包抄，死傷無數，渡過遼河的三十萬零五千隋軍官兵，最後只有兩千七百人得以生還。楊廣第一次征伐高句麗以慘敗告終。

第一次的慘敗並沒有讓楊廣死心，西元613年，隋軍第二次征討高句麗。楊廣吸取了上一次失敗的教訓，攻城時不再對諸將進行干擾，讓他們自行決定進攻。因此，隋軍的攻勢非常猛烈。

自古攻城是最困難的，但楊廣充分發揮了「人多力量大」的優勢。他讓人用一百萬個布袋裝滿泥土堆到城下，築成了一條和城一樣高的魚梁道，士兵能直接登上去射擊守軍。又把八輪樓車搬出來，這樓車比城池還高，人在上面能直接俯射守城士兵。遼東城已經岌岌可危。

然而，功虧一簣。就在隋軍快要攻下遼東城的重要關頭，隋朝國內發生了楊玄感謀反。楊廣氣得吐血，但畢竟自己的老窩更重要。他不得不撤軍回國，第二次征伐高句麗又失敗了。

西元614年的最後一次征討，則顯得沒什麼氣勢了。當時隋朝國內危機四伏，人民起義接二連三，連士兵都征招不齊。另一方面，高句麗軍經歷前兩次戰爭也都筋疲力盡，見到隋軍又來了，已經無力抵抗的高句麗只好乖乖投降。

被楊廣這麼踹了三次，高句麗國力一落千丈，途中還被新羅襲取了南部的領土，使得朝鮮半島三國的實力對比發生很大改變。而作為形式上勝利者的隋帝國，卻走得比高句麗還快。三次征伐之後國內大亂，楊廣就匆匆忙忙地就把江山交給李淵了。

這三次屍山血海的戰爭，實在是讓兩個國家都先後步向了自己的滅亡。得利的，是唐朝和新羅。

獨斷的泉蓋蘇文

與隋朝三次戰爭後，高句麗王位落到了高建武頭上，史稱榮留王。高建武在對隋朝的戰爭中屢建功績，但他卻不是一個好戰分子。相反，高建武深知以高句麗的實力和中國硬拚只會讓自己滅亡。他積極地與當時新興的唐帝國建立友好關係。頻繁地遣使入唐朝貢，又釋放多名隋高戰爭中被俘虜的中國將士，還積極地派人入唐學習。

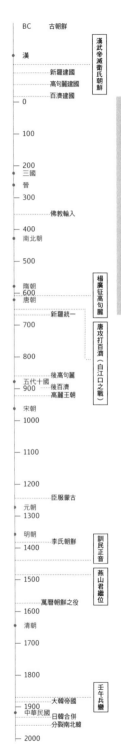

高建武的這些措施，本來是讓高句麗轉危為安的正確策略，但卻讓他手下那些好戰成性的官員非常不滿，最終招致殺身之禍。

當時高句麗國的東部大人叫泉對盧，他兒子叫泉蓋蘇文，這傢伙自小就儀表非凡，但是其他人都不怎麼喜歡他，覺得他太殘暴。等泉對盧去世時，本應該是泉蓋蘇文接替父任的，可是百姓都不願意讓他擔任自己的父母官。泉蓋蘇文大丈夫能屈能伸，他為了當官，跪在鄉親們面前，求他們給自己一個機會，他上任後一定會好好做，如果上任之後大家實在覺得不行的話，那時候再把他撤職，他毫無怨言。善良的鄉親們見他這麼誠懇，一時心軟就答應了。

泉蓋蘇文上任後，果然沒有辜負鄉親們對他的「期望」。他極盡殘暴的本事，為非作歹，凡是得罪他的人，更是用凶狠的手段報復。這麼一來，不但百姓想讓他滾蛋，就連泉蓋蘇文的同僚和他的君主高建武都看不下去了。大家上下達成一致，決定找機會除掉這個惡棍。

但他們再也沒有機會讓泉蓋蘇文實現當初「不行再撤職」的承諾了。泉蓋蘇文先下手為強，召集本部兵馬，偽裝閱兵，殺了一百多個官員，然後帶兵衝進王宮，殺死了高建武，還把他的屍體砍成好幾段。

隨後，泉蓋蘇文擁立高建武的弟弟高臧為王，自己則擔任莫離支（相當於宰相），總攬全國大小事務。從此，泉蓋蘇文開始了他的獨裁專政。他身配五把刀，左右隨從都不敢抬頭望他；上下馬的時候，要踩著文武大臣來踮腳；出行的時候帶著一大群人，把田地都踩壞了，百姓也不敢有任何怨言。

哥倫布發現新大陸
1500—

英國大破無敵艦隊

光榮革命

發明蒸汽機

美國獨立
拿破崙稱帝

美國南北戰爭開始

明治維新

第一次世界大戰
第二次世界大戰

2000—

唐太宗親征

泉蓋蘇文在位期間，對高句麗國最大的「貢獻」就是與唐朝交惡。其實，唐太宗李世民在得知泉蓋蘇文弒君後，就已經想出兵討伐了。但長孫無忌建議不要輕易動兵，李世民就姑且讓泉蓋蘇文得意了一陣子。

泉蓋蘇文也真是給點陽光就敢燦爛。西元644年，因為新羅善德女王多次向唐朝哭訴被高句麗欺負，唐太宗就派遣使者來到高句麗，警告他們立即停止與新羅交戰。泉蓋蘇文給臉不要臉，居然把唐朝使者關押起來。這一赤裸裸的打臉行為惹怒了李世民，終於招致了最可怕的報復：雄才偉略的太宗皇帝，要親自率領大軍討伐高句麗！

西元644年年末，唐太宗李世民調集十萬大軍，分兩路進攻高句麗。水路命張亮率領水師四萬，戰艦五百，橫渡黃海，進逼平壤；自己則親率李世勣等大將，帶著步軍六萬，直指遼東。

和楊廣不同，李世民這次出征可謂占盡天時和人和。從高句麗這一面說，泉蓋蘇文不識好歹，囚禁唐使者，道義上陷於被動。從中國這一方面說，李世民不但善於用兵，建立了完善的指揮、情報、補給系統，而且本人魅力非凡，行軍途中經常親自看望屬下，唐軍上下都願意為國效力。連主張慎重用兵的長孫無忌，在一次視察營地後回來，都很高興地對李世民說：「我看我們的士兵每次一聽說高句麗人來了，都喜形於色，摩拳擦掌，大家都願意去痛殺敵軍。我軍有這樣的決心，一定能大獲全勝！」

唐軍來勢洶洶，不久就進逼到當年隋軍久攻不下的遼東城，將城池團團圍住。高句麗方面出動四萬兵力前來救援遼東。兩軍相對，唐軍的勇將李道宗鬥志昂揚，不等後方援軍趕到，就直接殺出營寨，與高句麗援軍作戰。雙方展開第一次戰鬥，唐軍因為

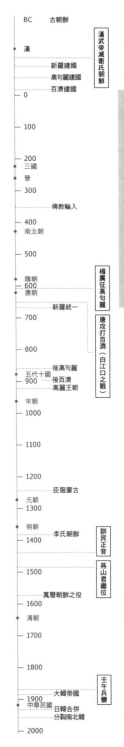

BC

耶穌基督出生 0—

—

君士坦丁統一羅馬

羅馬帝國分成兩部

波斯帝國 500—

回教建立

—

凡爾登條約

神聖羅馬帝國建立
1000—

十字軍東征

蒙古第一次西征

英法百年戰爭開始

哥倫布發現新大陸
1500—

英國大破無敵艦隊

發明蒸汽機

美國獨立
拿破崙稱帝

美國南北戰爭開始

第一次世界大戰
第二次世界大戰

2000—

阿拉伯人攻佔西班牙

英國大憲章

文藝復興

光榮革命

明治維新

人數劣勢而敗下陣來。但是李道宗很快發現了高句麗軍陣形的弱點，於是投入預備隊的精銳騎兵，繼續猛烈突擊敵軍。此時，包圍遼東城的李世勣也來攪和，兩面夾擊，高句麗軍大敗而逃。「圍城打援」的「打援」戰役宣告勝利。

擊退高句麗的援軍後，唐軍開始猛攻遼東城，飛石雲梯無所不用，日夜不斷地攻打守軍。唐軍在猛攻的同時，乘風放火，擾亂城中士氣，終於攻破遼東，把多年前失去的重鎮重新納入中國版圖。

蓋蘇文的「勝利」

攻下遼東城後，唐軍又成功勸降了白巖城守軍，轉而進逼安市城。此時高句麗又拼湊了一批部隊，再加上鄰國靺鞨部族的援軍，一起殺過來。李世民看見他們就笑了，對左右說：「這些傻瓜又來了！如果我是他們，我一定會選擇駐紮在地勢有利的地方，和安市城遙相呼應，共同防守。然後不斷派人擾亂我們的糧道，讓我們在這裡彈盡糧絕，只好撤退，這是上策。如果不這樣做的話，那麼趕快衝過來，接城裡的同伴一起往後方逃跑，也不算吃虧，這是中策。但是我看那些傻瓜一定會不知死活，直接來和我軍決戰的。這下我們一定要擊潰他們！」

高句麗的援軍真的如李世民所料，不識好歹地前來進攻唐軍。唐太宗讓李世勣帶著一萬五千人為正兵，頂住高句麗的進攻，長孫無忌帶領一萬一千人為奇兵。當高句麗援軍正在與李世勣激戰時，長孫無忌突然出現在敵後。前後夾擊，高句麗軍頓時亂了陣腳。主帥高延壽還想分兵抵擋長孫無忌，卻發現自己已經無法調動亂作一團的大軍了。

戰鬥從白天持續到夜間，戰場四周漆黑一片，又開始打雷。

就在這風嘯雷鳴的鐵血之夜，著名的唐軍將領薛仁貴又玩了一次行為藝術。他穿著一件很奇怪的衣服，怒號衝進敵陣。高句麗軍被薛仁貴那猙獰的樣子嚇得魂飛魄散，無不披靡。在唐軍幾方面夾擊下，高句麗軍慘敗，光是被斬首的就有兩萬多人，高延壽與其他三萬多人則選擇了投降。

又一次擊破高句麗援軍後，李世民便打算集中攻打安市城。這時候，一代名將李世勣居然向李世民出了個餿主意，建議攻陷安市城後要把城內所有男人殺掉！更過分的是，這條餿主意竟然被城內的守軍知道了。這下子，高句麗人除了死守城池，就再沒有生路可走。他們個個都像打了興奮劑一樣，奮勇異常地與攻城的唐軍玩命。

曠日持久的攻防戰，令安市城內煮飯的炊煙都逐漸稀少起來。然而有一天，城內突然傳出殺豬似的叫聲。李世民聞聲出營，仔細聽了聽，作出了一個結論：沒錯，城裡面確實在殺豬。他判斷城內的守軍今天晚上要偷襲，殺豬是為死士們做最後的盛宴呢。於是剩下的事情就確定了。當天晚上，偷營劫寨的高句麗死士，被早有準備的唐軍一舉殲滅。

然而，唐軍依舊攻不下安市城，兵力遭到極大削弱。兩軍在安市城對峙了三個多月，快要進入冬季。無奈之下，李世民只好下令班師回朝。

表面上看，高句麗又一次挫敗了唐軍征討，取得了「勝利」。但這種勝利，反而讓自己的國勢更加岌岌可危。

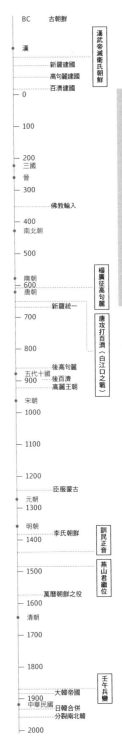

驅虎吞狼，新羅三分歸一統

聰明的女王

新羅在真智、真平兩代國王手中得到了持續發展。在真平王時期，新羅趁著隋煬帝遠征高句麗的機會，襲取了高句麗南部的大片土地。加上此前從百濟手上奪來的領土，新羅國領土大幅增加，而且這些地方都是重要的江河流域，人口密集、經濟繁榮。新羅國力一躍超過另外兩國。

但是新羅的偷襲、背叛行為，讓高句麗、百濟憤怒不已，兩國瘋狂地對新羅進行報復。

此時，真平王去世。真平王沒有子嗣，只好由長女金德曼繼位，她就是朝鮮第一位女王——善德女王。

在金德曼還只是個少女的時候，新羅國收到了唐帝國送來的牡丹花圖和牡丹花的種子。金德曼只看了圖畫一眼，就說：「這花兒雖然很漂亮，但是一定是沒有香味的。」旁人都非常不解。德曼解釋給他們聽：「你們看啊，這些花兒這麼漂亮，但是圖畫上並沒有見到蝴蝶、蜜蜂。你們有沒有聽說過哪家的美麗女子會沒有男子追求？漂亮的花兒如果有香味的話，一定會招惹許多狂蜂浪蝶的，現在畫上並沒有這些東西，不就知道肯定沒有香味了嗎？」後來那些種子種出花後，果然印證了金德曼的話，新羅國人都佩服之至。

BC

耶穌基督出生　0—

君士坦丁統一羅馬

羅馬帝國分成兩部

波斯帝國　500—

回教建立

阿拉伯人攻佔西班牙

凡爾登條約

神聖羅馬帝國建立
1000—

十字軍東征

英國大憲章　蒙古第一次西征

英法百年戰爭開始

文藝復興

哥倫布發現新大陸
1500—

英國大破無敵艦隊

光榮革命　發明蒸汽機

美國獨立
拿破崙稱帝

明治維新　美國南北戰爭開始

第一次世界大戰
第二次世界大戰

2000—

金德曼繼位後，積極學習中原的先進思想文化，先是派遣慈藏法師入唐學習佛法，爾後又派遣學士到唐朝的國子監學習經綸。

金德曼總領新羅朝政，正處於新羅戰事頻繁的時期，她卻能以女子之身，表現出絲毫不遜色於男兒的強硬態度，結合恰當的外交手段，保住了國家的平安。她任用賢才，手下有一批文武之才，其中最屬害的是兩個王室貴族，一個叫金庾信，一個叫金春秋，稱得上是女王的左右手。

橫的怕傻的

西元642年，百濟義慈王繼位。這位被人稱為「海東曾子」的著名孝子驍勇異常，為了替祖先聖王報仇，在繼位的第二年，就率領大軍進攻新羅，連下四十餘城，又直逼新羅的大耶城。大耶城的城主品釋支撐不住，與妻兒一起投降，結果義慈王把他們悉數殺盡。

報仇雪恨可以，但是殺投降的人只會激起憤怒和反抗。百濟義慈王大開殺戒時，完全沒有想到，他已得罪了不該得罪的人。因為品釋的岳父，就是新羅大臣金春秋。

憤怒的金春秋請求女王金德曼讓他去高句麗求援借兵對抗百濟，得到了批准。但高句麗和新羅本來就是世代交兵的敵國，這次去求援未必能有好結果。因此在臨走之前，金春秋跟他的好友金庾信說：「這次我入高句麗搬救兵，如果有什麼三長兩短回不來了，到時候你怎麼辦啊？」

金庾信乃是新羅國的世代將門，他祖父就是當年殺死百濟聖王的新羅將領。金庾信聽見春秋這麼說，慷慨激昂地發誓道：「如果你不能回國，我就要把百濟、高句麗都踩在自己腳下，否

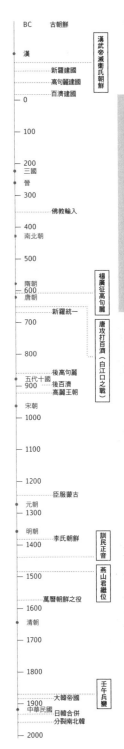

則就沒臉見春秋和國人！」

金春秋聽他這麼說，也就安心前往高句麗了。

高句麗當時的統治者是寶藏王。這時候的高句麗，已經沒有當初雄霸東亞的氣勢了，連年的征戰使高句麗丟失了不少地盤，已經走上下坡路。這次見到金春秋來求援，寶藏王認為是個好機會。他說：要我出兵救援可以，但當初隋煬帝攻打我們的時候，你們新羅趁機偷襲，搶走了我們的竹嶺等地，應該還給我們。

客觀說來，這個要求也不算過分。但金春秋認為寶藏王這是在趁火打劫，沒有答應，反而還出口諷刺。寶藏王大怒：「只許你們趁火打劫我，不許我趁火打劫你們？這都什麼道理啊！」他就把金春秋關了起來。

在新羅國內的金庾信見當初和金春秋約定的時間已經到了，而金春秋還沒有回國。他馬上帶領一萬敢死隊，殺氣騰騰，直奔高句麗而來。照道理說，這事情簡直荒唐，一個強敵還在，居然又去主動招惹另一個，但也真有賤人吃這一套。寶藏王被他這亡命之徒的氣勢唬住了，立即馬把金春秋放了回去。

巾幗不讓鬚眉

雖然金春秋得以回國，但威脅依然沒有解除。高句麗是指望不上了，金德曼準備抱一條真正的粗腿——大唐帝國。

要說金德曼的厲害，就厲害在她不存幻想，而是作兩面準備。一邊重用大將金庾信與百濟抗戰；另一邊積極地派遣使者入唐請求援兵。前者是保本的對策，後者是寄託期望的運氣。這個過程非常不容易，唐朝一開始並沒有把精力投入到朝鮮半島，對於新羅的求援一直敷衍推搪。而百濟義慈王的攻勢絲毫沒有減弱，他在位的前十年間，《百濟本紀》當中記載的幾乎全都是與

耶穌基督出生　0—

君士坦丁統一羅馬

羅馬帝國分成兩部

波斯帝國　500—

回教建立

阿拉伯人攻佔西班牙

凡爾登條約

神聖羅馬帝國建立
1000—

十字軍東征

英國大憲章　蒙古第一次西征

英法百年戰爭開始

文藝復興

哥倫布發現新大陸
1500—

英國大破無敵艦隊

光榮革命

發明蒸汽機

美國獨立
拿破崙稱帝

明治維新　美國南北戰爭開始

第一次世界大戰
第二次世界大戰

2000—

新羅的戰事。

金德曼身為女流之輩，在這麼長的時間裡，居然能頂住了如此大的壓力，保住了新羅國。同時，由於她的努力，新羅國與唐朝的關係逐漸改善。本來朝鮮半島三國爭端，並沒有誰是誰非，但新羅搶先投靠了大唐，終於影響了唐朝國策，這就有了後來新羅軍與唐軍聯合攻滅百濟、高句麗兩國之事。

金德曼取得的成就，就連男人也不得不佩服。但是，負責撰寫《三國史記》的金富軾給這位女王的評價並不高，他始終認為女人不應該稱王攝政，金德曼管治一國之事，沒有害得新羅國滅亡已經算是幸運之極了。金富軾把善德女王在位期間辛辛苦苦地支撐著新羅與兩國交戰的功勞抹殺掉，而把它歸於運氣，實在是讓人為封建社會的婦女們感到悲哀。

百濟的末日

高句麗屋漏偏遇連陰雨，接連被隋唐的大軍討伐，一年不如一年。雖然在安市挫敗了太宗李世民的親征，卻完全沒能拯救國運。唐朝不再進行大規模的征伐，而是經常派偏師來回進出高句麗進行騷擾，讓高句麗人日夜提防，連回家種地的時間都沒有。高句麗國已經陷入了非常困難的境地，但泉蓋蘇文仍然沒有知錯就改，反而更加積極地對外挑起戰事。

同時，朝鮮半島南方的另外兩個國家也一點也沒有閒著。百濟的義慈王也非常活躍。他一邊仍然不斷地進攻新羅，一邊勤奮地敗家。他在國內積極地修建豪華的宮室，終日在裡面飲酒作樂，非常快活。

照例，百濟國擁有這樣的君主，自然就有各種妖魔鬼怪齊出動，來預示百濟國的滅亡。同時國內一些有志之士則苦口婆心地

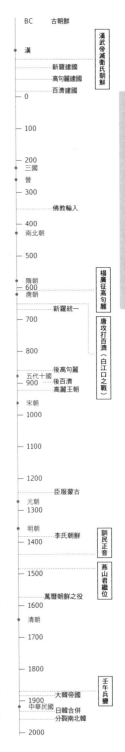

奉勸義慈王，義慈當然是不管他們，酒照樣喝，舞照樣跳。

相比這兩個一臉衰相的鄰居，新羅國的狀態則要「陽光」得多。新羅國的善德女王死後，繼位的真德女王繼續奉行向唐賣乖、趁隙襲擊另外兩國的方針。再往後，則由出名的賢人金春秋繼任為王。金春秋一直沒有忘記百濟當年的殺女之仇。西元660年，他終於迎來了報仇的機會。

這一年，唐高宗李治為了方便日後進攻高句麗，決定先攻滅高句麗的同盟國百濟，順便打通南方道路。因此他派遣大將蘇烈（就是蘇定方）率領水陸十萬大軍，從山東出發，直接漂洋過海，攻打百濟。新羅方面，金春秋立即讓大將金庾信領兵配合唐軍的行動，對百濟進行兩面夾擊。

百濟國內不止一次有人勸諫義慈王應該趕緊發兵扼守白江、炭峴兩個地方。這兩個地方是唐軍、新羅軍的必經之路，而且地勢狹窄，大軍不容易發揮人數優勢。但義慈王此時英雄遲暮，光顧著享樂，哪有心思理這個。正在他猶豫不決的時候，唐朝和新羅的軍隊已經穿過要道，進入了百濟的腹地。

新羅軍率先在黃山與百濟軍展開大戰，起初百濟軍四戰四勝，危急關頭，新羅軍中一些年輕將領不要命似的衝擊百濟軍，令新羅軍士氣大振，終於衝破防線，與唐軍會合。

在黃山的激烈戰鬥耽誤了新羅軍不少時間，等他們到達會師地點，唐軍早已擊破另一路百濟軍隊，等候很久了。蘇定方見新羅軍姍姍來遲，耍起了大國元帥的威風，準備斬殺新羅督軍金文穎。

金庾信一聽這消息，親自跑到唐軍陣前示威，對蘇定方說：「將軍，你是沒有在黃山看到我們是怎麼九死一生過來的。我們真是已經盡力作戰了！你們要是因為遲到就殺我們的大將，我軍

耶穌基督出生　0—

君士坦丁統一羅馬

羅馬帝國分成兩部

波斯帝國　500—

回教建立

阿拉伯人攻佔西班牙

凡爾登條約

神聖羅馬帝國建立
1000—

十字軍東征

英國大憲章

蒙古第一次西征

英法百年戰爭開始

文藝復興

哥倫布發現新大陸
1500—

英國大破無敵艦隊

光榮革命

發明蒸汽機

美國獨立
拿破崙稱帝

明治維新

美國南北戰爭開始

第一次世界大戰
第二次世界大戰

2000—

也一定不會這麼容易就任人輕蔑侮辱！要是真的想開打的話，我們就先和你們決戰，然後再自己打百濟！」說完，金庾信就拿著斧頭立在門前，頭髮都豎了起來，那架勢如同中國的西楚霸王項羽。蘇定方被他嚇住了，就不敢再招惹新羅軍。兩家這才「親密無間」地商量作戰。

唐羅聯軍會合後，就開始猛攻百濟都城。這時候義慈王才後悔當初沒有聽大臣們的建議，可是一切都晚了。唐軍完全不理百濟退兵認錯的請求，只管猛攻。義慈王眼看大勢已去，帶著一些手下棄城逃跑。都城本來還有義慈王的次子扶餘泰堅持把守，但是此時百濟已經人心渙散，其他王子紛紛率眾出城投降，聯軍沒有費太多力氣就把百濟都城攻陷了。

義慈王呢，逃出都城後沒多久，靜下來一想：「我還能往哪裡跑呢？逃到天涯海角也沒有用啊。」左思右想，他只好乖乖地向唐軍投降。在聯軍的慶功宴上，義慈被命令為勝利者們倒酒。當初在這裡縱酒淫樂的義慈，總算知道了過去替自己倒酒那些人的滋味了。

百濟將軍福信帶領著一批人在周留城負隅頑抗，他們還打算迎接遠在日本做人質的王子扶餘豐回來，以圖復辟。當時的日本（就是倭國）積極插手朝鮮半島爭端，與百濟國的關係一向都不錯，過去也曾經在百濟內亂的時候出兵幫助他們的國王回國繼任。於是數萬日軍遠渡重洋來到了白江口。中國歷史上第一次與日軍的大規模作戰——白江口之戰就此展開。

唐軍出戰的一方，是負責留守百濟的大將劉仁軌。他帶領水軍七千人抵擋日軍。日軍人數多達四萬兩千人，有戰船一千多艘。結果唐軍戰術正確，發揮船堅陣固的優勢，誘敵深入，兩翼包抄，大敗日軍。

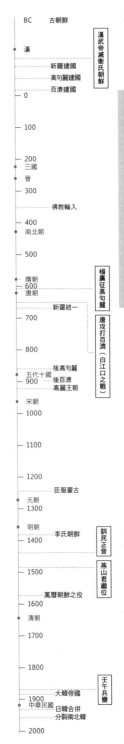

這一戰，唐軍焚毀日軍戰船四百多艘，殺敵一萬多人，海水都染成了紅色。在最後的希望破滅之後，百濟殘部終於投降。

新羅統一

百濟滅亡後，高句麗自然也沒得跑。唐朝一直對高句麗採取騷擾戰，高句麗國已經被打得支離破碎。等到泉蓋蘇文去世後，他的長子泉男生繼承父職擔任莫離支。泉蓋蘇文的兒子們個個都遺傳了父親的一身「好本事」，幾兄弟都喜歡把玩權政。男生的兩個弟弟男建、男產趁哥哥出遊的時候發動政變。男生不敢回國，逃到國內城。

就像當年的高發歧一樣，他也選擇了向大唐求援。唐高宗早就想收拾高句麗，接到男生的請求，正中下懷，就派李世勣、薛仁貴等再次率兵東征。這一次唐軍有「麗奸」領路，而且已經占領了百濟，能夠從南北兩個方向夾擊高句麗，新羅也可以更加全力以赴地進行增援。

西元668年，唐軍攻陷平壤，高句麗滅亡。傀儡國王高寶藏被俘，唐高宗考慮到這麼多年他都被權臣蓋蘇文一家子架空，本人並沒有挑釁唐朝的企圖，因此赦免了他的罪，還給他加官晉爵，甚至對蓋蘇文的幾個兒子也都有封賞，只有泉男建頑抗到底，兵敗自殺，自殺又沒死，很丟臉地被俘，最後判處流放貴州。

高句麗和百濟兩國雖然不幸提前退場，但前後都存續了七個世紀左右。

至此，朝鮮半島的三國，兩國都被唐軍消滅，僅剩下新羅一國。「前三國」時代結束，半島進入了新羅「統一」時期。

耶穌基督出生　0

君士坦丁統一羅馬

羅馬帝國分成兩部

波斯帝國　500

回教建立

阿拉伯人攻佔西班牙

凡爾登條約

神聖羅馬帝國建立　1000

十字軍東征

英國大憲章

蒙古第一次西征

英法百年戰爭開始

文藝復興

哥倫布發現新大陸　1500

英國大破無敵艦隊

光榮革命

發明蒸汽機

美國獨立
拿破崙稱帝

明治維新

美國南北戰爭開始

第一次世界大戰
第二次世界大戰

2000

｜第三章｜ 合久必分，分久必合
（統一新羅和後三國）

　　高句麗、百濟滅亡後，新羅獨占半島兩百多年，終於再度陷入分裂。新羅王子建立的後高句麗和新羅大將建立的後百濟，成為新羅最大的敵人。在三十餘年的亂世後，王建統一半島，開創了高麗王朝。

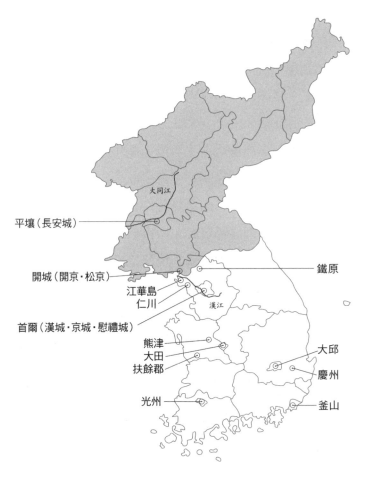

大同江

平壤（長安城）

開城（開京・松京）

鐵原

江華島
仁川

漢江

首爾（漢城・京城・慰禮城）

熊津
大田
扶餘郡

大邱
慶州

光州

釜山

濟州島

欲壑難平，新羅啟釁逐唐師

翻臉不認人

668年（唐高宗總章元年，新羅文武王八年），朝鮮半島上終於結束了三國鼎立的局面。然而，「獨霸半島」的新羅文武王金法敏（金春秋的兒子），面對這「統一」心裡也未必暢快。

因為這場「統一戰爭」，並非是新羅吞併兩國，而是大唐雄兵掃蕩半島，攻滅高句麗、百濟。新羅在其中雖然也幫了大忙，但跟班就是跟班。

統一之後呢，新羅也占了百濟、高句麗的部分土地，但大多全被唐朝割去了。唐朝在朝鮮半島北部高句麗的舊疆設置了安東都護府，大本營在平壤，由名將薛仁貴鎮守。在半島西南原來百濟的疆土上設置了熊津都督府，由百濟國的太子扶餘隆鎮守。這麼著，新羅偏居半島東南一隅的境況絲毫沒有改善，只不過原先的百濟、高句麗兩個王國變成了唐朝的地盤。

新羅王金法敏稱得上是朝鮮歷史上有膽有識的一位君主。他不甘心就這麼老老實實當唐朝的小弟。至少，也得讓我真正統一半島吧。

於是新羅轉而翻臉，把矛頭對準過去的救星大唐，兩國的關係自那時惡化。669年，唐高宗聽說新羅的一名工匠善於用木頭造弩，可以射一千步遠，就請他到長安來造。那工匠造好後，試著

發射，只能射三十步遠。唐高宗質問怎麼回事，工匠說：「大概是因為本地的木材不好吧。要不，從我新羅取木材來試試？」唐高宗也聽信了，派人從新羅調了一批木材來。結果工匠再造，也只能射六十步遠。唐高宗再問，工匠卻說：「我也不知道了，大概木頭漂洋過海，浸潤了濕氣？」高宗勃然大怒：「你把我當傻子啊！」就把這工匠狠狠教訓了一頓，但是最終也沒有得到新羅國「千步木弩」的技術。

從這件事，已經能看出這一對宗主國與附屬國之間不那麼和諧了。

木弩的事件只是個插曲，真正的要害，還在於那三千里江山。滅掉的高句麗和百濟，新羅是一心想吞併，唐朝則準備自己統治，或者扶植建立新的附庸國。這個衝突是你死我活，不可調和的。金法敏一邊不停地對唐朝阿諛奉承，派使者，送貢禮；一邊則步步緊逼，逐步蠶食高句麗和百濟的領土，誘降兩國的遺民。

這樣的舉動終於激怒了唐高宗。670年，唐高宗囚禁了新羅的使者，傳話給金法敏：之前逐步侵吞的百濟土地，必須全部退還回來！金法敏面對唐朝皇帝的詔書，一面高呼萬歲，一面咬碎了牙齒：「你要從我嘴裡奪肉，我就咬掉你的指頭！」這時候，出現了對新羅來說千載難逢的良機。原來唐朝西面的吐蕃國，在這一年大舉入侵。唐高宗被迫調集主力部隊防守西面。原本鎮守平壤的薛仁貴，也被抽調到西線。金法敏仰天長嘯：機不可失，失不再來！他立刻命令大將薛烏儒和高句麗的王室貴族高延武各率一萬精兵，跨過鴨綠江，向唐朝發動進攻。進攻的目標選在烏骨城（在今天的遼寧丹東）。占據了這裡，新羅就在鴨綠江北有了橋頭堡，可以沿著鴨綠江部署兵力，完全切斷唐朝從遼東向朝鮮

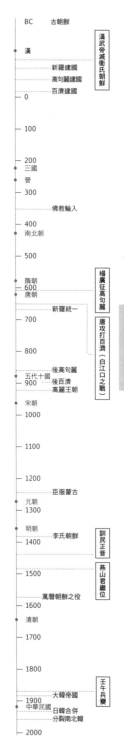

半島增援的路線，從而把唐朝占據的平壤一帶（高句麗故土）變成孤島。

北扶高句麗，西吞熊津府

唐高宗聞訊大怒，小兔崽子還敢翻天！他命令東部唐軍，立刻出師討伐新羅！然而這時候想再現「十萬精兵伐朝鮮」的盛況很難了。唐軍的先鋒部隊，是從東北地區徵集的靺鞨族士兵。這些有勇無謀的戰士一路衝到烏骨城，很快被以逸待勞的新羅兵殺得大敗。

沒多久，第二波討伐軍趕到了。這次可是大唐正規軍。

如果說在高句麗和百濟的滅亡中，新羅得到了什麼好處，那麼第一是消滅了世仇強敵，第二是藉由這倆強敵的滅亡，領教了唐軍的厲害。薛烏儒和高延武沒有蠢到和唐軍硬拚的地步。他們稍微抵擋了一下，就撤退到了白城，而唐軍也不敢過於進逼。雙方在東北的這一次交鋒暫時熄火。

這時，由於新羅軍的干擾，唐朝在半島北部的控制力進一步削弱，先前被滅的高句麗殘餘勢力開始活躍起來。這年六月，高句麗的大將劍牟岑帶領一群「反唐復高」的義士，在大同江流域四處活動，殺死唐朝的官吏和守兵，擁立高句麗王高寶藏的外孫安舜為王，同時尋求新羅的幫助，表示「願作藩屏，永世盡忠」。

文武王金法敏見此，高興極了。他就大力扶持安舜，立安舜為高句麗王，還寫了一封信，大大稱讚高句麗列祖列宗的豐功偉績，鼓勵安舜兄弟要繼承先祖遺志，召集民眾，抵抗萬惡的唐帝國主義，保家衛國。他還贈送給安舜二千石糧食，四十匹絹布，還有一匹馬——當然，這禮物稍微寒酸了點。

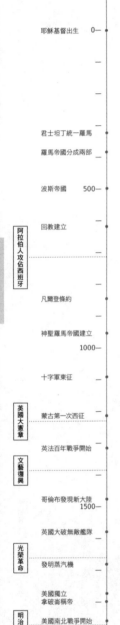

耶穌基督出生　0—

君士坦丁統一羅馬
羅馬帝國分成兩部

波斯帝國　500—

回教建立

阿拉伯人攻佔西班牙

凡爾登條約

神聖羅馬帝國建立
1000—

十字軍東征

英國大憲章

蒙古第一次西征

英法百年戰爭開始

文藝復興

哥倫布發現新大陸
1500—

英國大破無敵艦隊

光榮革命

發明蒸汽機

美國獨立
拿破崙稱帝

明治維新

美國南北戰爭開始

第一次世界大戰
第二次世界大戰

2000—

唐高宗見剛剛被滅了的高句麗再次興起，心想：這些傢伙怎麼這樣不識好歹啊！他派大將高侃前往討伐。高侃本人是前唐的一員名將，而他還有個孫子，就是著名邊塞詩人高適。

高句麗餘部被唐軍一陣砍瓜切菜，殺得大敗。「高句麗王」安舜撐不住了。他實在不敢再和唐軍作戰，要逃。劍牟岑勸他堅持抵抗，反而惹火了安舜，竟然殺了劍牟岑，然後往新羅國境溜之大吉了。

安舜雖然跑了，高句麗人的抵抗沒有平息，依然像野火一樣到處燒，讓唐軍也相當頭疼。在過去幾百年的戰爭中，高句麗人更恨的是新羅人，如今他們卻聯合新羅人抵禦唐軍，這也可見新羅王金法敏的厲害之處了。

金法敏用盡手段，在高句麗的舊土上燃起反唐的戰火，只是他的聲東擊西之計。這位老兄真實的目的，是為了朝鮮半島西南部的百濟故土。現在，唐軍的注意力已經全部被吸引到高句麗，金法敏準備吞吃眼前的肥肉了。

當年七月，新羅以「百濟餘黨企圖進犯我們」這種最廉價的藉口，向位於百濟領土上的大唐熊津都督府宣戰（當時熊津都督府名義上的長官是百濟太子扶餘隆）。新羅在北面進犯鴨綠江，不過出動了兩萬人馬，而在南面進攻百濟，卻是傾國出動，兵分三路。

百濟畢竟是已經亡國了，不能對抗新羅的精兵強將。短短幾個月，新羅軍占領了百濟的八十多個城寨，殺死百濟軍官兵上萬人。

第二年，新羅繼續入侵百濟。駐紮在百濟熊津都督府的唐軍再也不能坐視不管了，便與百濟組成聯軍，迎戰新羅。熊津都督府最初是前唐名將劉仁軌鎮守，可是後來調走了，原本的精兵也

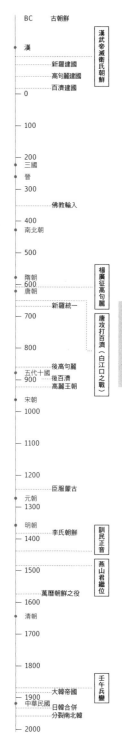

抽調到西線，面對新羅傾國出兵入侵，寡不敵眾。671年6月雙方在石城展開大戰，聯軍兵敗，被新羅軍砍下五千多顆人頭，兩個百濟將軍和六個唐軍果毅（低級軍官）也被斬獲。

唐高宗這時才發現有點不妙。他重新調薛仁貴擔任行軍大總管，解決新羅問題。薛仁貴當年攻打高句麗時，曾與金法敏並肩作戰，他就先寫了一封書信去問罪，指責金法敏忘恩負義，警告他及時浪子回頭。

薛仁貴這封信有一千多字，比〈出師表〉還要長一倍。裡面用了不少對仗的四六句，還引了不少典故，形容唐太宗「若盤古之九變，同巨靈之一掌」，批評金法敏「持彈而往，暗於枯井之危，捕蟬而前，不知黃雀之難」，最後結尾說他「昔為忠義，今乃逆臣，恨始吉而終凶，怨本同而末異」，讀起來朗朗上口，文采斐然。唐朝不愧是文學水準最高的時期之一，連武將寫的信都這麼文雅。

金法敏收到信，冷笑一聲：「老薛，和我賣弄文字啊，誰怕誰。」他也寫了一封回信，訴說自己昔日跟隨唐朝的辛苦，而如今唐朝反而扶植百濟殘部，不給我們土地，好委屈啊！

十字軍東征

英國大憲章

蒙古第一次西征

英法百年戰爭開始

文藝復興

哥倫布發現新大陸
　　　　　1500—

這封信洋洋灑灑，竟然有三千多字，也是寫的駢四儷六，引經據典，花團錦簇。比如誇耀新羅救援熊津唐軍的功勞時說：「遂使一萬漢兵，免虎吻之危難，留鎮餓軍，無易子而相食」；「一萬漢兵，四年衣食新羅……皮骨雖生漢地，血肉俱是新羅。國家恩澤，雖復無涯，新羅效忠，亦足矜憫。」在說到新羅的委屈時，「盡忠效力，不負國家，未知何罪，一朝遺棄。雖有如此冤枉，終無反叛之心」；「賊殘百濟，反蒙雍齒之賞。殉漢新羅，已見丁公之誅」，都是很漂亮的句子，可以拿到國文課本上做文言文教材。朝鮮受中國文化的影響著實是很深的。

英國大破無敵艦隊

發明蒸汽機

光榮革命

美國獨立
拿破崙稱帝

明治維新

美國南北戰爭開始

第一次世界大戰
第二次世界大戰

　　　　　2000—

信上說的是忠心耿耿，但文辭終究掩蓋不住利益。書信往來打筆仗只是業餘節目，要搶地盤，還得真刀真槍地打。

　　註：丁公與雍齒。雍齒原是漢高祖劉邦的部將，曾經背叛劉邦，使得劉邦差點喪命；丁公則是項羽的部將，曾經私下放過劉邦。結果等劉邦滅項羽統一天下後，為了安定民心，連自己的仇人雍齒也給予封賞；而曾經有恩於自己的丁公，反而被劉邦以「不忠」的罪名殺掉，來安撫項羽的舊部。

新的轉捩點

　　671年夏天，唐軍大將高侃、李謹行帶領四萬大軍南下，於安市城大敗高句麗餘黨，進兵至平壤。新羅也派出一部分兵力，在帶方郡（今朝鮮黃海南道、黃海北道，位於平壤以南）將高侃、李謹行堵住。時近隆冬，不利於進兵，高、李也就與新羅、高句麗軍陷入相持狀態。

　　金法敏要的就是這個效果。把大陸來的唐軍主力暫時阻擋在平壤一帶，他趁機集中主力，繼續向熊津府的唐、百濟聯軍大舉進攻，又專門截擊從海路向唐軍運送援兵和糧草的漕船，擊沉唐軍漕船七十多艘。唐朝在半島南部的駐軍幾乎損失殆盡，面對新羅軍節節進逼，只能堅守少數幾個據點。

　　西元672年春天，金法敏繼續進軍，攻占了百濟的重鎮古省城。北路唐軍主力為了援救熊津府，開始大舉南下。672年8月，高侃、李謹行率兵攻占了韓始城和馬邑城，進逼高句麗重鎮白水城。金法敏見北路唐軍來勢凶猛，要是再不擋住，讓他們突破了漢江，那百濟的地盤也別想了。於是他從南面抽調主力，與高句麗部隊一起向唐軍反攻。兩軍交戰，所謂亂拳打死老師傅，新

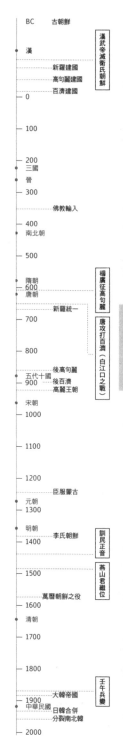

耶穌基督出生　0—

君士坦丁統一羅馬

羅馬帝國分成兩部

波斯帝國　500—

回教建立

阿拉伯人攻佔西班牙

凡爾登條約

神聖羅馬帝國建立
1000—

十字軍東征

英國大憲章

蒙古第一次西征

文藝復興

英法百年戰爭開始

哥倫布發現新大陸
1500—

英國大破無敵艦隊

光榮革命

發明蒸汽機

美國獨立
拿破崙稱帝

明治維新

美國南北戰爭開始

第一次世界大戰
第二次世界大戰

2000—

羅、高句麗聯軍居然殺敗了唐軍先頭部隊，高侃引軍撤退。新羅、高句麗將領大喜：「唐朝軍隊也不過如此嘛！」於是快馬加鞭，窮追不捨。結果在石門再度交鋒，新羅各部號令不一，互不支援，反被唐軍打得全線崩潰，許多高級官員都在戰鬥中喪命。

金法敏見識了唐軍的厲害，趕緊收回自己自大的想法，去請教年已78歲的金庾信。金庾信說：唐軍善戰，而且他們的將領很有謀略，我們真不是對手，只有堅守險要，讓他們無計可施。金法敏就依言派人在漢山一帶修築幾公里的長城，憑城死守。這邊高侃雖然得勝，也不願意再去強攻，於是轉而繼續掃蕩其他地方的高句麗殘部。

這時候，金法敏畢恭畢敬地上表向唐高宗謝罪，表中一方面追述唐朝歷代對新羅皇恩浩蕩，一方面辯解自己進攻百濟的迫不得已，同時表示，自己辜負皇上的聖恩，罪該萬死，就算把我五馬分屍也無怨無悔。

同時，他還釋放了一百多名在百濟故地俘虜的唐軍將士，同時進貢了一批銀子、銅、牛黃、金子、布匹等，以表誠意。

那麼，這是不是表示金法敏準備降服，戰爭結束了呢？不是。金法敏吞併百濟的心思是絕不會放棄的。但他很聰明地意識到：現在半島上的唐軍已經讓他難以對付了，如果雙方戰爭繼續升級，惹惱了唐高宗，再度增派大軍，很可能自己要吃不了兜著走。當務之急是控制戰爭規模。所以他上這封表向唐高宗謝罪，使得高宗多少有還有點面子，這樣也就橫不下心來全力對付新羅，他可以趁機渾水摸魚、撈點好處。

因此，從672年冬到673年夏，唐軍和新羅軍沒有大規模地交戰，但雙方都沒有閒著。唐軍在掃蕩高句麗餘黨，新羅在加緊消化新近吃進去的百濟土地，同時在半島中西部地區修築城池，防

禦唐軍再度南下。

673年夏天，新羅內部發生了一些變故。首先是名將金庾信去世，另外一個叫大吐的高官密謀向唐朝投降，結果被抄斬。這時，唐軍已經將平壤一帶的高句麗反叛勢力撲滅，殘餘高句麗勢力在瓠瀘河（今臨津江）一帶堅守著最後的「國土」。

於是，趁著新羅內亂，唐軍再次發動了進攻，兵鋒首先直指高句麗餘部。早成驚弓之鳥的高句麗叛軍，在瓠瀘河一戰被斬首數千，活下來的紛紛逃亡新羅境內，只有一部分人還堅守著瓠瀘河北岸的牛岑城（今開城附近）。

接下來，唐軍又從新羅本土的北面發動攻擊，最初一連九次強攻，都被新羅軍擊退。當年冬天，唐軍再次大舉進攻。西線以大唐軍隊圍攻高句麗最後的據點牛岑城。城中的高句麗叛軍看不到取勝希望，只好開城投降。這樣，瓠瀘河以北的高句麗領土上再也無大股叛軍，標誌著唐朝對高句麗的平叛取得了最終勝利。

在朝鮮半島東部，唐朝的盟軍契丹、靺鞨等部族，則趁著冬天枯水期大舉南進，長驅百里，攻克了大楊、童子等城，使得新羅國在東線從瓠瀘河流域退縮到漢江流域，幾乎與西線脫節。這種情況下，金法敏只得在全國範圍實行動員，以備即將到來的大戰。

氣勢如虎，行動如龜

時間進入674年（唐高宗上元元年，新羅文武王十四年），唐與新羅打打停停的狀態還在持續著。唐高宗李治對新羅在過去數年不斷挑釁，支持高句麗叛軍和侵吞百濟土地的行為，已經忍無可忍。現在高句麗殘餘勢力已經清剿完畢，可以把重心轉移到不知好歹的金法敏上了。

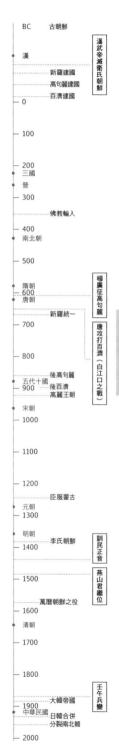

大唐就是大唐，即使要打你，也做得名正言順。唐高宗下達詔書，陳述金法敏的若干罪狀，削奪了他的官職（當時金法敏在大唐帝國的官職爵位全稱是：雞林州大都督、左衛大將軍、開府、儀同三司、上柱國、新羅王）。金法敏的弟弟金仁問當時在長安，官爵是「右驍衛員外大將軍、臨海郡公」，高宗就把他立為新羅王，叫他說「你回國去當王，把你哥哥替換了」。當然，傻瓜也知道金法敏是不肯退位讓賢的，因此又派名將劉仁軌為大總管，李弼、李謹行為副手，發兵討伐金法敏。

按理說，這道命令一下，兩國戰爭應該迅速升級，打得雞飛狗跳。然而接下來的情形卻相當奇怪。劉仁軌在674年2月就任大總管後，雙方整整一年沒有交鋒。其間，新羅王金法敏在宮內大興土木，種奇花異草，養珍禽異獸，又是在宮外大閱兵，又是封高句麗投降貴族安舜為「報德王」，簡直一派歌舞昇平。

而大唐國內，也是慢吞吞有如烏龜一般，不見動靜。最為驚人的是，劉仁軌的副手之一李弼，在當年9月參加唐高宗的宴會，吃喝得太盡興而「暴卒」。當時距離任命已經半年多了，他們居然還在京城大吃大喝！

造成拖延的原因有幾點。

首先，金法敏的弟弟金仁問不管是出於手足之情、民族之義還是明哲保身，他並不願意回朝鮮去跟哥哥爭王位，一再上書請求唐高宗取消任命，最後是被逼著去的。這一來一去的推辭，延誤了上路時間。

其次，當時西邊的吐蕃頻頻有軍事調度，唐軍不得不留一手，原本準備調給劉仁軌的部隊，也有的被迫轉向西線。

此外，唐高宗的老婆武則天也插了一腳，向唐高宗提出了十二條建議，其中包括一條「息兵，以道德化天下」，當年他們

君士坦丁統一羅馬

羅馬帝國分成兩部

波斯帝國　500—

回教建立

凡爾登條約

神聖羅馬帝國建立
　　　　1000—

十字軍東征

蒙古第一次西征

英法百年戰爭開始

哥倫布發現新大陸
　　　　1500—

英國大破無敵艦隊

發明蒸汽機

美國獨立
拿破崙稱帝

美國南北戰爭開始

第一次世界大戰
第二次世界大戰

　　　　2000—

還忙於追封祖宗六代，皇帝自稱「天皇」，皇后自稱「天后」，忙得不亦樂乎，這也在一定程度上影響了出兵的速度。

認錯占便宜

原本應該殺氣騰騰的674年就這麼過去了。到了675年，戰火終於重新點燃。劉仁軌在675年2月，於臨津江南岸的七重城大破新羅軍。但隨後劉仁軌便被調走回國了，在朝鮮作戰的唐軍，依然由李謹行統率。

在此後的兩年裡，雙方進行了多次攻防。唐朝的盟軍靺鞨奪下了北部邊防要地阿達城，又包圍屠滅了赤木城，此外還乘船在新羅南部登陸。唐軍則攻克了新羅的石峴城、道臨城等地。新羅的各城守將全部戰死，這也說明戰鬥的殘酷。薛仁貴則在伎伐浦海戰中取得勝利。

另一方面，唐軍也有損失。薛仁貴在白水城圍攻失敗，根據新羅單方面的說法，他們還在兩年裡打贏了18場陸戰和22場水戰，唐軍損失萬餘人。最為驚悚的是雙方於買肖城的戰鬥，據新羅方面宣稱，他們擊敗了擁有二十萬大軍的李謹行，繳獲的戰馬都有三萬多匹！這數字也太誇張了，當時唐朝在朝鮮半島的總兵力也不過五萬人左右，把那數字減去個零或許還合理一些。

總之這兩年的戰鬥，雙方整體處於均勢。新羅屢屢兵敗失地，硬頂損失只有越來越大，而且金法敏的弟弟金仁問如果真的帶著唐朝封號回國，也會引起國內混戰。同時，唐軍限於國際大環境，也抽不出更多兵力投入半島，難以取得突破性進展。這種僵持便帶來了雙方尋求和解的動機。

因此在675年，雙方還在大戰之時，金法敏便派人到長安，進貢物品，向唐高宗謝罪。唐高宗見好就收，也赦免了他的罪，

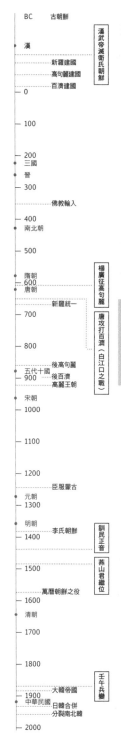

並且把金仁問召回中國。676年，唐高宗把鎮守高句麗的安東都護府從平壤遷到遼東（今遼陽），而把原先在百濟故土的熊津都督府遷到了建安（今遼寧蓋州）。677年，又把高句麗的降王高寶藏封為「朝鮮王」，領遼東都督，命他在遼東管理高句麗的投降軍民；把百濟的降王扶餘隆封為「帶方王」，領熊津都督，在高句麗境內統轄北遷的百濟軍民。

這樣，唐朝退出了朝鮮半島南端，新羅占領了原來百濟的全部領土和高句麗的南部領土。這些領土上的居民，一部分被唐朝遷徙到北方，歸兩位降王統率，另一部分則被新羅吞併。雙方以大同江為勢力劃分界限。

在西元7世紀70年代爆發的這場戰爭，可以看做是朝鮮半島三國時代戰爭的延續。唐朝試圖保持自己在半島的絕對強勢地位，而新羅則想從盟軍手中奪取勝利果實。戰爭的結果，本土作戰的新羅成功實現了部分目標，在大同江以南形成一個強大的統一國家；而唐則由於西部吐蕃的牽制，被迫讓出部分權益。之後，唐與新羅關係雖然經過了一段冷淡期，但在新羅承認唐朝為宗主國的前提下，還是逐漸恢復了正常。

此外，高句麗的王族高寶藏等人在遼東繼續作為大唐的附庸，安舜則在新羅庇護下當一名食客，文武王把王族的公主嫁給他，算是維持著婚姻關係。安舜以後的歷史任務，就是不斷地上各種阿諛奉承的表章給新羅王朝，以換取自己的口糧。

西元781年，新羅文武王金法敏去世，在位21年。他配合唐軍滅掉了宿敵百濟、高句麗，又擊退唐軍，占有了整個半島南部，在朝鮮歷史上稱得上是一位赫赫英雄。

哥倫布發現新大陸 1500—

英國大破無敵艦隊

光榮革命

發明蒸汽機

美國獨立
拿破崙稱帝

明治維新

美國南北戰爭開始

第一次世界大戰
第二次世界大戰

2000—

王者更替，你方唱罷我登場

蜜月與忠誠

金法敏死後二十多年，他孫子金隆基繼位，史稱聖德王。這是西元702年的事。結果十年之後，唐朝換了玄宗李隆基。現任新羅王的名兒怎能跟現任大唐皇帝撞名呢？於是，倒楣的金隆基就被迫改名為「金興光」。

唐玄宗李隆基見聖德王改名字改得痛快，便封他了一串官職，總共40個字，乃是「驃騎將軍特進行左威衛大將軍使持節大都督雞林州諸軍事雞林州刺史上柱國樂浪郡公新羅王」。新羅的人入長安侍奉皇帝，也都重重賞賜，以為籠絡。

這一段時間，唐朝處於開元盛世，唐玄宗和聖德王這兩位長壽君王，也就處於蜜月期。西元724年，聖德王把自己族中的兩個美女千里迢迢獻給唐玄宗。當時的唐玄宗還沒這麼好色，回絕說這兩位美女都是大王您的表妹，我不忍心讓她們遠離父母親人。於是重重賞賜之後，又送她們回去了。那時候，著名的楊貴妃還只有六歲呢。

在高句麗滅亡時，有些依附於高句麗的靺鞨族人被遷移到中國東北吉林地區，稱為「渤海靺鞨」。在西元733年，渤海靺鞨人起兵作亂，乘船在山東半島登陸，燒殺擄掠。唐玄宗就讓新羅派兵北上，從南邊攻打渤海靺鞨。聖德王當即出兵北上，卻遇到氣

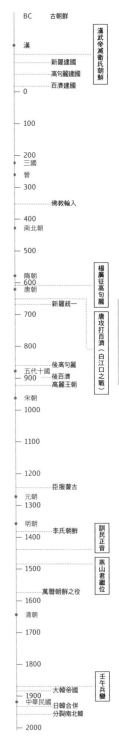

BC

耶穌基督出生　0—

君士坦丁統一羅馬

羅馬帝國分成兩部

波斯帝國　500—

回教建立

阿拉伯人攻佔西班牙

凡爾登條約

神聖羅馬帝國建立
1000—

十字軍東征

英國大憲章

蒙古第一次西征

英法百年戰爭開始

文藝復興

哥倫布發現新大陸
1500—

英國大破無敵艦隊

光榮革命

發明蒸汽機

美國獨立
拿破崙稱帝

明治維新

美國南北戰爭開始

第一次世界大戰
第二次世界大戰

2000—

候嚴寒，半路大雪封山，還沒怎麼開打，士卒就因為凍餓疲憊而死傷過半。於是遠征軍只好匆匆地退回來。但新羅方面並不因此打消念頭。第二年，新羅表示願意再次發兵征討，直搗靺鞨的巢穴，為陛下分憂。唐玄宗對此表示認可。

新羅君臣的這種表現，絕非單純的「忠誠」，而是包含了另一重野心。新羅念念不忘的，是統一朝鮮半島。如果能獲得唐玄宗的許可北伐，就可以藉著打擊渤海靺鞨的機會，將勢力擴展到半島北部甚至中國東北。這與新羅一貫的政策也是吻合的。不過，要進行這樣大規模的遠征，對於新羅國力來說也是不小的考驗。聖德王本人不具備文武王那樣的韜略，他手下也沒有金庾信這樣的名將。所以，這個計畫最終只是停留在紙上。

西元737年，聖德王去世，從此新羅方面再也沒有提這事。

聖德王去世後，他兒子金承慶（孝成王）和金憲英（景德王）先後繼位。這些年災害不息異象不斷。在西元755年（景德王十四年）的春荒中，熊川州有個叫向德的人，因為家貧無力奉養父母，竟然把自己腿上的肉割下來給父親吃，造成轟動效果。景德王知道後，下令在全國進行表彰，同時賜給他很多錢財糧食奉養父母。這樣的孝心雖然可嘉，然而用如此變態的自殘手段，其實對父母也沒有真正的好處。而朝廷的嘉獎，不過是掩飾自己統治無能，造成民生無著的罪過罷了。

就在景德王表彰割肉孝子後不久，新羅為唐朝建立的「望德寺」十三層高塔，忽然開始震動，幾乎傾倒。眾人紛紛傳說，這樣的跡象，看來是要發生大的災難了。

果然，在當年11月，安史之亂爆發了。

安史之亂使得大唐由盛轉衰，半島上的新羅則沒有被波及。畢竟，當初唐高宗都沒能戰勝新羅，安祿山也絕不會去找罪受。

然而新羅對於宗主國大唐還是有著感情的，對於造反的胡人安祿山也很憤恨。景德王聽說唐玄宗一路逃難到了四川，特地派使者到成都去朝貢。正為楊貴妃死於非命而傷心不已的唐玄宗，見到幾千里外前來朝貢的藩屬國使臣，簡直感動得熱淚盈眶。真是疾風知勁草，板蕩識忠臣啊！逃難途中，也沒啥寶物賞賜，唐玄宗就親自寫了幾首詩，叫使臣帶回去給景德王。這詩後來就成為新羅王室的傳家之寶。

景德王在位24年，765年去世。繼位的是嫡子金乾運，史稱惠恭王。

昏君與亂臣

應該說，從金春秋以來百餘年的這幾代新羅王，基本上算是中規中矩的君主，沒什麼亂來的。而這位惠恭王金乾運卻是一個昏君。

這責任一半不在他本人，因為他登基時候只有8歲，由他母后攝政。

國君年幼，主母攝政，這在父權社會裡很多時候就意味著國政不穩。金乾運繼位不久，災難頻繁，妖異頻現，而且妖異的現象也比以前更邪門，比如某個地方的地面忽然坍塌成為水池，有好幾丈寬，水色青黑。還有好幾次宮中竟然闖入了老虎。

如果說這些異象僅僅是迷信，那麼實實在在的則是接連不斷的兵變。就在金乾運登基的第四年（西元768年），就有兩個高官大恭與大廉起兵叛亂，把王宮包圍了整整33天。幸虧守衛王宮的將士忠誠勇敢，拚命抵抗叛軍，才保住了國王和太后的命，直到援軍討平亂黨。

西元770年，又有個叫金融的高官叛亂，也被鎮壓下去。

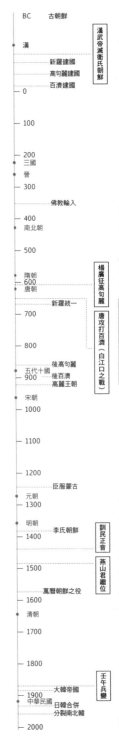

BC

耶穌基督出生 0—

君士坦丁統一羅馬

羅馬帝國分成兩部

波斯帝國 500—

回教建立

阿拉伯人攻佔西班牙

凡爾登條約

神聖羅馬帝國建立 1000—

十字軍東征

英國大憲章

蒙古第一次西征

文藝復興

英法百年戰爭開始

哥倫布發現新大陸 1500—

英國大破無敵艦隊

光榮革命

發明蒸汽機

美國獨立
拿破崙稱帝

明治維新

美國南北戰爭開始

第一次世界大戰
第二次世界大戰

2000—

西元775年6月，大臣金隱居叛亂；8月，廉相和正門叛亂。這些叛亂雖然都被鎮壓下去，但卻使得朝政更加動盪。如果說一次兩次的叛亂可以歸咎為野心家的陰謀，這種接連不斷的叛亂，只能說明新羅朝廷自己出了問題。

偏偏這位八歲繼位的惠恭王金乾運，從小肩負國家的重擔，卻一點沒有因此變得堅毅英明。相反，他長大以後，貪杯好色，喜好享樂，經常外出巡遊，不理朝政，這使得本已渙散不堪的人心更加糟糕。

西元780年，又一次叛亂由大臣金志貞發起，亂兵衝入了宮廷。這時候，王室貴族金良相、金敬信起兵勤王。兩軍在宮中展開激戰，勤王軍得勝，殺死了金志貞。然而，就在這場混亂中，國王金乾運和他的妃子們，也都被亂兵殺死了。金乾運享年23歲，在位16年。

不過，這事還是有點蹊蹺，因為金乾運死後，率兵平亂的宗室金良相被立為新的國王，從而成為這次叛亂最終的受益者。這既可以被理解朝廷對功臣的報酬，也可以反過來被理解為叛亂的幕後主謀。總之，真相現已無法得知。不過對朝鮮人民來說，去掉一個荒淫無道的昏君，就算換上一個野心家，也未嘗不好吧。更何況，從今後的表現來說，金良相並不太像是一個熱衷於王位的人。

金良相繼位，史稱宣德王。他一繼位，果然天災啊、妖異啊紛紛平息下去了。他似乎並不願意當王，曾經想把王位禪讓給平亂時候的助手金敬信，卻被大臣們勸阻。

另一方面，宗主國大唐也逐漸陷入藩鎮割據的困局，所以直到西元785年正月，才冊封已經登基六年的金良相。就在得到大唐封號的當月，金良相陷入彌留，留下遺詔說：「我本來就不該當

王，因為碰上兵變，被大家極力推戴。登基之後，多次想禪讓王位，都被勸阻。現在得了病，死生有命，死了也沒啥遺憾的。記得按照佛教的制度把我火化了，骨灰撒到東海去！」隨後，金良相就死了。

大雨沖掉的王位

宣德王金良相死後，朝廷準備推舉他的族姪金周元為新的國王。金周元住在首都金州（今慶州）北面二十里，得到這個消息，高興得很，趕緊往京城趕。誰知道恰好天降暴雨，河水暴漲，就這麼二十里的距離，竟然硬生生把金周元隔斷在了京城北面。城裡面的文武百官等了一會兒，看一時半刻周元來不了，這登基大典怎麼辦呢？

有人就說了：「我們選新君，不但要看人謀，也要看天意。今天降暴雨，是不是老天爺不想讓金周元當王啊？我看金敬信不錯，德高望重，而且是宣德王的好戰友，不如立他為君主吧。」大家商量了一陣，同意了。

於是就把金敬信立為新王，臣民高呼萬歲。等到登基典禮結束後，竟然暴雨也奇蹟般地停了。金周元等水退下去，急忙地趕到京城，卻看到王位上已經坐了別人，氣得吐血。金敬信後來被稱為「元聖王」。

他對朝鮮半島的文化，有著不可忽視的貢獻。尤其是在西元788年，他規定以中國的儒家經典來選拔人才、任命官吏，從而改變了過去新羅以弓箭打靶選人的慣例。在金敬信當王的14年裡，整體情況比起惠恭王金乾運時代要好多了。

西元798年12月，元聖王金敬信去世。太子金仁謙已經先他而死，所以繼位的是金仁謙的兒子、金敬信的孫子金俊邕，號昭聖

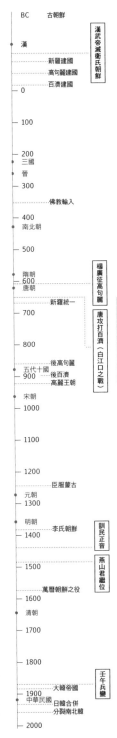

王。他在登基前就是朝廷高官，還曾去過大唐，見多識廣，執政經驗豐富。然而這位年富力強的新君，西元799年元月繼位，800年6月即病死，在位僅一年半，成為又一位「元年即位，二年薨」的新羅君主。

BC

耶穌基督出生　0—

君士坦丁統一羅馬

羅馬帝國分成兩部

波斯帝國　500—

回教建立

阿拉伯人攻佔西班牙

凡爾登條約

神聖羅馬帝國建立
1000—

十字軍東征

英國大憲章

蒙古第一次西征

英法百年戰爭開始

文藝復興

哥倫布發現新大陸
1500—

英國大破無敵艦隊

光榮革命

發明蒸汽機

美國獨立
拿破崙稱帝

明治維新

美國南北戰爭開始

第一次世界大戰
第二次世界大戰
2000—

手足相殘，骨血何及權位尊

內亂不斷

昭聖王金俊邕死後，其子金清明繼位，只有13歲。西元809年，金俊邕的弟弟金彥昇起兵造反，殺死了自己的姪兒國王。金清明死時22歲，在位10年，諡為「哀莊王」。

金彥昇從姪兒手中奪取江山後，稱憲德王。他居然大搖大擺地派人去唐朝報告噩耗。金彥昇曾經出使大唐，和唐朝關係也不錯。唐朝並不清楚是他做的事情，還特地派人來弔喪。

客觀地說，金彥昇殺姪兒雖然殘酷了點，但他本人作為君王的才略還是可以的。他當政時，救濟災荒，平定叛亂，頗顯示了一番作為。然而，給他這麼多展示的機會，本身就說明新羅國的政局開始惡化。

西元819年（憲德王十一年，唐憲宗元和十四年）3月，因為飢荒等原因，造成了新羅各地「草賊遍起」。這是過去不曾有過的景象。曾經在與高句麗和百濟的對峙中夾縫求生的新羅，如今終於開始內患勝於外患了。

就在這一年，唐朝節度使、高句麗血統的李師道占據山東一帶叛亂，唐憲宗大舉平亂，命新羅也出兵夾擊。金彥昇派出三萬精兵助戰。最終，李師道叛亂被唐朝平定。出兵助唐平亂，為新羅的經濟造成更大負擔，接下來的兩年，災荒連續發生，老百姓

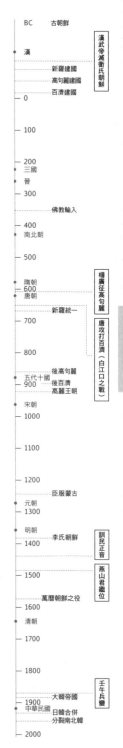

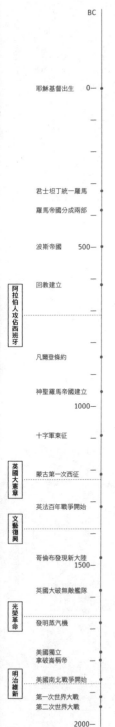

賣兒賣女。到西元822年，熊川州都督金憲昌發動了一次大規模的反叛。

這位金憲昌也是王室成員，他爹就是在三十多年前被一場暴雨斷送了繼承權的金周元。金憲昌認為當初因為一場暴雨取消他爹的繼承權就是鬧劇。他多年苦心經營，終於起兵造反，國號長安，甚至還建立了自己的年號「慶雲」（新羅歷任國王都不單獨設年號，直接沿用宗主國唐朝的年號）。

除了熊川州，金憲昌還脅迫附近另外四個州的都督一起出兵。結果，其中菁州都督向榮脫身而走，向朝廷和各地發出警告。憲德王金彥昇先佈置好京城和各地的守備兵力，使得叛軍無機可乘，然後調集各路大軍，向叛軍猛攻。金憲昌原本的計畫是出其不意攻占要地，如今計謀洩露，以幾個州的兵力硬拚，當然是死路一條。沒幾個月，叛軍占據的城寨紛紛被攻克，金憲昌的主力也被殲滅。金憲昌走投無路，自殺身亡。兩年後，金憲昌的兒子金梵文勾結山賊謀反，又被剿滅。

王族的亂鬥

826年，憲德王金彥昇去世，由其弟弟金景徽繼位，史稱「興德王」。這位興德王是個情種。就在登基的當年，王妃金章和去世了。金景徽與髮妻非常恩愛，喪妻後悲痛萬分。群臣勸他再娶一位，他說：「連鳥都知道喪偶之痛，我失去自己的好妻子，哪裡還忍心再娶其他人來辜負她呢？」於是終身不再娶新王妃，甚至對宮中的其他侍妾宮女都不再親近，只留太監在左右侍奉。這樣的專一在帝王中也算難得的了。

836年興德王金景徽去世，留下遺言與其愛妻金章和合葬，在九泉之下永久相會。他得到了安息，身後的國政，卻是一塌糊

塗。因為金景徽對感情專一，沒有留下兒子。新羅王室為繼承王位而產生了紛爭，分成了兩派。其中一派要立金景徽的堂弟金均貞，支持者包括金均貞的兒子金祐徵、姪兒金陽等人。另一派要立金景徽的堂姪兒金悌隆，支持者包括金景徽的另一個堂姪兒金明、大臣利弘等人。

這倆人本來是一族的叔姪，為了奪取王位爭執不休，最後刀槍才是關鍵，就在宮中大打出手。「叔叔黨」的金祐徵、金陽等人帶領家兵，保護著金均貞先衝進宮中。「姪兒黨」的金明隨後帶著軍隊包圍過來。金陽在宮門列開兵馬，大聲喝道：「新國王在這裡，你們想造反嗎？」金明冷笑道：「誰承認你的新國王？」指揮軍隊猛衝上來。金陽武藝高強，開弓放箭，連射死對方十多個士兵。但金明手下的大將裴萱伯一箭射來，正中金陽的大腿，頓時血流如注。金均貞見「姪兒黨」人多勢眾，便吩咐大家撤退，自己卻在亂軍中被殺了。金祐徵、金陽都倉皇逃走。

「姪兒黨」取得了勝利，金悌隆成為新君，史稱僖康王。但登基之後，金明、利弘等又想把他當做傀儡。僖康王不願意，金明等就在838年起兵作亂。僖康王被亂兵包圍後，在宮中上吊自殺。金明逼死堂兄弟，自己繼承了王位，史稱閔哀王。

然而依靠宮廷流血搶來的寶座，肯定是不穩定的。幾年前和金悌隆爭奪王位被殺的金均貞，他的兒子金祐徵逃到了當時的重鎮清海（今莞島）。清海守將張弓福，曾經在唐朝的徐州武寧軍當過兵，頗有點「軍界留學生」的味道，回到朝鮮半島，就被任命為一鎮地方大員。金祐徵逃到這裡待了幾年，聽說金明殺死金悌隆自己稱王，就對張弓福說：「金明和利弘這兩個賊子，一再殺死君王，罪不可赦，希望將軍仗義討伐他們。」

張弓福欣然同意，恰好此時，金陽也起兵反對金明。張弓福

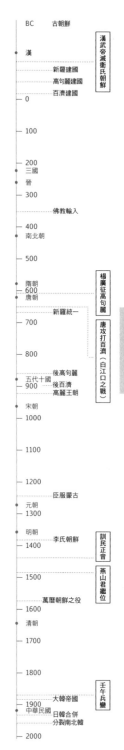

在唐朝時候的戰友鄭年也前來投奔，於是各方聯合行動，起兵討伐金明。金祐徵、張弓福和金陽他們的軍隊數量並不多，但都是驍勇善戰，尤其張弓福和鄭年，是在唐朝末年藩鎮割據的戰爭中打出來的，普通的新羅將軍哪裡是他們對手。再加上金明篡位不得人心，新羅軍隊連戰連敗，很多人倒戈投降了。

西元839年正月，兩軍在太丘決戰，閔哀王金明的主力被擊潰，金明的左右侍衛都走散了，他獨自跑了一段，被敵軍追上殺了。這個篡奪君位的王族，在位僅僅一年便死於非命。而新羅一國在短短兩年多裡，內訌殺死三個王位繼承人，簡直趕得上西晉的八王之亂了。

金明死後，金祐徵帶兵進入首都，宣布戡亂結束。金陽又專門把當初射中自己大腿的裴萱伯找來，對他說：「當初你射我，是各為其主，你是個忠心的勇士，別擔心，我不會計較的。」這樣一來，大家看連金明的心腹裴萱伯都沒事情，就都安定下來。

839年4月，金祐徵登基，史稱「神武王」。輔佐他登基的金陽、張弓福等都封了大官，而在三年前幫助金明殺死他父親的利弘，則被追捕處斬。一時之間，金祐徵志得意滿，可惜好景不長。有一天夜裡，金祐徵夢見利弘一箭射中他的背，醒來後背上就長了毒瘡，結果在當年7月就死了，算起來在王位上只待了三個月左右。

這樣，從西元836年12月興德王去世，到西元839年7月神武王歸西，兩年半裡面，四個國王和一個非正式國王在這個寶座上去世，新羅國王宮的殺氣濃厚到了極點。

張弓福造反

神武王金祐徵死後，其子金慶膺繼位，史稱文聖王。文聖王

思量：他自己能當國王，是因為他爹起兵奪位成功；而他爹起兵奪位，全靠張弓福的幫忙，因此對張弓福大加籠絡，加官進爵，親熱得不得了。等到西元845年，金慶膺想再娶一個小老婆，就盯上了張弓福的女兒。這下，禍事鬧出來了。

什麼禍事呢？大家可以猜測一下。恐怕得有一半的人要猜錯。

事實上，張弓福聽到這個消息，非常開心。能當國王的老丈人啊，雖然只是「次妃」，那也不錯啊！他就滿心歡喜地等待嫁女兒。

誰知道，朝中大臣出來阻撓了。他們說：「張弓福雖然功勞大，畢竟只是海島上的一個武夫，怎麼能讓他的女兒嫁給國王呢？」

新羅確實非常重視所謂的血統高貴，歷代王室婚姻，基本上都是內部消化，姓金的娶姓金的，表兄堂妹一鍋燴。在這這些人看來，要是讓姓張的和王室聯姻，是在往血統裡面摻沙子。於是，這門婚事最終流產了。

張弓福當國丈的希望遭到無情的破滅，他不高興了：好小子，當初要不是我出手相助，你老爸都不知死哪去了，現在竟然嫌棄我，不肯當我女婿？為了表示憤怒，他作出了最大的抗議：起兵造反。

這下子，之前那群義正詞嚴的大臣，一個個都傻眼了。這事情要就這麼算了嘛，朝廷的面子往哪裡擺？可是要出兵討伐張弓福呢，滿朝文武，誰也不夠他打啊。金慶膺氣得直埋怨那些王公貴族：早知如此，我就把張小妹娶了又有何妨啊，現在老婆沒到手，江山都危險了！

幸好這時有個叫閻長的人自告奮勇，願意去對付張弓福。金

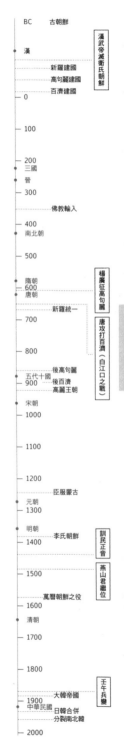

耶穌基督出生　0—

君士坦丁統一羅馬

羅馬帝國分成兩部

波斯帝國　500—

回教建立

阿拉伯人攻佔西班牙

凡爾登條約

神聖羅馬帝國建立
　　　　1000—

十字軍東征

英國大憲章
蒙古第一次西征

英法百年戰爭開始
文藝復興

哥倫布發現新大陸
　　　　1500—

英國大破無敵艦隊

光榮革命
發明蒸汽機

美國獨立
拿破崙稱帝
明治維新
美國南北戰爭開始

第一次世界大戰
第二次世界大戰

　　　　2000—

慶膺可逮著這根救命稻草了，趕緊給他提供一切支援。閻長的計策說穿了也很簡單。他假裝背叛了朝廷，前去投奔張弓福。張弓福見他勇武強壯，非常喜愛，引為心腹。閻長就趁著酒宴時候，灌醉張弓福，奪過寶劍，把張弓福一劍斬了，然後威懾張弓福的部屬投降朝廷。曾經為金慶膺父子登基立下大功的張弓福，就這樣稀裡糊塗遭到背叛和出賣，落了個身首異地。

　　張弓福作為數一數二的功臣被殺，雖然起兵造反咎由自取，也難免他人心寒。之後幾年裡，連續發生了好幾次叛亂，都被鎮壓下去了。

娶姐姐的好處

　　西元857年，在位17年的文聖王金慶膺病故，臨終前立下遺詔，由自己的叔父、神武王的弟弟金逸靖繼位。金逸靖史稱憲安王。

　　憲安王金逸靖自己沒有兒子，在一次宴會上，他發現王族子弟金膺廉雖只有15歲，見識不凡，非常欣賞，準備招他當女婿，於是對金膺廉說：「我有兩個女兒，姐姐20歲，妹妹19歲，你想娶哪一個啊？」

　　金膺廉心裡樂開了懷，表面上卻再三推辭。實在推辭不了，他回家問父母意見。父母說：「聽說大公主不如二公主美呢，就娶二公主吧。」金膺廉又去問認識的一個和尚，那和尚說：「娶姐姐有三個好處，娶妹妹有三個壞處！」金膺廉猶豫半天，對國王說：「我不敢自作主張，大王叫我娶哪個我就娶哪個！」於是憲安王把大公主嫁給了他。

　　第二年（861年）正月，憲安王就去世了，因為沒有兒子，又不願意讓女兒當王，就讓自己的女婿金膺廉繼位，是為景文王。

景文王登基第三年，就把自己的小姨子，憲安王美貌的二女兒娶為次妃，左擁右抱，幸福美滿。他召來當初給他提建議的和尚，問：「大師當時對我說，娶姐姐有三個好處，請問是哪三個好處啊？」和尚說：「第一個好處，國王和王妃更關心姐姐的婚事，您娶姐姐可以討得國王和王妃的歡喜；第二個好處，國王年邁無子，成為討歡心的大女婿，您就可以繼承王位；第三個好處嘛……等當了國王，您就可以把您真心想娶的妹妹也一起收入後宮！」景文王聽後哈哈大笑起來。

除了這段風流韻事外，景文王金膺廉的事蹟很平凡。他在位期間，繼續保持與唐朝的宗主藩屬關係，雖然這個宗主國現在自己也是風雨飄搖。另一方面，災荒、叛亂等問題還是時有發生，只不過沒有造成致命傷害。在他統治這段時間，從前三年死五王的動盪局面漸漸恢復了平靜。西元874年（唐僖宗乾符元年，景文王十四年），朝鮮文學的開山鼻祖崔致遠在唐朝科舉考試中金榜題名，轟動了整個朝鮮半島。

　　註：崔致遠，字孤雲，新羅文人，是韓國歷史上第一個留下了個人文集的大學者、詩人，被韓國學術界尊奉為韓國漢文學的開山鼻祖，有「東國儒宗」、「東國文學之祖」的稱譽。西元857年生，12歲入唐朝國子監學習，18歲登科進第。20歲被唐朝任命為溧水（今江蘇溧陽市）縣尉。後入幕揚州高駢門下，為高駢起兵討伐黃巢撰寫〈檄黃巢書〉，被天下傳誦，28歲以唐朝三品大官身分回到新羅任職、講學，並留下諸多文集。

女王亂政，新羅一統化三分

耶穌基督出生 0—

君士坦丁統一羅馬

羅馬帝國分成兩部

波斯帝國 500—

回教建立

阿拉伯人攻佔西班牙

凡爾登條約

神聖羅馬帝國建立
1000—

十字軍東征

英國大憲章

蒙古第一次西征

英法百年戰爭開始

文藝復興

哥倫布發現新大陸
1500—

英國大破無敵艦隊

光榮革命

發明蒸汽機

美國獨立
拿破崙稱帝

明治維新

美國南北戰爭開始

第一次世界大戰
第二次世界大戰

2000—

好事不過三

西元875年，娶得姐妹花的景文王金膺廉去世，太子金晟繼位，史稱憲康王。這是一位聰明的君王，從小喜歡看書，又是佛學愛好者。

西元878年，唐僖宗冊封金晟。金晟準備派遣使者入長安謝恩，但走到半路，他們面如土色地回來了。

因為他們在半道上遇上了一支大軍，這支大軍的領袖叫黃巢。

金晟聽說唐朝黃巢之亂，禁不住嘆息，幸虧我們朝鮮半島還算太平。

他卻不知道，就在前一年，在松嶽郡（今開城附近）降生了一個叫王建的男嬰。數十年後，這個嬰兒徹底取代新羅，一統朝鮮半島。

未來的事情，誰也不能預測。在金晟的領導下，新羅經濟得到了一定發展，老百姓生活水準有所提高。同期，唐朝也將黃巢之亂完全鎮壓下去。宗主與藩屬國，似乎都出現了短暫的欣欣向榮。

然而這不過是迴光返照而已。

西元886年，憲康王金晟去世，其二弟金晃繼位，史稱定康

王。這位定康王第二年就去世了，在王位上不滿一年。臨終留下遺詔，要群臣擁戴他的妹妹金曼繼位，還拿出歷史上善德、真德女王的例子作為例證。

於是，金曼成為新羅歷史上第三位女王，史稱真聖王。如果說之前的兩位女王為新羅一統半島作出了貢獻，那麼「好事不過三」，在這位大姐的感性領導下，新羅徹底走向了沒落。

歷史上女主當權，往往在男女關係上比較隨意。這其實也不算什麼，男王有後宮三千，就不許女王稍微放縱一下嗎？問題在於，男王對自己的寵妃，無非用錦衣玉食來豢養，可是女主對自己的男寵，就容易以國家權力相贈，能如武則天一樣拿捏分寸的畢竟不多。金曼最初的情人，是朝廷高官魏弘，為人倒也不差。等魏弘死後，金曼竟然追謚他為「惠成大王」，然後就開始與幾個少年美男子淫亂起來，還將他們都封要職。照這種作風，朝政哪會好？賞罰不公、賄賂貪污的都明目張膽起來。

在貪腐與怠政的內外交攻下，新羅國庫空虛，民生困難，賦稅也交不齊了。金曼女王不說節約開支、體恤民情，反而派出官吏加緊催逼。走投無路的老百姓只好起來造反，形成「盜賊蜂起」的局面。

在過去數百年中，新羅的叛亂、盜賊也不少，但往往幾個月就被滅掉。唯有此時，各地的官兵不能平息叛亂，反而常常被殲滅甚至投降。「盜魁」們割據城池，儼然是一方諸侯。新羅也走向四分五裂。

復仇王子金弓裔

在這些起兵造反的梟雄中，金弓裔是較為出名的一個。

金弓裔也是新羅王族。因為出生在五月初五的「惡日」，

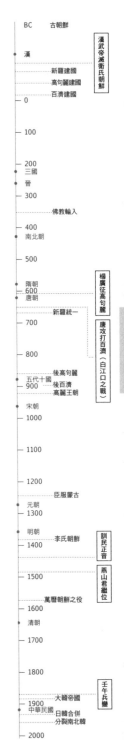

而且生下來就有牙齒，被認為是不吉利，國王就下令殺掉這個嬰兒。乳母不忍心，抱著他逃走了。在逃走的時候，不小心又戳瞎了他一隻眼睛。乳母含辛茹苦把他撫養到十多歲，金弓裔頑皮得很，而且性情狂傲。乳母哭著告訴了他身世真相，還說：「你生下來就被國家所拋棄，是我冒險把你撫養大，可是你現在這麼胡作非為，一旦被人知道真相，我們娘倆都會送命啊。」

金弓裔知道自己身世之後，沉著地說：「娘，您別擔心了。我不會再給您添麻煩了。」他就去了一個寺廟，出家當了和尚。但等長大成人，他的脾氣又犯了，言行還是不知收斂，而且不願意遵守清規戒律。

西元891年，金弓裔在寺中看到四方盜賊蜂起，認為新羅的國運不長了。他血液中的野心燃燒起來，於是下山造反去也。他投奔新羅北部的一個「盜魁」良吉。良吉派他帶一百多個騎兵出去攻城掠地。金弓裔打仗實在有一套，他竟然一連攻下了十多個城，部隊也像雪球一樣越滾越大。

金弓裔王族出身，童年吃過苦、修過禪，與士兵們同甘共苦，軍紀賞罰和戰利品分配也都很公正，得到了士兵的愛戴。西元899年，松嶽郡（今日開城）豪強王隆投奔金弓裔，勸說金弓裔以松嶽郡為根據地征服半島。金弓裔非常高興，任命王隆的兒子王建為松嶽郡太守。

他也沒料到就是這位年僅20歲的王建，以後會成為自己的掘墓人。

西元900年，金弓裔與他過去的主公良吉交戰。良吉軍力強大，但金弓裔在統兵作戰上更勝一籌，採用突襲的戰術打垮了良吉的軍隊，並逐步吞併了他的地盤。其他一些地方豪強，也紛紛向金弓裔投降。

耶穌基督出生　0

君士坦丁統一羅馬

羅馬帝國分成兩部

波斯帝國　500

回教建立

阿拉伯人攻佔西班牙

凡爾登條約

神聖羅馬帝國建立　1000

十字軍東征

英國大憲章

蒙古第一次西征

英法百年戰爭開始

文藝復興

哥倫布發現新大陸　1500

英國大破無敵艦隊

光榮革命

發明蒸汽機

美國獨立
拿破崙稱帝

明治維新

美國南北戰爭開始

第一次世界大戰
第二次世界大戰

2000

西元901年，占據新羅北部大片領土的金弓裔稱王。雖然身為新羅王族，卻遭到父親的拋棄，因此，金弓裔把自己建立的國家叫做「後高句麗」。他還說：當初高句麗是何等強國啊，竟然被新羅勾結唐朝滅了，我一定要報仇！這位復仇的王子，稱得上是「羅奸」了。

後三國時代

與金弓裔同時，另一位梟雄也在朝鮮半島西南部起兵，此人名叫甄萱。與王室貴族金弓裔相反，甄萱是真的貧下中農出身。據說，他年幼時候，父母在外工作，把他放在樹下，結果有母老虎過來餵他奶。這事也不知道真假，但甄萱長大後的確是虎背熊腰，虎虎生風。窮人子弟要出人頭地只能當兵，甄萱靠著自己的勇武，混到了副將的位置。

西元892年，甄萱眼看天下大亂，於是也在西南地區起兵造反。他能征慣戰，不到一個月就聚集了五千人馬。各地紛紛望風而降。甄萱就開始在西南稱尊。他最初還不敢稱王，而是自號「新羅西面都統指揮兵馬制置持節都督全武公等州軍事行全州刺史兼御史中丞上柱國漢南郡開國公食邑二千戶」，整整47個字。經過幾年征戰，他占領了半島西南的大片土地。

西元900年，甄萱準備正式和新羅王朝比肩而立了。因為占據的這塊地以前屬於百濟國，他就自稱為「後百濟王」，設置文武百官。當然，實際上「後百濟」的國王和各級官佐，都是道地的新羅人。

新羅朝廷面對金弓裔和甄萱這兩個占據大片領土、公然稱王的叛賊，一點辦法都沒有。半島中南部形成新羅、後高句麗和後百濟三國鼎立的局面，史稱「後三國時代」。這個時候，朝鮮半

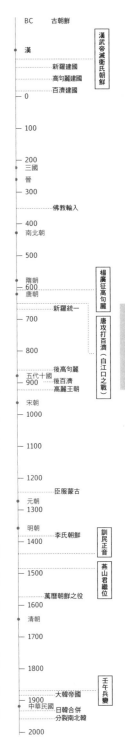

島上還有其他大小許多「盜魁」，有的占據十幾個甚至幾十個城寨，有的占據一城一島，或獨自劫掠，或依附一方，亂到家了。

喜歡淫亂的女王金曼，已經在897年病逝，死前將王位讓給了自己的姪兒、憲康王的庶子金嶢，史稱孝恭王。

孝恭王在位16年，面對咄咄逼人的金弓裔和甄萱，只有裝聾作啞，下令各城的守將「堅守不出」。別說出兵討伐「亂賊」，就算自己還控制著的郡縣，都被這倆人從南北兩個方向一口一口地啃了去。

到後面，金弓裔和甄萱甚至都不以新羅朝廷為對手了，彼此都感覺對方才是最大的威脅，於是主要精力都用在相互搶奪地盤上。

國運如此不堪，朝廷裡君王的權勢也遭到了衝擊。孝恭王因為寵愛一個小老婆，耽誤了朝政，一個大臣勸諫不聽，竟然就把國王的小老婆抓起來殺了，而孝恭王也沒能把他怎麼樣。

西元907年4月，孝恭王金嶢去世。就在同一個月，後梁太祖朱全忠逼迫唐景宗退位，新羅的宗主國大唐宣告終結。自此，中國與朝鮮半島都步入了更為動盪的亂世之中。

耶穌基督出生　0—

君士坦丁統一羅馬

羅馬帝國分成兩部

波斯帝國　500—

回教建立

阿拉伯人攻佔西班牙

凡爾登條約

神聖羅馬帝國建立
1000—

十字軍東征

蒙古第一次西征

英國大憲章

英法百年戰爭開始

文藝復興

哥倫布發現新大陸
1500—

英國大破無敵艦隊

光榮革命

發明蒸汽機

美國獨立
拿破崙稱帝

明治維新

美國南北戰爭開始

第一次世界大戰
第二次世界大戰

2000—

仁者無敵，高麗終結後三國

金弓裔的荒唐

　　新羅孝恭王金嶢死後沒有兒子，就由他的姐夫、憲康王的女婿朴景暉繼位，史稱神德王。他是新羅建國之初朴姓阿達羅王的後裔，王位終於又繞回朴姓了。神德王朴景暉在位六年而死，其子朴昇英繼位，號景明王。這朴姓爺倆面對再次三國鼎立的局面，也拿不出任何主意，只是一味地退守，坐看國土被一點點蠶食。

　　這時，後高句麗卻起了內訌。

　　原來金弓裔在過去創業時，能夠吃苦耐勞、體恤部下，現在割據一方之後，開始窮奢極欲，大興土木。他自己曾被新羅王拋棄，復仇之心強師烈，下令把新羅叫做「滅都」，而且凡是新羅來的人一律殺死！

　　這位曾當過和尚的國王，大概拜佛拜多了，自己也想嘗嘗被當佛拜的滋味，他就自稱為「彌勒佛」，頭戴金冠，身披袈裟，還封兩個兒子為「神光菩薩」、「青光菩薩」。他出門騎乘白馬，前面是舉著華蓋香花的童男童女，後面是拿著佛教樂器的大群和尚，果然是佛光普照，威風得很。

　　他還喜歡自己編寫經書，寫了二十多本，都是些荒誕不經的事。寫就寫了吧，還喜歡在寺廟集會上當眾宣講自己的經書。有

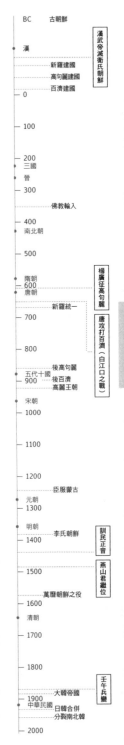

個叫釋聰的和尚實在忍不住了，對他說：「大王，您寫這些經書都是胡說八道，不好拿來當眾出洋相的。」金弓裔一怒之下，用鐵錘把和尚活活打死了。

他自己喜歡出洋相，倒也無所謂。偏偏金弓裔還喜歡濫殺。他自稱得了彌勒心法，能夠看出旁人的異心，就拿這個做理由，無論對誰想殺就殺，有時候一天之內竟然殺上百人。他的夫人勸他不要亂來，金弓裔反而說：「你說我亂來，你自己為什麼和他人通姦？」夫人趕緊辯解沒有這種事，金弓裔冷笑道：「我有彌勒心法，早就看出來了！」於是將他夫人活活烙死，連自己的兩個親生兒子都沒放過，到了喪心病狂的地步。當初那個英武果斷的起義將領不見了，現在盤踞在大同江流域的只是一個殺人魔王，手下軍民人人自危。

這期間，金弓裔的大將王建，卻頻頻立功，不但為後高句麗攻下很多城池，多次解圍退敵，而且在與甄萱的戰爭中也屢屢獲勝。王建組建了一支強大的海軍，擊敗了甄萱的艦隊，甚至把甄萱派往中國吳越朝貢的使船都截獲了。王建還占領了朝鮮半島的很多島嶼、港口，連號稱「朝鮮第一海盜」的能昌，也被王建捕獲，送到金弓裔面前斬首。沿海的水賊和後百濟的將領們，聽到王建的名字都不敢妄動。

王建不但屢立戰功，而且與同僚關係也很好。有時候還出言解救被讒言的文武。他知道金弓裔好猜忌、嗜殺成性，在朝內不安全，所以帶著一群心腹經常在外征戰，以減少和這個暴君碰面的機會。這樣，王建在後高句麗朝野的聲望漸漸高了起來。

這當然會引起金弓裔的懷疑。914年的一天，金弓裔急召王建入宮。王建進宮，看見金弓裔剛殺了一批部下，正在檢點抄家抄來的金銀財寶。檢點了一陣，金弓裔回頭怒視著王建：「你昨夜

耶穌基督出生　0—

君士坦丁統一羅馬
羅馬帝國分成兩部

波斯帝國　500—

回教建立

阿拉伯人攻佔西班牙

凡爾登條約

神聖羅馬帝國建立
　　　　　1000—

十字軍東征

英國大憲章

蒙古第一次西征

英法百年戰爭開始

文藝復興

哥倫布發現新大陸
　　　　　1500—

英國大破無敵艦隊

光榮革命

發明蒸汽機

美國獨立
拿破崙稱帝

明治維新

美國南北戰爭開始

第一次世界大戰
第二次世界大戰

　　　　　2000—

為什麼聚眾謀反？」

王建心裡咯噔一下，但表面神情自若，笑道：「哪有此事啊？」

金弓裔蠻橫地說：「休想騙我！我會彌勒心法，知道這事情！現在我要入定，再仔細調查下。」於是閉上眼睛，仰面朝天，雙手背後，像木樁一樣愣在那裡，嘴裡還唸唸有詞。王建看見這詭異的一幕也傻了。

這時金弓裔的祕書崔凝，假裝把筆掉在地上，俯身去撿，趁著這機會悄悄在王建耳邊說：「不服罪就要被殺。」王建恍然大悟，趕緊磕頭說：「大王高見，我昨夜確實在謀反，罪該萬死！」

金弓裔見王建坦承，哈哈大笑道：「你果然是個老實人啊！」就把正在檢點的抄家財產賞賜了很多給王建，還派遣了一些大將去增加王建的實力；又替他造了一百多艘戰船，其中可以跑馬的大船十多艘；還調遣了三千多軍士和大批糧餉，運到王建的根據地羅州。

這一段記載是頗為怪異的。王建手握重兵，功高震主，金弓裔因此猜忌他，懷疑他要造反，或者隨便找個由頭殺了他，都是很正常的。怪就怪在，在王建承認謀反後，金弓裔居然重賞王建，為他增兵添將，似乎生怕他造反不夠順利似的。

這只能說明，金弓裔腦子裡的自負和迷信，已經到了病態的程度。他這次是真認為自己通過「彌勒心法」掌握了王建的反意，而在王建認罪後，他更是認為自己可以通過這「心法」控制部將的思想，故而有恃無恐，自以為可以安全地使用王建。這標誌著金弓裔的頭腦和他的脾氣一樣已經到了無可救藥的地步。

註：高句麗與高麗在歷史上是兩個完全不同的國家。高句麗

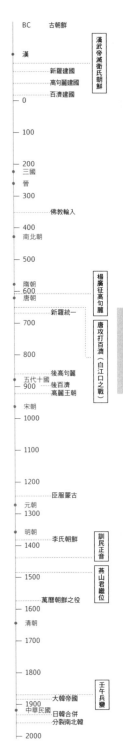

對應的是中國的漢朝到唐朝，高麗則是五代到明朝。高句麗來自中國吉林的扶餘國，姓高；高麗王朝則是朝鮮半島土生土長的新羅人，姓王。從領土拓展上，高句麗從中國東北部份地區逐步南下占據朝鮮半島，高麗則是從朝鮮半島中部起家，先吞併半島南部再逐漸北上。因此，兩國之間並無密切關係。只是高麗國為了宣示自己對半島北部乃至中國東北的領土主權，自稱為高句麗王國的繼承人。因此，中國古代的一些文史記載中，也容易將兩者搞混，包括《唐書》都誤載了「征討高麗」之事（其實征討的是高句麗）。

高麗建國

西元918年6月，一些將領實在不能忍受金弓裔的暴虐，就一起到王建的宅子裡說：「如今我們的國王濫施刑罰，又殺自己的老婆孩子，又殺部下的臣僚，弄得生靈塗炭，民不聊生。自古廢昏君、立明君，是天下大義，請您做商湯、周武王這樣的義舉吧！」

王建這時候還要推辭說：我一心忠誠，怎能造反啊？將領們就紛紛勸說，你不光為自己的命，就算為全國人民，也應該起來造反啊！王建的夫人也勸說老公造反，還親自把王建的鎧甲送上來。於是，這些將軍們就一擁而上「強迫」王建出門向王宮挺進，一面大喊：「王建大人起義了！」城裡面的軍民聽到消息，紛紛聚攏到旗下。等走到王宮門口，跟在王建左右的人已經不計其數，提前趕到宮門口等著接應的也有一萬多人。

金弓裔在宮中，聽到外面震天的吶喊聲，心頭一慌，嘆息說：「哎，王大人已經把我的江山奪取了。」他不敢抵抗，就換

耶穌基督出生　0—

君士坦丁統一羅馬

羅馬帝國分成兩部

波斯帝國　500—

回教建立

阿拉伯人攻佔西班牙

凡爾登條約

神聖羅馬帝國建立
　　　　1000—

十字軍東征

英國大憲章

蒙古第一次西征

英法百年戰爭開始

文藝復興

哥倫布發現新大陸
　　　　1500—

英國大破無敵艦隊

光榮革命

發明蒸汽機

美國獨立
拿破崙稱帝　0—
美國南北戰爭開始

明治維新

第一次世界大戰
第二次世界大戰

　　　　2000—

了衣服逃往山林，左右親信一個都沒有跟來。在林子裡待了幾天，禁不住飢餓，下山去偷地裡的麥穗吃，結果被農民發現，當成小偷打死了。這位縱橫28年的梟雄，就這樣丟了性命。

王建的這次「被造反」，比宋太祖趙匡胤的「陳橋兵變」早了四十多年。他改國號為「高麗」，自稱是高句麗國的繼承人。這個國家，不久後統一了整個朝鮮半島。王建也因此被史書稱為「太祖」。

王建定都松嶽郡，改稱開州。他寬待臣下，撫恤百姓，自己的生活卻很簡樸。這些簡單的措施，使得高麗國的人心凝聚。加上王建之前的赫赫戰功，很多地方勢力都紛紛投靠，高麗的實力進一步擴大。

與金弓裔對新羅王室的刻骨仇恨相反，王建對於苟延殘喘的新羅國表現得相當的客氣。這種對比，使得新羅朝廷不自覺地把這位能征慣戰而又寬厚仁義的「叛賊」當成了靠山。另一方面，原本屬於新羅的地方官和將領，又不斷向高麗投降，使高麗繼續增強，新羅繼續削弱。這種強弱又進一步促使新羅官員轉變立場，形勢就這麼無可挽回地循環下去。

西元920年，新羅景明王朴昇英主動與高麗太祖王建建立友好的外交關係。到當年10月，後百濟王甄萱親率一萬大軍，攻陷了新羅重鎮大耶城。景明王趕緊向王建求救。王建立刻派兵增援。

甄萱一聽氣炸了，心想：過去金弓裔在位時，我們兩家雖然彼此也經常搶地盤，但在侵占新羅土地上，基本上還是各搶各的，互不干擾。如今王建竟敢幫助新羅抵擋我軍，真是太不給面子了！

其實這正是王建的聰明之處，拉住已經日落西山的新羅王室，牽制野心勃勃的甄萱，自己從中慢慢漁利。這樣，新羅朝廷

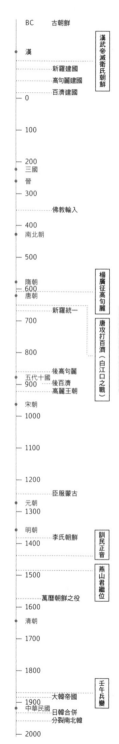

和民眾對高麗的仇恨和畏懼都不會那麼強。相比甄萱的一味猛攻，王建的策略顯然是更有效的。

第二年2月，一支靺鞨部落從北面入侵新羅領土，又是王建派出騎兵截擊，殺得靺鞨人片甲不留。景明王大喜，專門寫信表示感謝。

這段時間，從表面上看，是王建頻頻地幫助新羅抵禦外來入侵，新羅從中得到了好處。但實際上，由於王建的這些做法，新羅各地守將投向高麗的越來越多，而且都是連軍隊帶城寨一起帶過去。換言之，奄奄一息的新羅朝廷，其實已經變成了王建豢養的牲口。他們的存在，不過是給王建消化逐步吞併的領土提供緩衝空間而已。

在坐看領土被王建溫柔地一口口吃掉的同時，新羅剩下的活動就是向中原王朝進貢。當時五代的後唐，也給予了新羅封號，但這種封號沒有任何意義。五代時的中原國家，每一個都是深陷內戰，根本不具備幾百年前初唐的實力，不可能像當初的李世民那樣興兵東征，滅掉不聽話的小國，扶植聽話的藩屬。所以，新羅王對他們的討好，也是得不到任何實質性回報的。

大戰後百濟

西元924年8月，新羅景明王朴昇英去世，由他弟弟朴魏膺繼位，史稱哀景王。哀景王繼續他哥哥的「割肉」政策，剛一登基，就立即派人去和高麗重簽友好條約。第二年，高郁府的將軍投降了王建。高郁府距離新羅都城慶州很近，這樣新羅國的心臟也就處在了高麗的威脅之下。

這種情況下，新羅王室對高麗，還是只有搖尾乞憐一條路。甚至當後百濟與高麗建立外交關係，甄萱把姪兒派去當人質的時

美國獨立
拿破崙稱帝

明治維新　美國南北戰爭開始

第一次世界大戰
第二次世界大戰

　　2000—

候，新羅王朴魏膺還義憤填膺地派人對王建說：「甄萱這傢伙詭計多端，您不能和他和親啊！」王建心中暗笑，滿口稱是。

西元926年4月，甄萱的姪兒在高麗國都突然死亡。甄萱認為是高麗人害的，勃然大怒：「王建啊王建，你欺人太甚了！」他就率領大軍，向高麗占據的熊津一帶進逼。王建知道甄萱也很能打仗，而且銳氣正盛，下令各城堅守不出。這時候新羅王朴魏膺又過來湊熱鬧，他派使者勸王建說：「甄萱違背盟約出兵，老天爺也會懲罰他。要是您能一鼓作氣地衝出去，一定可以殺得他片甲不留。」王建又是一陣暗笑：我用兵輪得到你來教訓？他一本正經地對使者說：「沒關係，我等他自己自投羅網就是。」

西元927年春，王建終於出兵討伐百濟，新羅也拚湊了一支軍隊「助戰」，但這次聯合行動虎頭蛇尾、草草收兵。之後，新羅的好些地方守將一個接一個地投向王建的懷抱。甄萱終於按捺不住，心想：你王建這樣一口一口地蠶食新羅土地，不如老子來個鯨吞！他就率領大軍，向新羅發動了猛攻，沒多久就殺入新羅都城慶州。

這個時候，新羅王朴魏膺居然還在與後宮妃嬪、王室貴族、文武百官遊樂宴飲。百濟軍殺到，眾人頓時作鳥獸散。那些平素在老百姓面前作威作福的文武官員，倉皇四處奔逃。被抓住的苦苦哀求，願意為人當奴僕以保命，往往還是被一刀解決。朴魏膺和妃嬪們在少數衛隊保護下逃出王宮，也被抓住。

平民出身的悍將甄萱，面對著腦滿肥腸、瑟瑟發抖的新羅王還有什麼客氣，他令朴魏膺自盡，又帶領手下殺光所有抓住的反抗者，縱容士兵在城中大肆搶掠財物，鬧得昏天暗地。但最後，他還是立了朴魏膺的表弟金傅為新君，史稱「敬順王」。

王建在甄萱猛攻新羅的時候，援兵遲遲不到。如今甄萱逼

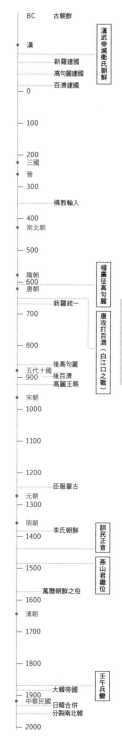

死新羅王、另立新王，他非常憤怒，當即親率大軍，殺入新羅境內。甄萱早已恨王建恨得牙癢癢，當然不會客氣，兩軍就在新羅境內展開大戰。王建和甄萱都是朝鮮半島一流的名將，所帶的又都是慣戰精兵，這一場龍爭虎鬥，只殺得天昏地暗。最後，高麗軍慘敗。王建親率的五千精騎被後百濟軍圍攻，幾乎全軍覆沒，王建僅以身免，為了掩護他突圍，好幾員大將戰死。甄萱趁機攻入高麗的大木郡，把城外囤積的糧食都一把火燒光了。

　　這樣，在雙方第一階段的決戰中，甄萱占據上風。但他的部隊經過苦戰損失也很嚴重，因此向王建提議停戰言和，還把自己的「宗主國」——五代十國中吳越國的「指示」搬出來論理。

得人心者安天下

　　甄萱言和的同時並沒有放鬆軍事上的進攻，在接下來的兩年中，又連續攻占了高麗好些城池，殺死王建手下多名大將。還有些牆頭草的地方守將，見甄萱勢大，如同幾年前從新羅投降到高麗一樣，現在又從高麗投降到了後百濟。屢屢失利的王建也有些急了，有一次甄萱攻克烏於谷城，殺死一千餘高麗士兵，六個將軍投降，王建就下令將這六個將軍的老婆、孩子當眾處死，以告祭戰死的士兵。

　　儘管戰場上雙方互有勝敗，高麗損失還要多一些。但王建繼續他收買人心的策略，所以一邊敗兵失地，一邊還是不斷有人投奔他，實力還是在逐步增強。相反地，甄萱儘管多有獲勝，但一味的橫暴，即使打下的地盤人心也並不穩定，反而自己的精銳部隊在不斷消耗。雙方的實力就這樣轉化著，終於迎來了轉捩點。

　　930年1月，王建親率大軍與甄萱軍在古昌郡的瓶山展開血戰。這一戰一直打到晚上，高麗軍大獲全勝，殺死後百濟軍八千

多人，摧毀了後百濟軍在此地的主力，因而引發了連鎖反應。就在這一個月裡面，附近的三十多個郡縣，一個接一個投降了高麗。接下來的半年裡，王建乘勝席捲，一面從甄萱那裡攻城掠地，一面趁機繼續狠狠地啃咬「盟軍」新羅，新羅東部沿海各城守將都紛紛投降。

931年，王建親自對新羅作友好訪問，只帶著50名騎兵就大搖大擺進了京城。新羅敬順王非常熱忱地款待，在酒宴上，新羅王哭著說：「我沒啥本事，導致國家禍亂，甄萱為非作歹，真是悲痛啊。」王建也流著淚安慰。新羅王還把堂弟金裕廉送去當人質。而新羅的老百姓看見高麗軍容整肅、軍紀嚴明，都讚嘆說：「當初甄萱來的時候，燒殺搶掠如同豺狼虎豹，如今王建大人來，就像我們的父母啊。」

這一次會見，標誌著新羅從朝廷到子民對高麗的認同。西元933年（高麗太祖十六年），王建派人去後唐朝觀，得到了後唐朝廷的冊封，從而有了正統的名分。現在整個半島上，就只剩下甄萱可能對王建造成威脅了。

這期間不服輸的甄萱繼續對高麗展開戰爭，也取得了一些戰果。然而在西元934年正月，甄萱親率五千精兵，前往運州與王建會戰，結果還沒來得及布成陣勢，高麗軍的幾千騎兵就猛衝過來，戰鬥瞬間變成了屠殺。這一戰，高麗軍斬首三千多人，甄萱賴以征戰四方的精兵損失嚴重。此戰後，後百濟在熊津以北的三十多個郡縣如同骨牌一樣依序投降高麗，還有一些文武官員也都投降了。後百濟從此一蹶不振。

高麗統一

終於到時候了。王建準備大展宏圖，統一半島。正在摩拳擦

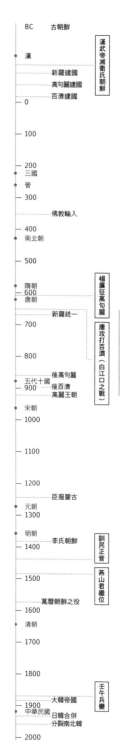

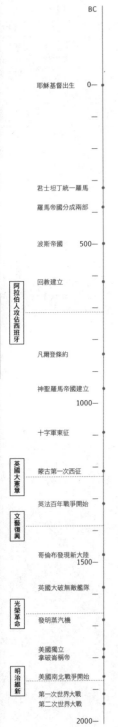

BC

耶穌基督出生　0—

君士坦丁統一羅馬

羅馬帝國分成兩部

波斯帝國　500—

回教建立

凡爾登條約

神聖羅馬帝國建立
1000—

十字軍東征

蒙古第一次西征

英法百年戰爭開始

哥倫布發現新大陸
1500—

英國大破無敵艦隊

發明蒸汽機

美國獨立
拿破崙稱帝

美國南北戰爭開始

第一次世界大戰
第二次世界大戰

2000—

阿拉伯人攻佔西班牙

英國大憲章

文藝復興

光榮革命

明治維新

掌之際，他的老對手，凶悍的甄萱竟然自己跑來投降了！

甄萱是被內亂給逼的。

原來甄萱有好多個老婆，生了十多個兒子。其中四兒子甄金剛身材高大、聰明伶俐，很得父親喜愛，甄萱就想把他立為繼承人。卻引起了他幾個哥哥的嫉恨。於是在935年春天，甄萱的長子甄神劍、次子甄良劍和三兒子甄龍劍，聯手發動政變，殺死了四弟甄金剛，並且把老爹甄萱囚禁在寺廟之中，甄神劍自稱「大王」，大赦天下。

縱橫半島四十多年的甄萱，居然被幾個不孝孽子給推翻了，實在讓天下人跌破眼鏡。甄萱畢竟老辣，他被囚禁幾個月以後，乘著監視放鬆的機會，帶著小兒女和寵妾逃了出來，四下走投無路，只好跑到高麗，向多年的老對手王建臣服。

王建看見他唯一有所顧忌的對手前來投誠，十分高興。為了表示對甄萱的尊崇，他派了幾十艘戰船走水路去迎接甄萱，稱其為「尚父」（和周武王稱姜子牙一樣），並賜給他很多財產、車馬和奴僕。甄萱既然到了王建這邊，那麼後百濟雖然還有大片領土，也是早晚探囊取物的了。

到了10月，新羅王金傅四下看看，國土已經全被高麗占去了，自己就剩都城附近這巴掌大的土地，而且人心思變，再這麼待在王位上也沒啥意思了。他就召集群臣說：「要不然，我們乾脆全國也投降了高麗吧？」大臣有的贊同，有的反對。金傅的兒子還想拚一把，他說：「我們應該召集忠臣義士，收攏民心，盡力到最後，怎麼能把一千年的社稷送給別人呢？」金傅苦笑一聲：「你個毛頭小子就知道說大話。我們要還有忠臣義士，能收攏民心，就不會到這一步田地啦。再要硬撐下去，只不過讓無辜百姓多遭難而已，我不忍心。」於是就寫了降書給王建。王建得

到降書，當然高興，派人迎接金傅前來投降。

　　兩個國王見了面，王建把大女兒嫁給金傅，又封金傅為「正承公」，還把新羅剩下那點巴掌大的地盤都給金傅作為食邑。王建自己又娶了金傅的表妹，生下兒子王郁，王郁之子王詢後來當上國王，即高麗顯宗。此外，高麗的很多代君王，娶了歷代「正承公」的女兒當王妃，亡國的新羅王室也就成為了高麗的「王妃專業戶」。

　　金傅對這種結局還挺滿意，覺得自己沒損失，老百姓也稱心如意。可是他的兒子卻不甘心，在投降書送出時就哭著拜別父親，去山中用石頭搭屋棲身，穿麻衣，吃野菜，隱居終身，頗有點伯夷叔齊「不食周粟」的味道。朝鮮「前三國」中堅持到最後的新羅，終於在「後三國」中第一個滅亡，前後歷經56個國王，992年，已經超過了中國最長的周朝。

　　新羅投降，甄萱降服，高麗統一朝鮮半島的大勢也就不可逆轉。雖然甄萱的幾個兒子還盤踞在後百濟的領土上，但這幾個毛頭小子，焉能阻擋王建的腳步！西元936年夏天，甄萱主動請求王建討伐後百濟，殺掉幾個「賊子」。當爹的請求老對手討殺自己的兒子，這也算是奇聞了。

　　王建怎麼可能不同意。於是，在當年的九月大舉出兵，出動了騎兵五萬多人，步兵三萬多人，兵分八路，齊頭並進。後百濟的將領們因為少主子趕走了老主子，本來就人心惶惶，見到這樣強大的陣勢，首先就有好幾個大將引兵來降。接著王建縱兵猛攻，後百濟軍一觸即潰，兵將紛紛倒戈。甄神劍、甄良劍、甄龍劍兄弟幾個都只好投降。曾經鼎立一方的後百濟就這樣被幾個敗家子毀了。

　　王建大獲全勝後，斬殺了挑唆甄神劍造反的「奸臣」能奐，

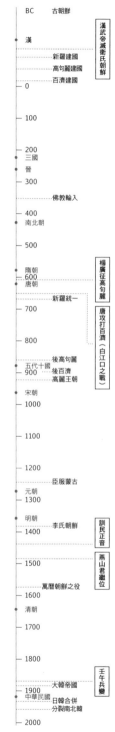

BC

耶穌基督出生　0—

君士坦丁統一羅馬

羅馬帝國分成兩部

波斯帝國　500—

回教建立

阿拉伯人攻佔西班牙

凡爾登條約

神聖羅馬帝國建立
　　　　1000—

十字軍東征

英國大憲章　蒙古第一次西征

英法百年戰爭開始

文藝復興

哥倫布發現新大陸
　　　　1500—

英國大破無敵艦隊

光榮革命　發明蒸汽機

美國獨立
拿破崙稱帝　0—

明治維新　美國南北戰爭開始

第一次世界大戰
第二次世界大戰

　　　　2000—

又把甄良劍、甄龍劍流放外地，不久也處死了。而對於其甄萱的長子甄神劍，則認為他叛逆是被兩個弟弟挾持，所以免死，還讓他當官。之後，一代梟雄甄萱也發病身亡。

　　甄萱一死，王建最後的威脅也就去除了。他進入百濟都城，對百濟軍民說：「罪魁禍首已經懲治了，你們都是我的子民，不會遭到侵害的！」老百姓紛紛高呼萬歲。

　　至此，高麗太祖王建徹底掃平新羅、後百濟，重新統一了朝鮮半島南部，持續三十多年的「後三國」時代結束了。

｜第四章｜不情不願的藩屬歲月
（高麗時代）

　　高麗立國五百年，一心占領整個半島，一心仰慕中原文明，可惜除了宋朝初年，他們一直被迫向少數民族政權遼、金、蒙元稱臣，土地也越來越少。終於盼到朱元璋建立明朝，眼看可以從明朝獲得大片土地，並且接受「正統」的宗主了，高麗卻被他的大將李成桂篡位。

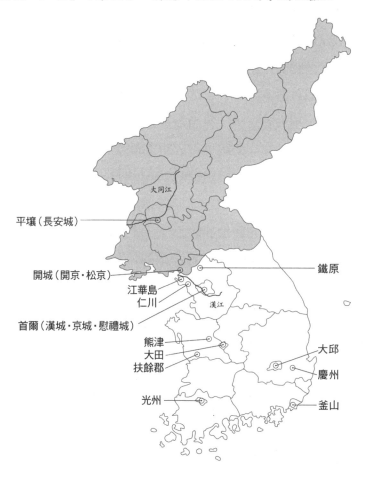

大同江

平壤（長安城）

開城（開京・松京）

鐵原

江華島
仁川

漢江

首爾（漢城・京城・慰禮城）

熊津
大田
扶餘郡

大邱

慶州

光州

釜山

濟州島

心存高遠，壯志平吞鴨綠江

BC

耶穌基督出生 0—

君士坦丁統一羅馬

羅馬帝國分成兩部

波斯帝國 500—

回教建立

阿拉伯人攻佔西班牙

凡爾登條約

神聖羅馬帝國建立
1000—

十字軍東征

英國大憲章

蒙古第一次西征

英法百年戰爭開始

文藝復興

哥倫布發現新大陸
1500—

英國大破無敵艦隊

光榮革命

發明蒸汽機

美國獨立
拿破崙稱帝

明治維新

美國南北戰爭開始

第一次世界大戰
第二次世界大戰

2000—

太祖王建的半島夢

西元936年，高麗太祖王建吞併新羅，掃蕩後百濟，統一了朝鮮半島南部。

只不過他這位大王是無法為所欲為的。在高麗統一過程中，各地的豪強勢力為王建幫了很大的忙。現在江山打下了，要鞏固統治，王建也離不開他們。所以王建主持下的高麗國，對這些豪強很寬和，地方官吏也往往由這些人充任。另一方面，王建模仿中國，建立比較健全的中央行政和軍事體系，為他的王國打造骨架。經過一番經營，高麗國像模像樣地搭建起來了。

王建還懷著一個夢想：現在的高麗，僅僅包含前三國時新羅、百濟兩國和高句麗南部的領土，簡言之就是半島南部。而他希望有朝一日，能完全統一前三國的所有領土，形成一個空前強大的半島王國！

懷著這樣的夢想，王建開始了苦心經營。

朝鮮半島北部的土地，在過去的兩百多年裡，屬於「渤海國」。後來渤海國被契丹所滅，很多渤海人紛紛逃到高麗領土上。最多的一次，渤海國貴族大光顯帶著數萬戶軍民逃來。那時候，高麗還沒有統一兩國。

對於領土西北部這個強大的契丹，王建在統一之前，曾經有

心結交，雙方有過一段友好時期。但當西元926年契丹滅掉渤海，占據原渤海擁有的朝鮮半島北部土地之後，頓時從高麗國遠方的好友，變成了阻礙擴張的近鄰。在王建及其子孫的心中，契丹的戰略地位一下子轉變了。

想擋我，我就要揍你！

王建把千年名城平壤作為他北上擴張的基地，早在西元918年，他剛剛從金弓裔手裡奪得王位，就派遣他的堂弟王式廉鎮守平壤，建設這個因戰亂而殘破的大城市。後來他又從國土南部向北部遷移人口，並且以平壤為核心屯駐重兵，其北上擴張的意圖昭然若揭。

相反，契丹遼國對這片土地採取的卻是移民虛地的政策。從西元928年起，遼國為了防止渤海人投奔高麗，將其不斷地從朝鮮半島北部遷移到遼東。留在半島北部的，只有一些女真人。這樣，高麗在不斷增強邊境實力，遼國卻在拚命把人口撤出半島，一進一退之間，局勢自然會變化。

高麗的擴張

從王建開始，高麗國一方面吸收逃難的渤海貴族和軍民並加以優待，另一方面逐步朝北擴張，與遼國附屬的女真人爭奪半島北部土地。

當時，遼國的重心在於經營東北，掠奪中原，並不想在朝鮮投入過多力量。所以，面對高麗咄咄逼人的攻勢，遼國採取了和平的姿態，在西元942年派出三十人的使團，向高麗贈送五十匹駱駝。

但這時候，王建用武力北進的戰略已經確定。他宣布說：契丹國當初和渤海國也是有和約的，結果轉頭就背棄盟約，起兵滅

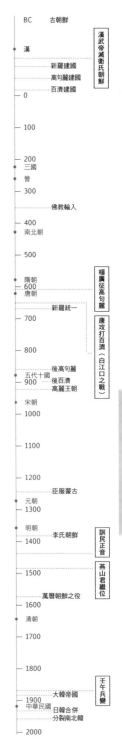

BC

耶穌基督出生　0—

君士坦丁統一羅馬

羅馬帝國分成兩部

波斯帝國　500—

回教建立

阿拉伯人攻佔西班牙

凡爾登條約

神聖羅馬帝國建立
1000—

十字軍東征

英國大憲章

蒙古第一次西征

英法百年戰爭開始

文藝復興

哥倫布發現新大陸
1500—

英國大破無敵艦隊

光榮革命

發明蒸汽機

美國獨立
拿破崙稱帝

明治維新

美國南北戰爭開始

第一次世界大戰
第二次世界大戰

2000—

了渤海。這種背信棄義的行為，怎麼維持睦鄰友好呢！他就宣布與遼國絕交，把三十位使者都流放到海島。把五十匹駱駝拴在橋下面不餵飲食活活餓死。

高麗用這種無厘頭的方式，宣告了與遼國關係的破裂。王建同時還和當時中國五代中的後晉聯絡，試圖東西夾擊契丹，趁機奪取半島北部。

西元943年4月，自覺命不長久的王建，又公佈了他的十條寶訓，作為後人治國的準則。

這十條訓誡中，既有治理國家的道理，又有風水、敬佛等今天看來略帶「迷信」的思想。而且十條之中，有兩條提到契丹，把他們看做「禽獸之國」、「強惡之國」，敵對的色彩一目了然。

西元943年5月，王建健康狀況迅速惡化，就在病榻前命人書寫遺詔。左右都放聲大哭，王建彌留之際聽到哭聲，問：「這是什麼聲音呀？」左右說：「聖上您是百姓的父母，今天要拋棄我們，我們不勝悲痛。」王建笑道：「所有生命自古以來都是這樣啊。」片刻之後，就溘然長逝。他在位26年，終年67歲。

王建死後，他的三個兒子相繼繼位，其中長子、次子壽命都不長。王位更替頻繁，內部還發生了謀逆事件，加上這些繼承人的才能和氣魄都不如王建，向北進取的意願也小了些。契丹國的主要重心放在南下中原，於西元947年滅了後晉，國內也是變故頻繁。因此，雙方儘管已經撕破臉，但朝鮮半島尚未爆發大規模戰爭。高麗繼續向五代的後周稱臣，圖謀北進。

西元960年，後周大將趙匡胤發動陳橋兵變，建立了北宋。高麗很快與宋建立了宗主和藩屬國的關係。之後，宋太祖東征西伐，統一中國；契丹（遼國）為了阻止北宋統一，出兵援助北漢

抵抗宋兵。宋遼兩國在河北、山西一帶長期對峙，高麗則趁機繼續擴張，接連打敗占據半島北部的女真族人。到10世紀80年代時，基本上把國境線推到了鴨綠江流域，其領土已經遠遠超過新羅的極盛時期。

宋遼之戰打迷糊

西元983年，年僅12歲的遼聖宗耶律隆緒繼位，其母親蕭太后攝政，國內豪強並立，一度朝政混亂。宋太宗趙光義認為這是良機，決定大舉出兵，收復被遼國占領的燕雲十六州。

985年（北宋雍熙二年，高麗成宗四年），宋朝使者韓國華到了高麗，對高麗王說：「貴國是文明之國，而契丹是野蠻之國，這野蠻之國占了我大宋的燕雲十六州，我大宋要去收復，貴國也應該一起發兵打契丹。打下來的錢財糧食牲口人口都歸你們。」

這時候的高麗王是成宗王治（王建的孫子）。他眼睛一轉，先向韓國華告狀說：

「大人，鴨綠江的女真族人說是我們高麗人勾結遼國打他們，其實不是這麼回事。女真人最喜歡一驚一乍，經常騙我們說契丹人打過來了。去年他們又來通報，我們以為他們又在玩『狼來了』的遊戲，就沒有發兵救援，結果契丹人真的打過來了，殺得女真人抱頭鼠竄，有兩千多人逃到我們邊境。等契丹兵退走後，我們發了路費乾糧給這兩千多人並送他們回去，誰知他們轉過頭就衝到我們邊境燒殺搶掠。因為女真人也是大宋的屬國，我們看在大宋面子上就沒有發兵討伐他們。誰知道他們竟然惡人先告狀。大人您一定要替我們申冤啊！」

韓國華答應把這事情向宋太宗澄清，又催促高麗出兵。王治心想：我在這裡坐收漁利多好啊，要是出兵不就變成幫宋朝擋箭

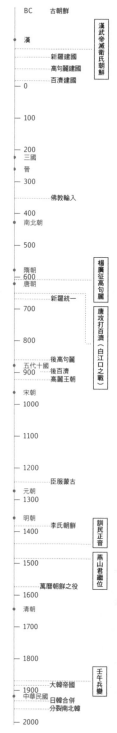

了嗎？他就支支吾吾，千方百計拖延。韓國華軟硬兼施，最後拿出大國使臣的架勢威逼利誘，才終於說服了王治出兵。他還不放心，親眼看著高麗軍隊集結起來準備開出邊境，這才滿意地回國去了。

再說遼國蕭太后，聽說高麗竟然聯合宋朝出兵，銀牙一咬：「你們想兩面夾擊我，我就給你來個先下手為強。」她算準了宋朝出兵速度緩慢，就在7月調集大軍，準備先向東殲滅高麗的主力，解除這一方面的威脅。

誰知高麗的消息靈光得很，一聽遼國大軍要來，趕緊縮回去了。恰好又逢夏秋大雨，道路泥濘，不適合大軍調動。蕭太后見打高麗沒那麼容易，而宋朝大軍已經在蠢蠢欲動，也就收兵回國。這樣一來，高麗的軍隊在國境線遊行了一圈，自以為也就對得起大宋了。西元986年1月，蕭太后準備集中應對宋朝的北伐，派使者去向高麗請求和平。高麗也沒說答應，也沒說不答應，就這麼拖延下去了，出兵卻是肯定不會出了。

這時候，史稱「雍熙北伐」的宋遼決戰已然展開。宋太宗兵分三路，大舉攻遼，卻被蕭太后集中兵力，各個擊破，到7月，三路大軍皆被打敗，大將楊業（就是《楊家將》中的金刀令公楊繼業）被俘就義。宋軍損失過半，從此對遼國轉為劣勢，被迫採取戰略防禦措施。

高麗王王治聞訊，不禁暗自慶幸自己明智，沒有去蹚這渾水。接下來的幾年裡，他對外繼續接受宋朝的封號，對內發展生產、興辦文教、祭祀社稷、撫恤老人，內政辦得有聲有色。對周邊，王治也毫不客氣，繼續步步北進。沒幾年，把鴨綠江流域的很多女真人都轟到長白山去了。

耶穌基督出生 0—

君士坦丁統一羅馬
羅馬帝國分成兩部

波斯帝國 500—

回教建立

阿拉伯人攻佔西班牙

凡爾登條約

神聖羅馬帝國建立
1000—

十字軍東征

英國大憲章

蒙古第一次西征

英法百年戰爭開始

文藝復興

哥倫布發現新大陸 1500—

英國大破無敵艦隊

光榮革命

發明蒸汽機

美國獨立
拿破崙稱帝

明治維新

美國南北戰爭開始

第一次世界大戰
第二次世界大戰

2000—

三遼大戰，兵車保得衣冠會

遼軍首征高麗

　　高麗明目張膽的擴張，使得遼國忍無可忍。西元992年12月，遼國蕭太后派女婿蕭恒德率領號稱八十萬人的大軍進攻高麗。高麗朝廷從女真族人那裡得到消息，搞笑的是，文武百官經過商議，認為這次一定又是女真人的「狼來了」的把戲，絲毫不戒備。直到女真人第二次報告，他們才慌忙調兵遣將去抵禦，一面派遣使者向宗主國宋朝求救。

　　這時蕭恒德的大軍已越過鴨綠江，銳氣正盛。蕭恒德宣稱：「大同江以北的土地都是我們大遼的。你們高麗國這些年往北面擴張的土地，統統給我吐出來！」

　　王治這才明白，自己的北進，真碰上強敵了。有的官員主張，就依遼國的條件，把平壤以北的土地全部割讓了吧。王治竟然也真打算聽從這種建議，還很仁義地下令把平壤的糧倉打開，讓老百姓隨意取糧食。平壤多年來是高麗北伐的基地，存糧甚多，老百姓都滿載而歸後，還剩下不少。王治準備把剩的都投入大同江中，免得被遼軍所用。

　　中軍使徐熙挺身而出道：「我們糧食這麼多，守城也有把握，為什麼要不戰先逃呢？又怎麼能把寶貴的糧食都扔到江裡餵魚呢？」

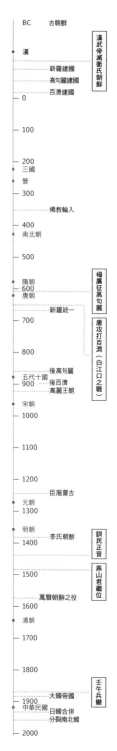

接著徐熙分析說：「從遼國東京（今遼寧遼陽）到我們這裡，幾百里地過去一直是女真人占據，遼國的統治有名無實。這次他們出兵，不過想奪取嘉州、松城（在鴨綠江西段南岸）一帶。他們宣稱要把原來高句麗的領土全部搶走，那是威嚇我們、漫天要價罷了。要是我們傻到真的就把這些土地全部割讓給他們，那不但是萬世的恥辱，而且還刺激對方的貪欲，讓他們得寸進尺啊！就算議和，也應該先打了再說！」另一個大臣李知白也拿出三國時期譙周勸劉禪投降遭到後世唾罵的例子來勸告。王治就鼓起勇氣，令軍隊佈陣迎戰，同時又送金銀給蕭恒德討好，這叫軟硬兼施。

蕭恒德催兵繼續南下，被高麗軍迎頭痛擊，吃了小虧。王治看戰場得勢，可以乘勝請和，就問：「哪位去遼軍營中和談？」大家都面面相覷。

只有一個人奮勇而出。這個人就是徐熙。

徐熙帶著國書到遼軍的大營，蕭恒德叫人傳話說：「我是大遼國皇帝的姐夫，你應該拜見我。」徐熙說：「大臣應該拜君主，我們是兩國大臣，哪裡能一個拜一個呢？必須以平級之禮相見！」兩邊為這事爭了半天，徐熙一怒之下，竟然掉頭就走，回到自己住的招待所，躺在床上不肯起來。蕭恒德覺得這人挺有個性，於是同意兩家行主賓之禮，這樣解決了見面問題。

開始談正事，蕭恒德提出：「渤海國被大遼吞併，所以朝鮮半島北部的土地都是我們的。你們高麗是繼承新羅的，只能占有半島南部的土地。你們和我國接壤，居然去勾結宋朝打我們。要想求和，高麗必須把這些年侵占的土地都還給遼國，還要斷絕和宋朝的關係，向遼國稱臣。」

徐熙則提出他的一套理論：「將軍你歷史學得不好啊。我們

高麗國是繼承高句麗國的，所以不但朝鮮半島北部的土地是我們的，貴國的東京以前也都是我們的。現在鴨綠江流域的土地被女真族的野蠻人占領，斷絕我們進京朝拜的道路，挑撥兩國關係。我們出兵攻打他們，怎麼能說是侵占呢？若是貴國讓我們驅逐女真，收復舊地，我們又怎敢不朝拜貴國呢？」

這套話剛柔並濟：土地我們是要的，至於稱臣的名分，不妨通融。徐熙說得慷慨激昂，蕭恆德暗自讚嘆，於是把這話傳回國都。蕭太后和遼聖宗合計，當前主要的對手還是宋朝，高麗低頭了就不必打了，於是下令撤軍。

蕭恆德要設宴招待徐熙，徐熙又義正詞嚴地說：「雖然我國沒有犯錯誤，但畢竟勞累貴國大軍遠道而來，雙方打了幾仗，這是悲劇啊！怎麼還忍心酒宴享樂呢？」蕭恆德遇上這個老頭子一點辦法都沒有，只好說：「兩國大臣相見，就算從禮儀角度也不能少了酒宴。」再三勸告，徐熙才同意赴宴。蕭恆德還專門送給徐熙十頭駱駝，一百匹馬，一千隻羊和五百匹錦緞。

這時派往宋朝求救的使者也回來了。宋太宗無力救援這麼遙遠的盟友，僅僅對遼國的侵略行為給予譴責，並向高麗國表達了深切慰問。

王治一看趙老大這麼軟弱，好吧，我們只好換個老大了。他準備派人去和遼國締結盟約。徐熙說：「我都跟蕭恆德說好了，我們先出兵把女真的這些土地全部『收復』了，然後再朝貢締盟，這樣對我們比較有利。」王治笑道：「老徐你太狠了。不過，要是這事拖久了，恐怕節外生枝。」

於是，高麗正式宣布斷絕與宋朝的關係，轉而奉遼國為宗主國。作為回報，遼國「賞賜」給高麗鴨綠江流域的數百里土地。遼國得到宗主國的名分，解除了東邊的威脅；而高麗雖然戰場上

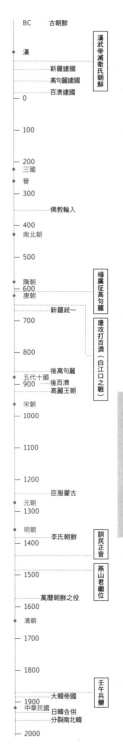

吃了虧，但靠著徐熙的睿智和勇敢，卻從談判桌上得到了公然搶奪鴨綠江流域的許可證，可謂雖敗猶勝。

損失最大的，其實倒是隔岸觀火的宋朝。

遼軍再征高麗

高麗雖然背離了沒用的宋朝，而做了遼國的藩屬，但是他們內心深處，其實還是覺得遼國是蠻夷，宋朝才是正統。因此一面接受遼國的冊封，通婚，一面和宋朝互通有無。同時，他們不遺餘力地繼續進攻女真地區，吞併土地。女真族人有的被趕走，有的被迫臣服於高麗，還有的被屠殺。

而這種擴張，遼國看在眼裡，肯定也是不爽的，只不過主要精力放在和宋朝對打上，沒空閒和高麗計較而已。

西元1009年，高麗國發生了內亂，穆宗王誦被殺，顯宗王詢繼位。第二年，被高麗欺負得沒辦法的女真族人把這事告到了遼國朝廷。恰好，遼國已經在幾年前和宋朝簽訂了澶淵之盟，正要騰出手來收拾東邊這個貪得無厭的小傢伙。高麗的內亂為他們提供了絕好的藉口。於是，遼國聖宗親率四十萬大軍，聲稱要前來問罪。而高麗國也早對遼國的進犯有所準備，徵集了三十萬兵力在北面防備。

遼國與高麗的第二次戰爭爆發了。

西元1010年11月，遼軍四十萬人渡過鴨綠江，逐個攻擊高麗的城池。與十多年前的第一次戰爭不同，這次遼軍皇帝親征，而且沒有後顧之憂，穩紮穩打。高麗軍完全不是對手，各城竭力抵抗，還是逐個被攻克，好些大將在戰鬥中被俘、被殺。遼軍很快把戰線從鴨綠江流域向南推進到大同江流域，包圍了高麗的首都開城和西京平壤。

新即位的顯宗王詢嚇破了膽，帶著官員和后妃匆匆南逃避難。西元1011年正月遼軍衝進了開城，大肆燒殺搶掠，高麗國的宗廟也被毀了。

面對遼軍咄咄逼人的陣勢，南逃的高麗朝廷玩兩面手法。一邊繼續派出使臣，向遼國請罪求和，一邊調集軍隊，從各處截擊和偷襲遼軍。遼軍雖然在正面戰場所向披靡，但隨著戰線拉長，後勤保障出現了困難，面對高麗軍的游擊戰也難以應付，軍隊損失非常大。另外，遼國本身也沒有滅亡高麗的計畫，於是宣布接受求和，撤軍。

第二次戰爭遼軍攻陷高麗都城，從戰役上取得了勝利，但代價也相當慘重。這場勝利，也未能對遼國和高麗之間的戰略態勢有本質的改變。

遼軍三征高麗

第二次戰爭後，遼國在鴨綠江邊修築了來遠城，作為東部邊境的門戶，並且派精兵強將駐守。這一舉動意思很明顯：高麗啊，你別再往北面擴張了，到此為止吧。

高麗當然不服氣，不過倒也不敢去主動招惹遼國。等到了西元1013年，遼國竟然派人索取鴨綠江流域的興化等六座城池。這下高麗可忍不住了，不但不予同意，反而把遼國使者扣押起來。這樣雙方僅僅歇息了兩年的戰火又被重新點燃了。

西元1013年5月，遼軍強渡鴨綠江，被高麗大將金承渭擊退，揭開了第三次戰爭的序幕。西元1014年10月，遼軍再度東進，又被高麗大將鄭神勇擊退，損失頗大。隨後，遼軍源源不斷地向高麗發動進攻，1015年正月，遼軍在鴨綠江上架起浮橋，修築了東西兩城作為橋頭陣地，隨後渡河圍攻高麗興化、通州等城，並進

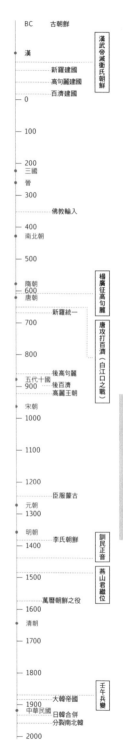

一步分兵南下。9月，遼軍大舉攻打通州，之前立下大功的高麗猛將鄭神勇帶領一群部下拚命殺退了遼軍，但自己也在亂軍中喪命。隨後，遼軍圍攻寧州，又斬殺、俘虜了許多高麗將領。西元1016年正月，遼國大將耶律世良又在郭州重創高麗軍。數年之間，遼軍的旗號彷彿烏雲一樣，在朝鮮半島北部盤旋流動。

在這幾年裡，高麗國最大的任務就是和遼軍持續進行戰爭。面對遼軍不斷進逼的態勢，高麗一方面向宋朝請求增援——當然，這種請求只會是石沉大海。同時，高麗也在全國範圍內總動員，王詢不斷地對部將加官晉爵，鼓勵他們和遼軍拚命。

此外，高麗還引誘遼國國內的反對勢力前來投奔，哪怕一次來幾個、幾十個人，也是在動搖遼軍士氣，提升本軍士氣啊。高麗同時不斷地勾結女真族部落，襲擊遼軍後路，擾亂其軍心。甚至在西元1017年，居然有一個女真族部落的人，抓了遼國東京寺廟的和尚獻給高麗朝廷。

依靠這種零敲碎打的正確戰術，高麗國儘管無法從正面擊敗身經百戰的遼軍，卻逐步削弱了遼軍銳氣，從而漸漸取得戰場上的均衡。長期的拉鋸戰，削弱了遼國國力，迫使遼軍急於發動主力會戰，從這種漫長的糾纏中來一個解脫。

對高麗而言，敵人的這種急於求成，也就意味著更多的機會。

契丹「鄧艾」的悲劇

西元1018年10月，遼國東平郡王蕭排押率領十萬精兵，再度渡江討伐高麗。王詢任命年過七旬的名將姜邯贊為元帥，集結了全國的主力部隊二十餘萬人迎戰。

姜邯贊深知，此次遼軍十萬精銳，戰力不可小看。如果能將

其一舉殲滅，那麼從此以後，遼國與高麗的戰場態勢便能得到扭轉。他制定了周密的計畫，在主要戰場興化鎮的附近，埋伏了一萬二千精銳騎兵於山谷中，又臨時修築堤壩堵塞了城東的河流。等遼軍趕到時，把堵河的堤壩掘開，河水洶湧而下，同時山谷中的騎兵吶喊殺出，大軍再從正面衝上，還不把遼軍全部殲滅？

然而，蕭排押卻也不是等閒之輩。面對姜邯贊又是大水又是伏兵的計謀，這位遼國大將沒有慌亂，而是及時整軍後退。畢竟遼國的鐵騎遠勝高麗，面對這塊硬骨頭，姜邯贊也沒有一口吞下的胃口。高麗的埋伏只是讓遼軍損失了一些前鋒部隊，主力尚存。這時候，蕭排押判斷高麗國的主力都在北線興化城，後方一定空虛。他做出了最大膽的戰略機動：全軍迂迴敵後，去突襲高麗的都城開城！

推測蕭排押這一招，要麼是從《三國志》中鄧艾偷渡陰平學的，要麼是從晉朝時候鮮卑慕容皝進攻高句麗學來。但這位精明的將軍忘了一點，鄧艾的偷襲是靠了鐘會主力在正面絆住姜維，而慕容皝的偷襲則是因為當時的高句麗國王懦弱無能。如今，蕭排押既沒有優勢的兵力，敵軍又是經驗豐富的老將，再要行這樣的險招，恐怕就不那麼容易了。

姜邯贊一聽說蕭排押率軍穿插到身後去了，也著急了。他急忙命令自己的副元帥姜民瞻帶兵緊緊追襲，同時派大將金宗鉉帶領一萬兵馬趕回京城，自己則帶領主力以正常速度南下回援。

這時候蕭排押如果有圍城打援的氣魄，或許應該對追得最緊的姜民瞻來個回馬槍，吃掉高麗軍這一部分主力。但他執著於「攻下敵人都城」這個冒險目標，只是分兵抵抗姜民瞻，主力卻一門心思地往南鑽，結果在沿途他的掩護部隊被高麗軍殲滅了不少。

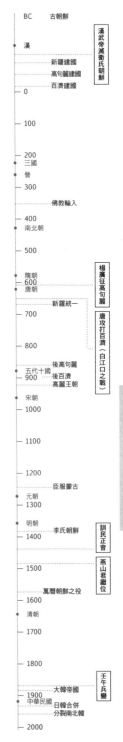

BC

耶穌基督出生　0—

君士坦丁統一羅馬

羅馬帝國分成兩部

波斯帝國　500—

回教建立

凡爾登條約

神聖羅馬帝國建立
1000—

十字軍東征

蒙古第一次西征

英法百年戰爭開始

哥倫布發現新大陸
1500—

英國大破無敵艦隊

發明蒸汽機

美國獨立
拿破崙稱帝

美國南北戰爭開始

第一次世界大戰
第二次世界大戰

2000—

阿拉伯人攻佔西班牙

英國大憲章

文藝復興

光榮革命

明治維新

西元1019年1月，蕭排押的鐵騎終於出現在開城的外面，引起城中一陣騷動，似乎八年前的慘禍又要重演。然而對遼軍來說，這個位置差不多相當於「二戰」中德軍打到莫斯科週邊——已經是強弩之末了。城中已經有金宗鉉的軍隊加強防守，遼軍一路衝到開城，損失了不少兵力，又沒有帶足夠的攻城設備。要立刻攻下城是不可能的，二十萬高麗軍正在姜邯贊帶領下趕來，遼軍「打到敵人都城」的壯舉也僅僅具有形式上的意義罷了。

蕭排押萬般無奈之下，只好在開城周圍遊蕩劫掠一圈，然後向北撤退。而姜邯贊就和面對拿破崙的庫圖佐夫一樣，率領高麗軍主力不疾不徐地跟在遼軍後面，選擇最合適的時機發動決戰。

西元1019年2月，遼軍行至龜州，龜州地勢複雜，有兩條大河，不利於遼軍的騎兵。姜邯贊選擇此地，發動了主力決戰。近十萬遼軍與近二十萬高麗軍，就在兩條河之間殊死搏殺。遼軍雖然數量上居於劣勢，但畢竟都是北國慣戰精兵，頻頻發動猛攻。而高麗軍反而在戰場上處於劣勢，只能依仗著強弩穩住陣腳。雙方都是死傷無數，這一刻都在咬牙苦撐。哪一方先支持不住，不但會被追殺，而且背水潰敗，連逃都沒法逃。

正在關鍵時刻，忽然風雨大作。強勁的南風從高麗軍背後刮過來，帶著豆大的雨點，劈頭蓋臉向遼軍迎面打去。遠離故土作戰的遼軍，在這莫名其妙的氣象下，終於失去了鬥志。恰好此時，金宗鉉又帶著駐守開城的兵馬殺到，對遼軍展開夾擊。於是遼軍徹底崩潰，許多人淹死在河裡，更多的人被敵軍追殺，屍橫遍野。蕭排押手下的將領多人戰死，最後十萬大軍生還的僅有數千人。

這一戰，遼軍十萬精兵幾乎被全殲，高麗則是揚眉吐氣。姜邯贊憑藉此戰成為朝鮮的民族英雄，2005年韓國一艘新驅逐艦就

命名為「姜邯贊號」。而遼國也認真見識了高麗軍的實力，不敢再存輕視和僥倖心理。

遼國吃敗仗後，威脅要再發大軍討伐高麗。而高麗則很給面子地在西元1020年再次上表請求繼續當遼國的附屬國。遼國有了面子，也就停止了討伐。第三次戰爭至此結束，高麗軍以巨大的犧牲取得了勝利，勉強穩定了自己在鴨綠江流域與遼國分割的勢力範圍。

和平時代

此後，遼與高麗保持著相互牽制的和平。遼國擁有宗主國的虛名，透過在鴨綠江畔的保州等城池屯兵，遏制高麗向西擴張的企圖。但高麗在鴨綠江下游則不斷採取進取之勢，將觸角深入今天的遼寧東部和吉林一帶，尤其與那裡的女真族建立密切關係。到最後，高麗國的勢力已經割斷了遼國和東北地區女真人的聯結。西元1026年遼國官員要求借道高麗去招撫東北的女真，居然被高麗拒絕了。

高麗國有時還主動向遼國尋釁。有一次，高麗國有個兵部郎中，叫皮渭宗，他在外面巡邏，看見遼國將軍耶律撒割在打獵。皮郎中居然帶幾個人衝出去把耶律將軍砍了，還把首級送到上司那裡邀功請賞。朝廷看這傢伙太不像話了，把他流放了，但沒幾年又放了回來。

到西元1029年，渤海國的後裔大延琳在東北地區起兵叛遼，建立興遼王國，向高麗請求支援。高麗來了個兩不相幫，坐看遼國和興遼國廝殺，自己趁機繼續擴充勢力。在戰爭中失敗的契丹人、渤海人，又都陸續地投奔高麗，進一步壯大了高麗國力。高麗還以此戰爭為藉口，說「道路不通」，停止了向遼國朝貢。孤

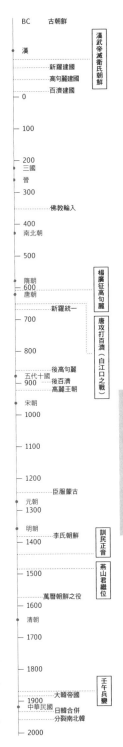

立無援的大延琳在第二年就被遼軍擒獲，而高麗則遲遲未恢復納貢。

1031年，高麗顯宗王詢與遼聖宗先後離開人世。顯宗之子王欽繼位，史稱德宗。這位德宗受老爹薰陶多年，頗有些富國強兵的豪氣。他對遼國採取更強硬的態度，趁著遼國內亂不息，元氣大傷的時機，要求遼國拆毀鴨綠江上的浮橋，同時釋放歷年來被扣留的高麗人。這等於擺明了要繼續擴張，遼國當然不會同意，

高麗竟然單方面斷絕和遼國的外交關係，拒絕使者入境。

這下遼國可怒了，遼軍開始在邊境修築城堡，並且扣押了高麗的使者，高麗也針鋒相對，往邊境調兵遣將。兩國關係陡然緊

張，眼看第四次戰爭一觸即發。

不過，在過去的三次大戰中，雙方都沒有占到什麼便宜。雖然戰爭烏雲密佈，卻一直沒真打起來，最多限於邊境一些小規模

的武裝衝突。到1034年，在位僅四年的強硬派德宗病逝，其弟弟

王亨繼位，史稱靖宗。次年，遼國駐守東部邊境重鎮來遠城的將軍寫來一封信，指責高麗國身為附庸，卻一直不來納貢，而且修

築堡壘，試圖入侵，威脅要再度使用武力解決。高麗見遼國要玩

真的了，趕緊寫信辯解：我們沒說不進貢啊，是因為貴國的大延

琳造反阻斷了交通，等造反平息後又恰逢我們的國王接連去世，

這才沒來得及進貢。至於在邊境增兵修寨，那是防備盜賊的啊。

在信中，高麗表達了一定要緊跟大遼帝國的步伐，同時順便又向

遼國提出：你們的兩個城修到我們境內來了，不如賞賜給我們

吧。還有我們的使者，什麼時候放回來啊？

遼國接到回信心想：當我傻瓜啊，這都幾年了還來不及？不

過畢竟對方服軟，伸手不打笑臉人，就逐漸恢復了外交關係。到

西元1038年，高麗重新使用遼國的年號，並且接受遼國冊封。兩

家關係恢復到戰爭之前。

　　同時，遼國在鴨綠江邊屯兵的重鎮保州城，始終被高麗國看做肉中刺。在雙方恢復邦交後，高麗國不斷地向遼國請求，把保州城交給高麗，或者乾脆毀掉。理由不斷翻新，一下子說這些城堡妨礙了鴨綠江流域的農耕啊，一下子甚至說保州這些土地本來就是當初遼聖宗他老人家賜給我們高麗的！遼國呢，當然不會讓高麗如願以償。保州要是沒了，你還會這麼聽話嗎？雙方關於此問題的爭執，就一直沒有中斷過，基本上每隔幾年就會折騰一番。除了這永不消失的衝突外，在此後的大半個世紀裡，高麗的日子過得比較太平。一面和遼國維持外交，一面繼續接受女真各部落的朝奉，並把女真族的所在地逐步設為自己的郡縣。

　　這一段時間高麗國主要的軍事行動，就是此起彼伏的「剿賊」，對手包括周邊一些不服從統治的女真族和其他少數民族部落，以及島上的海盜等。

　　另一方面，佛教在高麗國也蓬勃發展。歷代高麗國王不但舉行各種宗教活動，而且沉迷於請和尚聚餐，經常一次就宴請上萬甚至好幾萬和尚，開銷很大。

　　此外宋朝的商人也從海路往來不絕，帶來了「正統華夏」的商品和文化，甚至還有宋朝的進士到高麗國當官。到11世紀後期，宋朝和高麗背著遼國又建立了某種程度的邦交，宋朝皇帝的國書和賞賜的禮品也從海路到達了開城。有時候宋朝皇帝還派人到高麗王家圖書館來抄錄一些在中原已經失傳的古書。東面的日本國與高麗往來也逐漸頻繁，經常有日本商人來做買賣，並向高麗國王進獻寶物。

　　對高麗國而言，這稱得上是太平歲月。同樣在這一段時間，雄踞北方的遼國日漸式微，宋朝也安樂於太平日子。

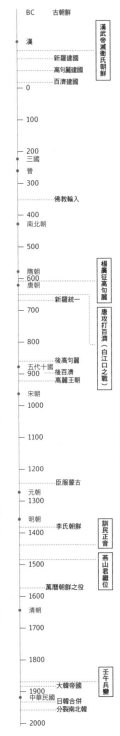

遼衰金盛，見風轉舵迎新主

混水摸魚收保州

　　就在遼、宋、高麗三家自得其樂的時候，在東北卻有一個勢力在逐漸崛起。那就是一直受遼國和高麗統治的女真部落。

　　高麗國也注意到這一點。12世紀初，為了爭奪曷懶甸一帶，高麗調動大軍，與東北女真完顏部落等展開了一場持續數年的大戰，高麗軍依仗兵力優勢，雖取得了一定成果，但損失也不小，好些重要將領戰死。高麗睿宗王俁甚至頒佈大赦令來祈求得到祖宗神靈庇佑。

　　西元1109年，女真人的使者前來，睿宗王俁接見了他們。使者說：當初我們太師完顏盈哥（阿骨打的叔叔）說過，我們女真的祖宗是從高麗國出來的，現在我們都把高麗國當做我們的「父母之邦」。雖然也因為誤會打過仗，但我國對貴國的朝貢是絡繹不絕的。去年貴國占去了我們九個城，希望能還給我們，我們則發誓子子孫孫永遠順從貴國。

　　這時候進占曷懶甸的高麗軍已經被女真人的游擊戰拖得上氣不接下氣，睿宗看女真人這樣給面子，真的就把辛辛苦苦打下來的九個城還給女真，自己抽身撤兵。

　　第二年，宋朝又派使者前來和高麗外交。前面說了，高麗雖然名義上做遼的屬國，心裡還是一直傾向宋朝的，因此感激得不

得了。

順便說一下，這位宋朝使者，就是後來大名鼎鼎的漢奸皇帝張邦昌。

西元1114年，一聲驚雷劃破東亞的長空：女真英雄完顏阿骨打起兵造反了。

最初，遼國並沒有把阿骨打的區區幾千人馬放在眼裡。他們一面出兵「平亂」，一面命令高麗也出兵「助剿」並說：你們可以搶掠女真的女人、牲口和房子，多好啊。然而高麗已經和女真交戰多次，深知他們不是好惹的，所以只是口頭應付。

這年的出河店之戰，阿骨打大敗遼軍。次年建國號「大金」。高麗的第三個宗主國自此誕生。當然在那時候的高麗朝廷看來，金國不過是由他們原先的附庸建立起來的一個小國家而已。

隨後，遼金之間的戰爭繼續，遼軍節節敗退，輸得眼都紅了，也是病急亂投醫，跟逼債一樣派人往高麗，催促他們出兵夾擊金國。可是在高麗人的軍事會議上，大家都啞巴一樣你看我、我看你，出兵的事不了了之。高麗心安理得地作壁上觀。

又過了一年（1116年），高麗君臣看遼國被女真打得七零八落，眼看都要亡國了，於是趁機停止使用遼國年號——這基本等於是單方面解除了和遼國的藩屬關係，同時和宋朝的感情便如膠似漆起來。

高麗還想坐收漁人之利，趁著遼金戰爭的關頭，繼續吞併鴨綠江流域的重要據點。遼軍在邊境的來遠、保州兩個城開始被女真人圍攻，高麗睿宗「好心」地派人送去糧食。遼國將軍心想：我們在這裡駐紮，主要就是防備你們高麗的，你這糧食我哪裡能收啊。等到後來這兩個城被打得岌岌可危的時候，睿宗竟然派人

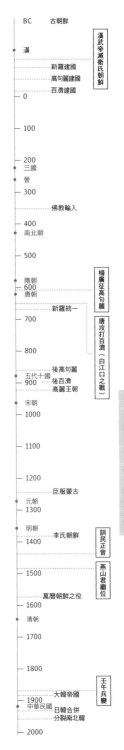

去金國請求說：「保州本來是我們高麗的土地，後來被遼國占去了。你們打下來之後，可要還給我們啊。」

完顏阿骨打差點沒一口水噴出來，人有這麼厚的臉皮嗎？他忍住笑，對使者說：「既然說是你們的土地，那你們自己攻取好了。」

西元1117年春天，來遠、保州已經是被女真圍困的孤城，而且糧食也吃完了，遼國守將就向高麗求援，說借五萬石糧食，等秋天收割了就歸還。睿宗想：你也別和我耍花招了，就這樣子能指望你還嗎？他回覆說：「如果把這兩個城歸還我國，何必還要借糧食呢？」

遼國守將長嘆一聲：「高麗趁火打劫，我認栽了。」他們帶著兩城的遼國軍民棄城出走，坐船走海路逃回國去了。高麗軍隊耀武揚威地開進了來遠、保州城，睿宗大喜，百官也都紛紛上表朝賀說：今天是個好日子，終於收復了我們的神聖土地，遼國當初侵占我們這土地那是天怒人怨啊，如今收復故土，這也是上天眷顧。總之種種肉麻的話都來了。

回教建立

阿拉伯人攻佔西班牙

凡爾登條約

神聖羅馬帝國建立
　　　　1000—

十字軍東征

英國大憲章　蒙古第一次西征

英法百年戰爭開始

文藝復興

連降兩輩

這會兒完顏阿骨打又派人送信來給高麗睿宗說：「老弟啊，哥哥我的祖先原本認為遼國是天朝上邦，高麗是父母之邦，所以小心侍奉。結果遼國不講道理，欺負我們，我只好出正義之師把他滅了。希望我們兩國現在結為兄弟，永世盟好。」此外還送來了禮物——一匹好馬。沒錯，真的就只有一匹。

睿宗想：怎麼「父母之邦」變成「老弟」，這降輩分了啊，沒辦法，拳頭大的是老大，兄弟就兄弟吧。

更高興的是遼國被打垮了，高麗可以放心大膽和宋朝結交

美國獨立
拿破崙稱帝

明治維新　美國南北戰爭開始

第一次世界大戰
第二次世界大戰

　　　　2000—

了。王俟修建寺廟之後，專門派人到宋朝去請求宋朝皇帝題字。那時候的宋朝皇帝是大書法家宋徽宗，他興高采烈地答應了遠方粉絲的要求，寫了「能仁之殿」的匾額；又命手下的奸臣、大書法家蔡京寫了「靖國安和之寺」的門牌，一起賜給高麗。王俟拿到這兩位大書法家的墨寶，十分開心。

這時候，已經在北方取得絕對優勢的金國皇帝阿骨打，派人來頒佈詔書說：我們已經統一北國，天下安定，賞賜老弟馬一匹。而已經被打得苟延殘喘的遼國，也派人前來說：現在因為「道路阻隔」，進貢和賞賜都不方便了，先賜給一些衣服吧。

高麗一舉獲得三家主子的「賞賜」，心裡樂開了花。

等到西元1125年，金國徹底滅了遼國，又大舉攻宋；西元1126年（靖康元年），金兵直逼宋都汴梁。高麗仁宗王楷就和百官商量了：金兵這麼厲害，我們是不是認他當老大啊？滿朝文武都不同意。但把持國政的權臣李資謙（仁宗的外公）、拓俊京說：「金國雖然原先是我們高麗和遼國的小弟，但現在人家發了，滅遼攻宋，威風八面，又和我們邊境相連，必須要當他小弟啊。」那時候高麗國自己在鬧內亂，李資謙、拓俊京政變挾持了王楷，外孫也只能乖乖聽外公的話。再加上，金國的實力擺在那裡，朝廷百官就算有吹牛的能耐，也不能視而不見。

於是在當年4月，高麗國向金國上表稱臣。金國皇帝完顏吳乞買很高興，下詔說：「你們很識時務嘛。我已經下定決心給你們當爹了，你們可別忘了當兒子的道義哦。」這下，「老弟」又降輩變成「臣子」了。

等到當年7月，已經被金國打得焦頭爛額的宋朝派了一個使團前來，責備高麗國說：「我們兩國的關係那就不用說了，你們和金國相隔這麼近，又曾經是他們的老大，怎麼沒有及時滅掉他

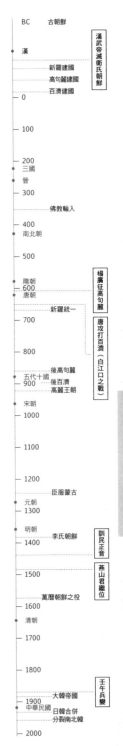

們啊，讓他們得寸進尺，滅遼攻宋來了！現在這些傻瓜自己孤軍深入中原，我大宋朝起雄兵幾百萬，眼看要把他們殲滅殆盡，而且將大舉北伐，一舉搗毀金國老巢！這種激動人心的時刻你們高麗怎能不參與呢？趕緊行動起來吧，出兵攻打金國後方，這樣一可以報答我們大宋的關愛，二可以滅金國的囂張，三可以擴張領土，多好啊！機不可失，失不再來！」

高麗君臣面面相覷，心想真把我們當傻瓜了啊。他們就回答宋朝說：「我國對大宋一向是很忠誠的，聽說大宋要出兵討伐金國，我們聽了都很振奮，激動得一把鼻涕一把眼淚。只不過，聽說大宋的使者到金國去，禮儀和過去到遼國去一樣的，還說大宋已經向金國求和了。連堂堂大宋都這樣怕金國，我們小國哪裡敢不學習大宋好榜樣呢？現在我們國內天災不斷，實在無力出兵打金國。不如等大宋的幾百萬大軍北伐到邊境，我們再前來迎接，怎麼樣？」

宋朝和高麗就這樣打起了太極拳。在他們的鬼扯聲中，金兵於8月第二次南下伐宋，並在次年初攻克開封，俘虜了宋朝徽宗、欽宗二帝，是為「靖康之恥」。北宋滅亡。打贏的就是大哥，高麗向金稱臣的流程，也就自然地走下去。

無聊的舉動

南宋「開國」皇帝宋高宗趙構眼看高麗投入金人懷抱，也無法可想。他們反過來想利用這種關係，竟然向高麗提出了更荒唐的要求：希望高麗允許宋朝的使團，走海路到高麗登陸，然後向北渡過鴨綠江，深入金國腹地，這樣避開宋金對峙的前線，去把宋欽宗和宋徽宗迎接回來！

針對高麗提出的「道路不通」「害怕惹火金國」等推辭，宋

耶穌基督出生　0—

君士坦丁統一羅馬

羅馬帝國分成兩部

波斯帝國　500—

回教建立

阿拉伯人攻佔西班牙

凡爾登條約

神聖羅馬帝國建立　1000—

十字軍東征

英國大憲章　蒙古第一次西征

英法百年戰爭開始

文藝復興

哥倫布發現新大陸　1500—

英國大破無敵艦隊

光榮革命　發明蒸汽機

美國獨立　拿破崙稱帝

美國南北戰爭開始

明治維新

第一次世界大戰　第二次世界大戰

2000—

朝還一本正經地說：沒問題的，你們過去是女真人的宗主，現在是他們的藩屬，彼此往來進貢很多的，道路怎麼會不通呢？再說這次又不是派軍隊，只是數十個人的使團，帶著國書和禮物借路去金國，金國又怎麼會生氣甚至宣戰呢？你們作為周邊國家中最講文明的，千萬不要推辭啊。

高麗既然已經對金稱臣，自然不會同意這種荒唐的要求。他們回答說：皇上的孝心真讓我們感動啊，真希望二位先帝可以早回家！但是現在金國壓迫我們很厲害啊，不能招惹他的。再說，貴國從海路假道我國出使金國，要是被金國人知道，下次攻打你們的時候也假道我國走水路，那你們的沿海地區怎麼防守啊？所以，還是算了吧。

之後雙方又就此事爭執了好一陣，終究是不了了之。高麗雖然仰慕宋朝的文化，畢竟活下去才是第一位。就南宋那窩囊相，怎麼也不會為了你去得罪大金國的。而大金國呢，把鴨綠江重鎮保州又從高麗那裡搶回去了，高麗國哭著、鬧著說這是您家阿骨打親口答應給我們的啊，沒用。

這當兒，高麗國又陷入了內亂之中。之前仁宗外公李資謙的政變被平息，到1135年，又發生了「大師」妙清的叛亂，占據高麗的第二大城市平壤，被稱為「西賊」。妙清死後，其部下趙匡繼續高舉叛旗。在西京之亂的影響下，全國的造反運動此起彼伏，讓高麗君臣傷透了腦筋。甚至宋朝也來裝模作樣地慰問說：聽說你們的西京之賊作亂了，需要幫忙嗎？我想派十萬大軍來幫助你們平亂。仁宗想：就您被金國打得那模樣，還十萬大軍呢。客氣一番，好意心領了。

1136年，大將金富軾占領平壤，平定了「西賊」。這位金富軾可稱文武雙全，他後來帶著一群人，根據中國歷史和朝鮮半島

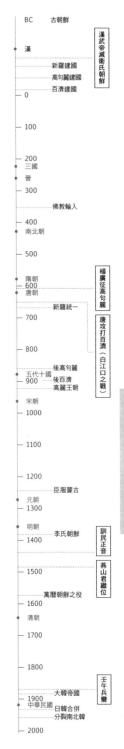

自己的記載，撰寫了一本《三國史記》，記敘高句麗、百濟、新羅三國從建國、對峙到統一的過程。

球迷國王

西元1146年，高麗仁宗王楷病逝，在位24年，年僅38歲。他的兒子王晛繼位，史稱毅宗。這位毅宗是個超級球迷，很善於玩擊球遊戲，水準在全國也是數一數二，史書上多次記載他在不同的地方觀賞球賽。在他當政初年，國內就連續出內奸：有人勾結金國，請金國發兵攻打高麗，自己在平壤當內應；有人勾結宋朝，請宋朝以假道伐金為名出兵，趁勢拿下高麗。雖然這些內奸都被發現宰了，卻也可見毅宗御下的本領。

這位球迷國王本身並非一無可取，前期還是懂得好歹的。比如有一次他徹夜打球，大臣們勸諫不聽，就集體留宿翰林院。毅宗過癮之後，還特地去請他們喝酒並說：你們勸諫的都是對的，我怎能不聽？從此球就打得少了。有一次他帶人去寺廟，因為地方狹窄擁擠，有人建議不要讓史官跟著了，毅宗說：史官是記錄我言行的，片刻也少不得，就勉強擠擠吧。

這些話實在不像是昏君說出的，但他能力畢竟普通。到了中年以後，喜歡聽信讒言，猜忌臣下，而且貪圖享受，大興土木修築宮殿園林，漸漸就越偏越遠了。他又喜歡上了喝酒，有時候一喝就是通宵，隨從的衛士都餓著肚子等他，還有時候喝醉了到處亂竄，讓侍從慌作一團四處尋找，到深夜裡才醉醺醺地回來。

奢侈的生活還讓他變得疑神疑鬼。有一次夜行歸來，隊伍中有人不慎把箭掉到地上，毅宗竟然以為是有人想暗殺他，在全國範圍內大肆懸賞緝拿凶徒，甚至還特地組建了特別衛隊，風雪不避地在宮廷巡邏。

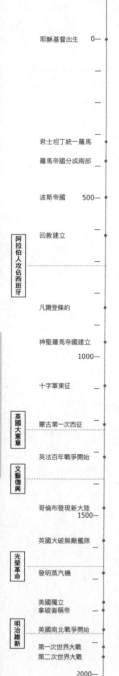

BC

耶穌基督出生　0—

君士坦丁統一羅馬

羅馬帝國分成兩部

波斯帝國　500—

回教建立

阿拉伯人攻佔西班牙

凡爾登條約

神聖羅馬帝國建立
1000—

十字軍東征

英國大憲章

蒙古第一次西征

英法百年戰爭開始

文藝復興

哥倫布發現新大陸
1500—

英國大破無敵艦隊

光榮革命

發明蒸汽機

美國獨立
拿破崙稱帝

明治維新

美國南北戰爭開始

第一次世界大戰
第二次世界大戰

2000—

毅宗自己沉浸在享受中，他治下的臣民卻倒楣了。為了替他修建亭臺，地方徵集役卒需要自己準備糧食。有一個人家中貧困，無糧食可帶，於是其他役卒就把自己的飯分一點給他。後來有一天，這個窮役卒的妻子來看他，帶來了一些食物，並且說：「把平時和你親密的兄弟們請來一起吃吧。」那個窮役卒懷疑說：「我們家這麼窮，你哪來的錢置辦飯菜？難道和別人私通得的錢嗎，還是去偷盜了？」妻子慘笑一聲：「我外貌醜陋，誰和我私通啊，本性質樸，怎麼會偷盜啊。是剪頭髮賣了換的錢。」取下頭巾，果然頭髮已經剪掉了。這個窮役卒和他的夥伴都哭了起來，其他聽到這事情的人也都不禁淚下。

　　昏君苛政讓民眾忍無可忍，一些有野心的官員也蠢蠢欲動。朝廷裡面文武兩班的衝突逐漸激化，一群手握兵權的武將，因為遭到毅宗的輕視和文官集團的壓迫，心懷不滿。毅宗二十四年（1170年）秋天，大將李高等起兵造反，殺死了毅宗的隨身臣僚以及在京文臣五十多人。隨後，大將鄭仲夫又引兵殺入宮中，殺死毅宗身邊的內侍和宦官二十餘人，並劫掠宮中的財物。這種情況下，毅宗自己居然坐在殿中「飲酒自若」，還讓人奏樂，一直享受到半夜才睡覺，這份冷靜倒真是頗具王者風範。

　　領頭造反的鄭仲夫逼迫毅宗退位，把他和他的太子都流放到了外地，立毅宗的弟弟王皓繼位，史稱明宗。三年後毅宗還是被殺。

「老太子」的悲歡

　　明宗在位期間，幾個武將專橫跋扈，朝廷爭鬥嚴重，而地方也不太平。各地很多將領、官員起兵反對鄭仲夫等人，「流賊」也四處蜂起。其中占據平壤的「賊軍」竟然使得金國入高麗的使

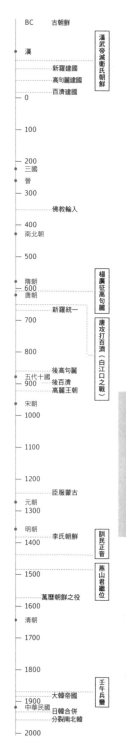

團都要繞小路而行。鄭仲夫等人後來相繼在內亂中被殺，國內的局勢更加動盪，貪官污吏荼毒百姓，民眾造反此起彼伏。

1197年，權臣崔忠獻兄弟發動政變，廢黜了在位27年的明宗王晧，立他的弟弟王晫為王，史稱神宗。王晧沒有被殺，五年後患痢疾而死，享年72歲，稱得上是壽終正寢了。至於神宗，他完全是崔忠獻手中的木偶，一舉一動都受人控制，在位僅僅7年便死了。他的兒子王韺繼位，史稱熙宗。這期間，高麗國內更加混亂，不但盜賊蜂起，而且各地的駐軍也相互攻擊，甚至寺廟的僧兵都投入了內鬥。

熙宗不甘心當崔忠獻的傀儡，想要收拾崔忠獻，結果被崔忠獻先下手為強，又被廢黜了。崔忠獻改立明宗的長子王祦為國王，史稱康宗。

這位王祦，在當初曾經是相當不得志的。他的伯父毅宗當了二十多年國王，他的老爹明宗又當了二十多年國王，他在太子位置上坐了許多年，自己眼看頭髮都白了，老爹還活得挺硬朗，何時能輪到自己啊？這天和明宗閒聊的時候，隨口扯了一句：「老百姓都將兒臣叫『老太子』呢。」明宗呵呵一笑：「是啊，老爹我活得是太長了。」太子面色大變，趕緊說：「我不是這個意思。」明宗說：「那你是哪個意思呢？」

凡爾登條約

神聖羅馬帝國建立

　　1000—

十字軍東征

蒙古第一次西征

英國大憲章

英法百年戰爭開始

文藝復興

結果過了一年，明宗就被崔忠獻廢黜了，王祦的太子名號也被取消，他胸中的憤懣之情可想而知。誰想到又過了十多年，他竟然能接過叔叔和堂弟的旗幟，終於在崔忠獻的挾持下成為了高麗國王。這一天盼望了多少年，怎不叫人熱淚盈眶！或許這種激動的心情影響了身體，他1211年12月繼位，1213年8月就幸福地死在了王位上，其子王皞繼位，史稱高宗。

哥倫布發現新大陸

　　1500—

英國大破無敵艦隊

光榮革命

發明蒸汽機

美國獨立

拿破崙稱帝

明治維新

美國南北戰爭開始

第一次世界大戰

第二次世界大戰

　　2000—

蒙元興起，半島江山盡鐵蹄

蒙古人來了！

正當高麗國內玩著這種權臣把持的朝代更替遊戲時，整個東亞的形勢再次發生了天翻地覆的變化。成吉思汗在1204年統一了蒙古，開始他血腥而偉大的征服戰爭。高麗國的宗主國金國，在蒙古大軍的打擊下一潰千里。另一方面，當初被金國征服的遼國契丹人又起兵反抗。其中一部分在耶律留哥領導下與蒙古聯合，另一部分人則在乞奴等領導下同時對抗蒙古和金國，在遼寧海城建立了後遼帝國。金國的大將蒲鮮萬奴也與金國朝廷決裂，在遼寧、吉林一帶建立了東真國（又稱大真、東夏）。

這樣，在高麗北部邊境出現了五股勢力：蒙古帝國、金帝國、蒙古部下的契丹、後遼契丹、東真國。蒙、女真、契丹、漢四個民族混雜其間，真是亂到家了。

而高麗呢，別看是一個歷史悠久的國家，這五股勢力他誰也打不過，只希望能守住邊境，保全一畝三分地。但這個希望很快也就變成奢望了。

1216年，後遼契丹被金軍所滅，契丹大將乞奴等人帶領數萬殘兵渡過鴨綠江，逃入朝鮮半島。高麗高宗趕緊派出全國的主力部隊前去攔截。別看契丹是殘兵，畢竟在多年征戰中磨練過，這次又是逃了命地進來，高麗軍拚命地抵擋，還是敗多勝少，契丹

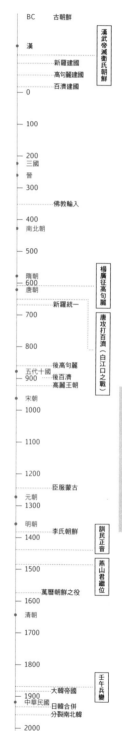

BC

耶穌基督出生　0—

君士坦丁統一羅馬

羅馬帝國分成兩部

波斯帝國　500—

回教建立

阿拉伯人攻佔西班牙

凡爾登條約

神聖羅馬帝國建立　1000—

十字軍東征

英國大憲章

蒙古第一次西征

英法百年戰爭開始

文藝復興

哥倫布發現新大陸　1500—

英國大破無敵艦隊

光榮革命

發明蒸汽機

美國獨立

拿破崙稱帝

明治維新

美國南北戰爭開始

第一次世界大戰

第二次世界大戰

2000—

軍一路殺入半島，占據了江東城，並以此為根據地，與高麗軍展開持續數年的戰爭。

接著金國又派人來說：「叛賊蒲鮮萬奴（就是東真國）造反啦，要是他們衝進朝鮮半島，和後遼契丹一起攻打你們，你們傷不起啊！」高麗回答說：「要不這樣吧，貴國負責把蒲鮮萬奴堵在你們國內，我國負責把契丹人堵在我們國內，都不要放過邊境好不好？」真當是玩遊戲了。

然而，此刻金國本來就被蒙古打得焦頭爛額，哪裡還能防得住？不久，金國在東北的統治土崩瓦解，沒有投降蒙古的少數金國人紛紛越過鴨綠江來投奔高麗。高麗自己被契丹殘兵在國內肆虐，也是防不勝防。兩家就這樣糜爛下去。

到了1218年12月，蒙古元帥哈真和東真國大將完顏子淵帶著幾萬人馬，以「追剿契丹叛賊」的名義，也渡過鴨綠江，直撲江東城。有威震天下的蒙古精兵撐腰，戰局頓時不同。次年1月，江東城的契丹主將自殺，餘部全部投降。困擾高麗數年的後遼契丹，被蒙古軍和東真軍如同捏螞蟻一樣秒殺了。

蒙古的使者大搖大擺地來見高麗國王，甚至要求高麗王出門迎接他們。高宗差點真的就從了，後來在近臣的勸阻下，才堅持由蒙古使者進殿見面，而蒙古使者也沒有向高麗王拜禮。雙方會見完畢，蒙古大軍撤退，卻留下一批官員在高麗。這些人努力學習高麗語言，作好長期管理的準備。蒙古人更對高麗人說：「你們要是不想挨揍的話，第一要進貢我蒙古皇帝，第二要進貢我國的親密戰友蒲鮮萬奴皇帝，不然就打！」

從這一刻，高麗國預感到，又要換主子了。

1221年，由蒙古使者十三人和東真國使者八人組成的龐大使團又來到了京城。高麗朝廷只允許他們中一個人上殿，而蒙古、

東真使團要求二十一人一起上殿。雙方討價還價之後，最後折衷為八人上殿。蒙古獅子大開口提出了進貢的要求，包括水獺皮、布匹、紙張、墨筆等。蒙古使者還把以前進貢一些他們不滿意的禮物扔在高宗的面前，非常無禮。

等蒙古人走後，高宗召集群臣說：「要不然我們整頓軍隊抗拒他們好不好？」大臣都說：「國王你瘋了啊，我們哪裡打得過蒙古人啊！」高宗非常不爽，但也沒有辦法。此後，蒙古和東真使者往來頻繁，不停地勒索貢品，使得高麗朝廷上氣不接下氣。

等到1224年，東真國和蒙古國決裂，趁著成吉思汗西征在東北大肆擴張，頻頻越過鴨綠江劫掠高麗。高麗被這些女真人打得苦不堪言。

海島上的抗戰

禍不單行。1225年蒙古派往高麗的使者莫名其妙死在半路，高麗朝廷說是盜賊殺的，而蒙古認為是高麗人幹的，兩國的外交也破壞了。1331年，蒙古元帥撒禮塔率領大軍南下征討，攻下了鐵州，大肆屠城。這一下把高麗朝野嚇得肝膽俱裂。接下來，蒙古軍長驅直入，所到之處，高麗守將紛紛投降。而蒙古人按照他們的習慣，把投降的軍隊也都召集起來，在降將洪福源的帶領下，圍攻那些沒有投降的城池。

不久，雙方在安北城展開大戰。高麗軍本來不想出城野戰，指揮官逼他們出城列陣，指揮官自己的親衛部隊卻沒有出城。指揮官本人把三軍逼出城外後，他也回城了。這下子，高麗三軍都有了被拋棄的感覺。蒙古軍先集中攻擊高麗右翼，亂箭像雨點一樣射過來，右軍頓時大亂。高麗中軍趕緊去救援，結果也在蒙古軍的箭雨下潰敗。於是，高麗軍全線崩潰，紛紛逃進城裡，被蒙

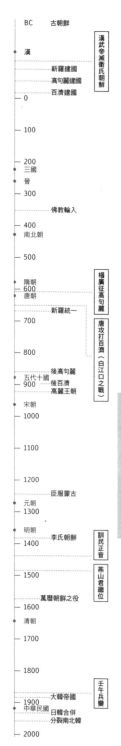

BC

耶穌基督出生　0—

君士坦丁統一羅馬

羅馬帝國分成兩部

波斯帝國　500—

回教建立

阿拉伯人攻佔西班牙

凡爾登條約

神聖羅馬帝國建立
　1000—

十字軍東征

英國大憲章

蒙古第一次西征

英法百年戰爭開始

文藝復興

哥倫布發現新大陸
　1500—

英國大破無敵艦隊

光榮革命

發明蒸汽機

美國獨立
拿破崙稱帝

明治維新

美國南北戰爭開始

第一次世界大戰
第二次世界大戰

　2000—

古軍趁勢掩殺，死傷大半，不少將領送了命。

接著蒙古大軍進逼高麗京城，在城外紮下大營，並且四下分兵攻擊周邊的州郡，所到之處，燒殺擄掠，宛如地獄。高麗的平州城，曾經囚禁過蒙古的使者，被蒙古軍乘夜色突入城中，殺得雞犬不留。

到了這一步，高麗君臣再也不敢頑抗。高宗王皞派出王親貴臣出城求和。蒙古元帥撒禮塔耀武揚威一番，勒索了大量財物之後，撤兵北上。臨走時，在高麗的各城留下72名鎮守官，叫做「達魯花赤」，對高麗進行監督和控制。蒙古和高麗實現了暫時的和平。

然而，高麗朝廷發現，相比遼國和金國，蒙古人的供奉勒索來得更加頻繁：要水獺皮，要布匹，要文房四寶，要染料，還要水手和船隻，而且碼上加碼，得寸進尺，讓人難以應付。到了第二年（1332年），高宗忍無可忍，決定再度跟蒙古開戰。他先派人去各個城裡，收繳蒙古「達魯花赤」的武器。蒙古達魯花赤哪裡受得了這個？自然就打起來了。達魯花赤們寡不敵眾，紛紛被高麗人殺死。但也有一些城市的軍民得到命令後，商量說：「這國王腦袋有問題，連蒙古人也敢惹？殺了達魯花赤，我們就會像平州一樣被屠城，那怎麼可以呢。」於是他們起兵叛亂，逮捕和驅逐了高麗的官吏。總之，蒙古軍隊還沒打過來，高麗自己已經亂成一團了。

殺了達魯花赤，高麗君臣自知這回沒那麼便宜。怎麼辦呢？他們把都城遷到了江華島。江華島在朝鮮半島西部的黃海中，距離漢城50公里，海峽寬約1公里，面積有幾百平方公里，土地肥沃。高宗打的如意算盤是：蒙古軍隊不擅長水戰，我只要守住海峽，就不怕他來了！

當然，全國人民是不可能都搬遷過來的，留在半島上那些人的死活就不需要國王操心了。

蒙古大汗窩闊台聽說高麗再次造反，勃然大怒，命令元帥撒禮塔二度南征。這一次蒙古大軍同樣勢如破竹，很多城池不戰而降。但是在圍攻處仁城的時候，撒禮塔元帥竟然被城中一個和尚一箭射死了！蒙古軍失去主帥，又沒有水師，不能奈何江華島上的高麗朝廷，於是收兵北回。那些已經投降的高麗城池，則交給降將洪福源統治。

這樣，朝鮮半島上形成洪福源占據以平壤為中心的北部，高麗王占據南部和島嶼的態勢。

窩闊台大汗再次發出詔書，要高麗王識趣點，不要躲在島上，老老實實上表謝罪。可是高麗朝廷心想：你蒙古人欺負我也夠狠了，我在島上，你奈我何？他反而趁著蒙古軍不在的時候，派兵向半島北部的洪福源發動進攻，占領了洪福源的大本營平壤，洪福源自己逃入蒙古，父親和兄弟都被俘虜了。高麗又實行焦土政策，把北部這些依附蒙古的老百姓全部強行遷到海島上。於是當年高麗太祖王建苦心經營的全國第二大城市，北方重鎮平壤，竟然被高麗人自己拆成一片廢墟。

註：洪福源，高麗人洪福源的祖上，是派往新羅的唐朝人，後來留在朝鮮半島，成為世代官宦。他父親洪大宣是高麗國鎮守麟州的將軍，當蒙古軍殺入半島，征討後遼契丹餘部時，洪大宣就投靠了蒙古。蒙古向高麗展開征伐時，洪福源率領先前投降的軍民做蒙古的幫凶。高麗投降後，洪福源又屯兵，幫助蒙古軍鎮守半島北部，而受到蒙古人的讚許。

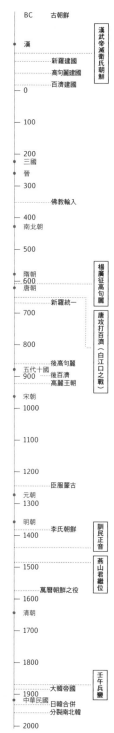

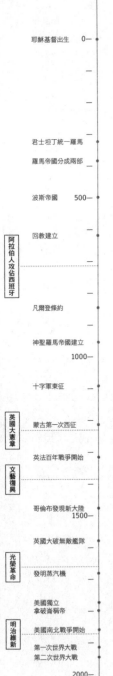

邊打邊求饒

　　高麗國的這種反抗，看上去有模有樣，但做的都是自己讓傷筋動骨的事情。而蒙古之所以沒有立刻收拾他們，是因為此刻正在征討更強大的東真國。1233年，蒙古皇子貴由征服東真國（此後東真國完全作為蒙古的藩屬國），窩闊台這回可以騰出手來收拾高麗了。

　　1235年，蒙古大軍第三次進攻高麗，隨同的還有作為附庸國的東真軍隊。高麗軍接連敗北，有的軍民甚至主動為蒙古人當嚮導以換取活命。在正面作戰中，高麗軍很少取得勝利。他們的戰果，往往是靠派遣「別抄」（獨立警備隊）之類的精銳部隊，用游擊戰術偷襲取得。蒙古大軍分路南下，數十人、百餘人的蒙古騎兵，就敢於大模大樣地縱橫在高麗全境。

　　當然，這並不等於高麗全境淪陷，還是有不少城池在堅守，高麗朝廷的軍隊也從海島上尋隙偷襲。雙方的戰爭就這樣化整為零，形成了不斷在半島各處爆發的小規模衝突。

　　1238年12月，高宗再次向蒙古求和，說我們小國本來一直想給你們當附庸啊，但是大國老是出兵來攻打我們，而且要我們繳納那麼多的貢賦，我們實在繳納不起啊。請你可憐可憐我們吧。窩闊台則發現朝鮮半島的戰爭很是麻煩，雖然高麗軍正面作戰能力很普通，但一些城池守得倒是頗為嚴密。加上沿海島嶼此起彼伏的登陸偷襲，以及神出鬼沒的游擊隊，要持久打下去也很費勁。另外，蒙古帝國一路西征歐洲，一路南下攻宋，也犯不著在小小朝鮮半島上浪費力氣。既然高麗王求饒了，那就先放一馬吧。

　　於是蒙古大軍再次北撤，留下滿目瘡痍的朝鮮半島。此後的幾年裡面，兩家又有了使者往來。蒙古方面的一個主要工作，就

是督促高麗朝廷趕緊從江華島上搬回大陸，好置於其控制之下；而高麗朝廷則對此事一再拖延。蒙古軍不耐煩了就動手，1240年又揍了高麗一次，而高麗仁宗則在蒙古軍的威脅下把一個王室子弟冒充兒子送去當人質。

雙方的主要問題一直沒有解決。蒙古要求的是，你高麗既然願意臣服於我們，當然要把都城遷回半島，老躲在江華島上算什麼？而高麗高宗想的是，我現在占據江華島，才能和你討價還價，要是回到岸上，豈不任你宰割？雙方就此事始終談不攏，談不攏了就打。蒙古鐵騎一次又一次地進入半島，攻城掠地，殺人放火，依附蒙古的東真軍隊也趁火打劫。而高麗朝廷的法寶是，蒙古人一來了就帶著老百姓往海島上躲。島上容納的人畢竟有限，高麗損失極為慘重，僅西元1254年，就有二十萬以上的高麗百姓被蒙古人劫掠當奴隸，殺死殺傷的還不計在內。

高宗屈服

但幾年以後，情況漸漸發生了變化。一是隨著蒙古軍多次深入，朝鮮半島上抵抗的力量在漸漸削弱，各城畏於蒙古軍的威風，很多都投降了；二來蒙古軍隊原本擅長騎射，水戰是弱點，但為了攻打南宋，也開始訓練水師，製造戰船。以往高麗軍隊打不過蒙古人，上船往海島一躲就是，而現在，他們容身的海島，開始遭到蒙古戰船的圍攻，雖然還是互有勝敗，但那已經不再是安樂窩了；高麗朝廷孤懸在江華島上，眼看手裡的兵馬、錢糧一點點減少，自然是相當絕望。

終於，最壞的消息傳來：蒙古朝廷派人威脅說，要是高麗國王再不乖乖上岸，他們就要把高麗派去蒙古的那個王子立為新國王！

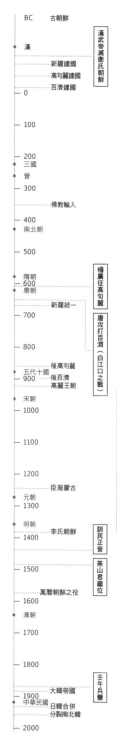

耶穌基督出生　0—

君士坦丁統一羅馬

羅馬帝國分成兩部

波斯帝國　500—

回教建立

阿拉伯人攻佔西班牙

凡爾登條約

神聖羅馬帝國建立
　　　　1000—

十字軍東征

英國大憲章

蒙古第一次西征

英法百年戰爭開始

文藝復興

哥倫布發現新大陸
　　　　1500—

英國大破無敵艦隊

光榮革命

發明蒸汽機

美國獨立
拿破崙稱帝

明治維新

美國南北戰爭開始

第一次世界大戰
第二次世界大戰

　　　　2000—

這下子可抓住高宗的要害了。自古當君王的，不怕國土被占，不怕老百姓被殺，就怕自己的權位被奪走。要是蒙古真另立國王，那我豈不一無所有了？高麗大臣們也躁動起來了，他們發動政變，消滅了堅持駐守海島的權臣崔氏，向蒙古求和。

蒙古照例提出了條件，要高麗朝廷離開海島上岸居住，並且國王和太子都要去朝見蒙古皇帝。經過討價還價，因為高宗年邁，就派太子王倎前去會見蒙古元帥，然後由蒙古軍護送到中國。此外，高麗朝廷搬遷回西京平壤，原先在江華島上修築的城牆要限時全部拆毀。

這回高麗乖乖地同意了，官吏玩命地逼著士兵拆城。那城池當初修築的時候很花了一番精力，堅固得很，現在拆起來真是苦不堪言。士兵們一邊拆一邊哭：「早知道今日，當初就不把城修這麼結實了。」

1259年拆毀江華島城池，以及太子王倎參拜蒙古皇帝，標誌著高麗抗擊蒙古的戰爭堅持三十多年，還是以徹底的投降告終。但高麗還是不肯老老實實遷回陸地，後來又與蒙古糾纏了好幾年才重新遷到開城。

就在這一年，高宗王皞也咽氣了。他在位46年，終年68歲，和南宋高宗趙構一樣都是在位時間長的高壽君王，而且最終也都做了「投降派」。

做了女婿換來的

高宗死的時候，他的太子王倎正在中國做長途旅遊。蒙古皇帝蒙哥分兵四路攻打南宋，自己御駕親征在四川攻打釣魚城，於是傳旨叫王倎一行也來看看他的威風，王倎就千里迢迢地往四川趕。經過陝西華清池的時候，當地官員邀請他們洗個溫泉，王倎

很嚴肅地說：這華清池是當年唐玄宗陛下洗澡的地方啊，雖然唐朝早亡了，但我一個臣子怎麼能洗皇家浴室呢？

王倎繼續往釣魚城趕，剛到六盤山，卻聽說蒙哥在釣魚城被宋軍打死了，他就又掉頭往東，走到河南湖北邊境，恰好碰見蒙哥的弟弟忽必烈攻打襄陽收兵回來，他就混在蒙漢官員中參見忽必烈。忽必烈看見高麗太子，大喜道：「高麗國啊，遠在萬里之外，當初連唐太宗都沒能征服他呢。現在他的王太子都來參見我了，可見我們蒙古帝國的威風比唐朝還大了！」就重重地獎賞了王倎。

忽必烈告訴王倎說：本來讓你來朝見我們蒙古皇帝，現在蒙哥皇帝已經掛了，新一任皇帝嘛，我還要和阿里不哥這小子爭爭。你趕緊也回高麗去登基吧。他就派蒙古軍隊送王倎回國繼位，史稱元宗。

沒多久，忽必烈稱帝，因為要和弟弟阿里不哥爭奪領導權，對高麗採取籠絡措施，把駐紮半島的大軍撤回去了，還把之前戰爭中俘虜的高麗人也都送了回去。不過天下沒有白吃的午飯，高麗必須踏踏實實給蒙古當小弟。以往朝鮮半島的統治者為中央政權當藩屬時，國王從來沒有出過邊境，現在高麗元宗不但當太子時在中國遊覽過幾省風光，當了王還要去朝見蒙古皇帝。同時，高麗一心當走卒，不但幫蒙古威脅日本，甚至開始與南宋的水師作戰。在他們的正式史書裡，南宋也被改稱為「蠻子」。

兩國進入和平時期沒幾年，高麗大臣們又不滿了，覺得元宗死心塌地為蒙古人賣命，丟祖宗的臉。尤其蒙古要求高麗造船一千艘，調撥水手一萬人準備征討日本和南宋，讓高麗苦不堪言。於是在1269年，大臣林衍發動政變，廢黜了元宗王倎，立王倎的弟弟王淐為新君。

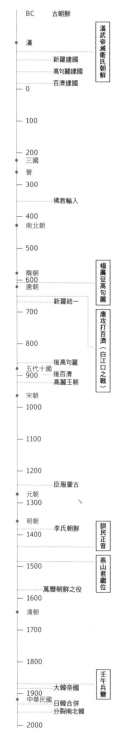

這時候，王倎的太子王諶正在蒙古朝見忽必烈，而且已經和忽必烈的女兒訂婚。聽到消息，趕緊向岳父忽必烈哭訴，請求幫助。忽必烈一聽：王倎是我的好親家啊，你們竟敢這麼欺負他！他就派出大將頭輦哥率兵護送王諶回國。這時候的高麗，哪裡還有和蒙古對抗的實力！王倎在蒙古軍馬刀的保護下復位為王，林衍則遭到流放，不久病死。

這一次內亂又對高麗國帶來了沉重打擊。林衍廢元宗後不久，大將崔坦、李延齡等起兵造反，占據西京平壤一帶五十多個城池投降了蒙古，併入遼陽行省。高麗又少了一大片土地，高麗歷代國王的外交又增添了一項任務——懇求蒙古歸還平壤。頭輦哥還趁機逼迫王倎完成遷都，並且派兵衝上江華島燒殺搶掠，把高麗朝廷多年抗蒙的據點弄得滿目瘡痍。

另一方面，林衍的部下裴仲孫等，不甘心看著蒙古這樣囂張，就帶領精銳的「三別抄」部隊，擁立王室支系王溫退守珍島，堅持以游擊戰抵抗蒙古，也到處痛打投降蒙古的高麗政府軍，各地的軍民經常有殺死蒙古官兵和高麗官吏回應他們的。這場爭鬥史稱「三別抄之叛」，直到1773年才被蒙古軍完全鎮壓下去，可謂是蒙古與高麗戰爭的尾聲。

君士坦丁統一羅馬

羅馬帝國分成兩部

波斯帝國　500—

阿拉伯人攻佔西班牙

回教建立

凡爾登條約

神聖羅馬帝國建立
　　　　　　1000—

十字軍東征

英國大憲章

蒙古第一次西征

英法百年戰爭開始

文藝復興

哥倫布發現新大陸
　　　　　　1500—

英國大破無敵艦隊

光榮革命

發明蒸汽機

美國獨立
拿破崙稱帝

明治維新

美國南北戰爭開始

第一次世界大戰
第二次世界大戰

　　　　　　2000—

俯首稱臣，榮辱興衰難自主

送錢送糧送女人

王倎父子是靠蒙古人的勢力才復國的，王諶又娶了蒙古公主，對忽必烈不敢說半個「不」字。而蒙古的各種索求，始終是高麗最大的負擔，從糧食、布匹、耕牛、船隻到女人。蒙古軍隊要馬匹，就把高麗官員家中的馬匹都搜刮走了，蒙古駐高麗的特使要娶親，非要娶高麗的官宦小姐，高麗的達官趕緊都把女兒嫁出去，有一家女婿膽子小，不敢和蒙古人搶老婆，嚇得逃走了，於是這家的女兒就成了蒙古人的老婆。

後來，蒙古人更要求高麗大規模提供女人，給他們的將士婚配，為此高麗國內有的年頭竟然禁止婚嫁。「高麗女人」也成為一項常規的供奉，當然，強娶高麗女人除了是一種壓迫，也是一種福利。很多蒙元達官貴人都有高麗老婆，蒙元皇帝後宮也有不少高麗寵妃，甚至是皇后。這種聯姻也提高了高麗的地位。

蒙古還把高麗民間的兵器全部搜繳，以剝奪高麗人反抗的力量。蒙古駐軍對百姓的侵擾也成為高麗人的噩夢，甚至連王親貴族都不能倖免，高麗王每隔一段時間就要去向蒙古皇帝告狀說：老大啊，約束一下您手下的雜兵吧。

1774年王倎去世，忽必烈女婿王諶繼位（史稱忠烈王）之後，高麗更是全面淪為蒙古的勒索基地。

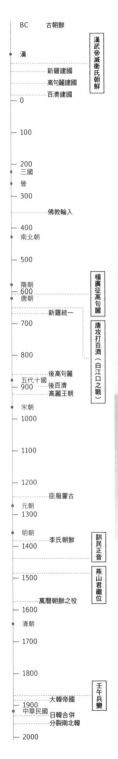

耶穌基督出生　0—

君士坦丁統一羅馬

羅馬帝國分成兩部

波斯帝國　500—

回教建立

阿拉伯人攻佔西班牙

凡爾登條約

神聖羅馬帝國建立
　　　1000—

十字軍東征

英國大憲章

蒙古第一次西征

英法百年戰爭開始

文藝復興

哥倫布發現新大陸　1500—

英國大破無敵艦隊

光榮革命

發明蒸汽機

美國獨立
拿破崙稱帝

明治維新

美國南北戰爭開始

第一次世界大戰
第二次世界大戰

　　　2000—

這一年，忽必烈發動了對日本的第一次進攻。進攻的部隊包括蒙漢軍兩萬五千，高麗軍八千，高麗的艄公水手六千多。為了製造數百艘大船，高麗從前一年開始調集了數萬民夫，日夜不停地趕工。結果大軍出海之後，沒打幾仗，就遇上了特大颱風（日本人說的「神風」），船隻紛紛沉沒，蒙古第一次東征以失敗告終。據說，高麗人被蒙古人逼著趕工，粗製濫造弄出來那些不結實的船，是失敗的決定性因素之一。之後，高麗忠烈王老老實實過女婿的日子，甚至還換上了元朝的衣服和髮型，並派遣貴族子弟到北京入侍元朝。從那以後，高麗王朝的繼承人按慣例都要去蒙元朝廷侍奉多年，學習蒙文，還要娶蒙古公主。

南宋在1279年滅亡時，高麗已然先做了奴才，自然不會有「兔死狐悲」之心。到1280年，元朝為了再討日本，在朝鮮半島設立征東行省，幾乎全面干預到高麗的內政、軍事、經濟事務中。不過高麗王本身也在這個行省中擔任「達魯花赤」，所以勉強還算具有一點獨立性。

1281年，元軍第二次進攻日本，出動的總兵力達二十萬，其中高麗軍隊近萬人，水手一萬多人，以及戰船九百餘艘。這一次，由於日本方面做好戰備，元軍再次慘敗，過半的人棄留島上，為日軍屠殺。高麗見機溜得快，大約損失了三分之一的人，在各路人馬裡面算輕的。不久，忽必烈又想第三次東征日本。忠烈王只得硬著頭皮再開始為岳父修造戰船。幸好之後忽必烈打消了這個念頭，高麗才免去了苦差事。

幾年後，蒙古皇室的乃顏、哈丹等人起兵反對忽必烈，被元軍打敗，哈丹竄入高麗境內，燒殺搶掠，攻占了北面很多城池，高麗人苦不堪言，就派使者去向忽必烈求援。忽必烈說：「你們高麗很厲害嘛，當年唐太宗都沒有打下來（其實那時候是高句

麗，忽必烈老搞不清楚這二者區別），我們征討也前後打了幾十年你們才投降。量哈丹小小賊寇，能拿你們怎麼辦呢？」高麗使者苦著臉說：「現在形勢不同了。」

後來忽必烈派大將帶兵進入高麗征討哈丹，高麗王前去慰勞「王師」。蒙古將軍說：「大王，你也應該親自帶兵征討叛賊啊。」忠烈王推辭說：「我年紀老了，又多病。」蒙古將軍說：「強盜都翻牆到你屋子裡了，你年老多病就能平安嗎？鄰居失火還要一起去奮力撲救呢，何況這是你自己家的事情，怎麼就坐在一旁看呢？」忠烈王被說得臉上紅一陣白一陣，支支吾吾地敷衍過去了。說歸說，忠烈王還是坐看蒙古軍將哈丹剿滅。

忠烈王的縮手縮腳也不能全怪他。他做了蒙古皇帝的女婿，身邊的老婆就是蒙古公主。這位公主仗著娘家的權勢，在後宮指手畫腳，氣派得很，對老公管得也很嚴。等結婚二十年，忠烈王六十來歲的時候，公主已經成標準黃臉婆，這時候，忠烈王依然好色，又怕公主，於是藉著「外出打獵」，在外面和二奶們鬼混。國師還好心提醒他，說大王您六十歲了，應該修身養性，別光顧著打獵玩樂啊。忠烈王腆著臉說：「我不是貪玩打獵，我是專門捕殺老虎，為民除害呢。」其實是為了躲著家裡的母老虎。

王諶不但好色，而且貪杯好玩樂。看見唐玄宗夜宴圖，對左右說，我雖然是小國的國王，起碼在歡宴遊樂上不能輸給唐玄宗吧？於是更加放肆地吃喝玩樂，夜以繼日，奇巧淫技無所不至。國王是這等作為，朝政自然也就荒廢了。

王諶的兒子王璋（後來繼位稱忠宣王）一心和老爹爭權奪位，甚至不惜向蒙古朝廷諂媚。爺倆爭著向蒙古朝廷上下送禮行賄，倆人作對了十多年，連蒙古人派來的使者都看不下去了，更遭到元朝清流的鄙視。

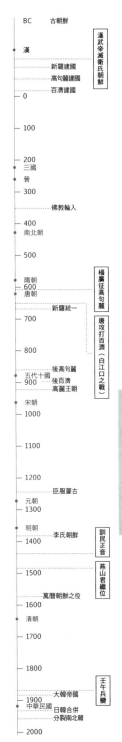

「流浪」國王

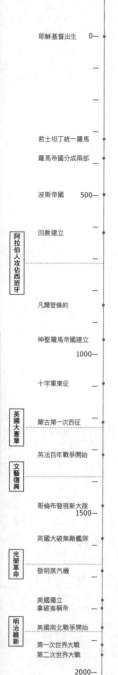

　　不過相比他老爹，忠宣王王璋倒是個人才。他從小聰明伶俐，並且善於收買人心，也懂得愛惜民生的道理。根據蒙古和高麗的約定，他從小前往元朝接受蒙古式的教育，當時忽必烈曾經問他說：「歷代的帝王誰最賢明啊？」王璋回答：「漢高祖和唐太宗最賢明。」忽必烈又問：「那我比起漢高祖和唐太宗，哪個賢明些？」王璋狡猾地回答：「我年齡小，不知道。」忽必烈呵呵大笑：「那你去問宰相吧。」讓他蒙混過了關。

　　王璋在元朝還積極結交權貴，甚至插手到元朝的政治集團中。1307年，元朝內部發生變故，王璋參與了擁立元武宗海山的政治爭鬥，算得上是元武宗的功臣，因此頗得元朝的寵信，元武宗還另外封了他一個瀋王的爵位，這樣一身兼了兩個王。他在當世子時曾在元朝大都（北京）待過很長時間，喜歡上了北京的生活，即使在當上國王後，也動不動地前往北京朝見皇帝，然後找藉口盡可能待在北京不願回高麗。元朝皇帝對這個「小弟」自然非常欣賞，可是國內的老百姓卻不以為然，覺得你一個國王成天往宗主國跑，把本國扔在一邊，這算啥道理啊？

　　元朝皇帝也漸漸覺得不妥。西元1313年，王璋又在北京興高采烈地逛，元仁宗說：「老弟啊，你好歹是一國之王，老在北京待著不是個辦法啊，趕緊回國去吧。」王璋悶著頭想了一會兒說：「要不，讓我留在北京，我不當國王了，好吧？」他真的就請求退位，把王位傳給自己的長子王燾。元仁宗嚇了一跳，幾經勸說無效，只得同意。

　　從此，退位的王璋無憂無慮地過他的「退休」生活。元朝曾經想讓他當大官，他拒絕了：對不起，我退位是為了玩的，要願意工作就不會在這裡了。王璋在北京玩夠了，又下江南遊覽諸多

名山佛寺，好愜意啊。

1320年元仁宗去世，王璋察覺到元朝內部又要發生爭奪統治權的爭鬥，這回他不願再參與了，就再次離開北京南下旅遊避禍。新皇帝元英宗召他回來，他不肯。皇帝火了，就派騎兵把他抓了回來，審判了一番之後，流放到西藏去！過了三年，元英宗被刺死，元泰定帝繼位，大赦天下，就又把王璋召了回來，兩年後死在北京。

註：當初元武宗在位，將弟弟元仁宗立為繼承人，說好仁宗死後，皇位重新交還給武宗的兒子。可是等仁宗死後，卻是他的兒子英宗登基，這就違背了承諾。加上其他問題衝突，最終再次引發了皇室內部自相殘殺的血案。在這場血案中，高麗忠宣王王璋的姪兒王暠參與了元英宗一脈的政治密謀。

王燾繼位後，史稱忠肅王，他的日子也並不好過。

原來當初王璋對姪兒王暠也非常寵愛，讓自己兒子得了高麗王的繼承權，而讓姪兒獲得了「瀋王」的爵位。一國兩個王，自然會針鋒相對。瀋王王暠一心謀求權位，投身到元英宗的政治集團裡。所以，等元英宗繼位後，投桃報李，就把忠肅王召到北京，一待就是好幾年。這期間，瀋王在國內積極謀求自己當王，而另一班大臣則竭力阻止，兩家的爭鬥一直沒有平息。等到英宗被刺，泰定帝登基，終於把忠肅王放回高麗，重新確立了王國統治權。瀋王一黨還曾向元朝告狀，說高麗王欺負瀋王。忠肅王則上書辯解，並最終取得了元朝的認可。

那些在忠肅王出國期間堅決捍衛王位的大臣紛紛升官封賞，依附瀋王的一幫大臣則遭到整肅。這也是王室爭鬥的慣例，只不過最終有決定權的還是遠在北京的元朝皇帝。1330年，忠肅王把

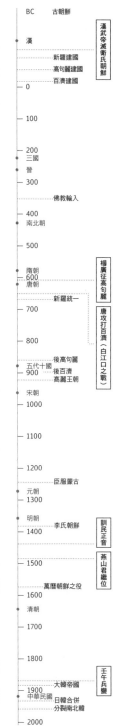

王位傳給太子王禎（忠惠王），自己當了太上王，結果元朝皇帝又把忠惠王叫到大都去了。忠肅王只好再次復位治國，一直到1339年去世。這位忠肅王有潔癖，喜歡洗澡，每個月光洗澡就要用掉十盆香料，做手巾的布則要用六十四。以至於宮中的太監把偷盜他洗澡用的香料和手巾當成發財的管道。除此之外，倒也沒太多毛病。

來者不拒的色鬼

君士坦丁統一羅馬

羅馬帝國分成兩部

波斯帝國 500—

回教建立

阿拉伯人攻佔西班牙

凡爾登條約

神聖羅馬帝國建立
1000—

十字軍東征

英國大憲章

蒙古第一次西征

英法百年戰爭開始

文藝復興

哥倫布發現新大陸
1500—

英國大破無敵艦隊

光榮革命

發明蒸汽機

美國獨立
拿破崙稱帝

明治維新

美國南北戰爭開始

第一次世界大戰
第二次世界大戰

2000—

　　忠肅王死了，繼位的兒子忠惠王王禎根本不是治國的料，寵信一群奸佞小人，經常帶著他們外出打獵，或者穿著便服，夜裡在街上胡鬧。有一次遇上夜間的巡邏官員，竟被當做小偷抓起來痛打一頓，國王的手臂都被打傷了，實在是丟人現眼。他又把處理國家政務的事情都交給寵信的近臣，自己成天和人喝酒摔角。有大臣實在看不下去了，勸解道：「大王您應該稍微注意自己的言行，您的一舉一動都有人記錄著呢。」忠惠王把眼一瞪：「誰記錄？」大臣說：「記錄您的言行是史官的責任。」忠惠王說：「哼，就是那些讀書人啊。」他從此更討厭讀書人了，對朝廷上那些飽學之士，能躲多遠就躲多遠。

　　王禎在入侍元朝期間，捲入了元朝權臣燕帖木兒和伯顏之間的爭鬥，成為燕帖木兒的心腹。他生活又非常不檢點，經常夥同一群西域少年徹夜飲酒，甚至因為愛戀一個西域少女而多次耽誤上朝，更遭到了伯顏的憎惡。等伯顏大權在握後，就設法打擊王禎，把他從高麗召到大都，還試圖扶持瀋王繼位。王禎的胡作非為，給高麗帶來了很大麻煩。

　　王禎非常好色，而且好起色來一切倫理道德都可以踐踏。他自己的舅母，他老爹的姬妾，大臣的老婆，看上誰就碰誰。由於

生活淫亂，他後宮的妃嬪以及他的諸多宮外情人，很多都被他傳染上了淋病。

　　他甚至連老爹的正室都不放過。忠肅王前後共娶過三個蒙古公主，其中第三個是慶華公主。王禎垂涎這位繼母的美色，有一次趁慶華公主邀請他赴宴的機會，假裝酒醉不省人事，公主就留他在府中客房住宿。結果到了夜裡，他悄悄爬起來，溜進了公主的臥房動手動腳。公主驚醒，又驚又怒，正要開口呵斥，色膽包天的王禎竟然命令侍臣按住公主的手腳，堵住她的嘴，就這麼把自己的繼母、堂堂大元朝宗室公主強姦了。

　　第二天，王禎回宮，慶華公主越想越羞恥，準備回元朝去，就命人去市場上買馬匹。王禎心中有鬼，竟然下令市場上禁止買賣馬匹，以阻止公主回國。但這事能掩蓋一時，哪能掩蓋一世？沒多久，元朝使者前來看望公主，公主訴說了此事，元朝使者大怒，立刻將王禎逮捕之後押送回北京。元朝丞相伯顏早看這色鬼不順眼，如今犯下這麼大的事情，那還能放過你？就命人嚴加審問。污辱繼母這樣的罪，按中國傳統刑法是要千刀萬剮的，更別說還加上逼姦元朝公主這一項。也是王禎色鬼有福，正在這節骨眼上，元朝又發生了政治爭鬥，伯顏垮臺了，朝廷頒佈大赦。於是，王禎居然得以脫逃回國。

　　回國的第二年，王禎聽說有個大臣的小老婆貌美，派一個侍衛把她搶到宮中來。所謂上樑不正下樑歪，這侍衛有樣學樣，居然先下手把美女姦污了。王禎發覺此事，大怒道：「只許我搶別人的女人，不許別人搶我的女人！」就把侍衛和美女一起活活打死了。此後，王禎更為肆無忌憚，經常到大臣家中夜宿，侵犯他們的妻子。在他當政的幾年間，此類記載每隔一段時間就會在史書上出現。

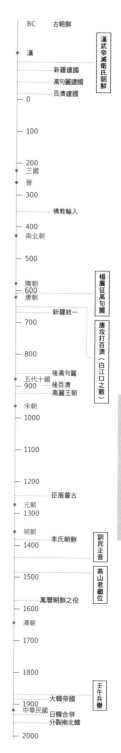

為了搶女人，王禑的手段有時候令人髮指。有一次，寵臣崔遠告訴他，說某進士家中有個很美的女兒，王禑當晚就和崔遠一起去那進士家索要。進士叫苦說：「大王，我家根本沒有女兒啊。」王禑欲火焚心無法發洩，非常憤怒。他既懷疑進士把女兒藏起來了，又懷疑崔遠是在騙他，左思右想，就把這兩個人一起殺了。他想要知道哪些人家有美女，就派人去拷問占卜的盲女和巫女，要她們說出美女的消息。

除了姦淫婦女，王禑還有其他不良嗜好，比如以彈弓射擊路人取樂，還派人把從國內搜刮的財物運送到元朝去販賣，賺錢多的就升官。他帶著寵臣夜裡到寺廟裡去捕鳥，引起火災把寺廟也焚毀了。他還隨意打罵臣下，殺害無辜。宮裡有人肚子餓了，去廚房拿了個饅頭，就被他當做盜賊殺了。

這樣沒幾年，王禑成為了高麗國老百姓心中的恐怖傳說。有一次，京城民間流傳謠言，說國王新建宮殿，要從老百姓家裡抓小孩埋在地基裡面！京城有小孩的老百姓，紛紛抱著小孩逃難，於是盜賊趁機入室盜竊，滿載而歸。還有一天夜裡，幾個盜賊闖進一個官員家裡，自稱是國王的人，就這麼把官員的老婆強姦了，官員害怕國王，竟然不敢反抗。

淫棍的下場

王禑的胡作非為，連元朝使者都看不下去了。某日一個元朝使者看到公文，說「凡是繳納木料和石材不及時的，都要流放到海島上去」。使者就說：「高麗國王這麼折騰老百姓太過分了，我要告訴皇上。」王禑得到消息，趕緊託人再三向使者說好話，讓他不要報告皇帝，一面把他認為的「告密者」叫到宮裡打耳光，打得皮破血流。

這樣持續的亂來，終於天怒人怨。1343年11月，元朝派遣大臣朵赤等六人出使高麗。忠惠王王禎心中有鬼，想以生病為藉口推辭不迎接，大臣勸他說：皇帝本來就認為大王不恭敬，要是這次再不迎接使者，皇帝更會猜疑了。王禎就帶領文武百官，出城迎接。

雙方在城外見面，王禎正想說客套話，朵赤飛起一腳，把他踹翻在地。接著兩個元朝大臣撲上來把他壓住，很快地將他綁了起來。王禎被酒色掏空了身子，哪裡是這幫蒙古大漢的對手？文武百官早就不滿忠惠王的昏庸殘暴，於是一哄而散。元朝使者與駐高麗的行省官員一起動手，把王禎左右那幫奸佞寵臣也一起逮捕了，然後押送著這個昏君北上。

王禎被元朝逮捕，老百姓都拍手稱快，一些官員也來落井下石。朵赤押送王禎經過肅州，王禎晚上睡覺時覺得有點冷，就向肅州太守安鈞要一床被子。安鈞不但不給他被子，反而跑去向朵赤告狀說：「國王因為貪婪淫蕩而犯罪，現在又要勒索我的被子。」朵赤一聽火了，拍案罵道：「你能當到太守的官職，是誰任命的啊？你的國王覺得冷了，找你要床被子你都不給，這叫什麼臣子啊！」順手抓過一根鐵尺，劈頭蓋腦就是一頓痛打，差點把安鈞活活打死。

王禎被押到北京之後，經過審判，元朝的末代皇帝順帝判決說：「你身為國王，把老百姓害得這麼慘，把你拿去餵狗都不夠！不過朕太仁慈了，不殺你，把你流放吧。」就把王禎流放到廣東揭陽。臨走之前，他的弟弟王祺派大臣裴佺送給王禎一件大衣，王禎接過衣服，裴佺轉身就走，任憑王禎千呼萬喚，裴佺也不回頭。末了，沒有一個人願意跟隨王禎到揭陽去。

1344年，眾叛親離的高麗忠惠王，就這麼孤零零一個人踏

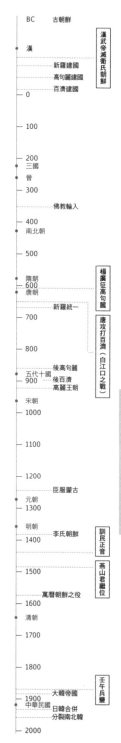

上了流放的道路，自己手裡拿著行李和衣服，走到湖南岳陽就死了，在位前後6年，終年僅30歲。「噩耗」傳回高麗，國內的老百姓歡天喜地，甚至感嘆：「我們終於有活路了！」當王當到這一步，也真是夠失敗的。

忠惠王的長子叫王昕，生母是蒙古德寧公主。當時他年僅八歲，被大臣抱著見元順帝。元順帝問：「你要學爸爸還是學媽媽啊？」王昕說：「我學媽媽。」元順帝感嘆道：「連小孩也知道善惡啊。」就讓他襲為國王，史稱忠穆王。

小學生年齡的忠穆王天資聰穎，流放了他老爹寵信的一批佞臣，廢止苛捐雜稅，撫恤百姓，使得高麗人民從忠惠王的暴政下緩過氣來。可惜這位天才不長壽，十二歲就死了，於是在1348年由他的庶弟王蚳繼位，史稱忠定王。王蚳只比他哥哥小一歲，人也很聰明，但生性頑劣，喜歡玩樂，還經常惡作劇，比如在讀書的時候把墨水往老師身上灑，或者在冬天用雪水和在米飯裡面叫下人吃。有時候發起脾氣來，甚至掄起鐵桿把人往死裡打，這一點頗有他父親忠惠王的風格。

王蚳在位期間，內憂外患，日本海盜（倭寇）又鬧了起來。朝鮮和日本只隔一道海峽，日本海盜歷來是長期禍患。隨著日本開始南北朝內戰，官府對地方控制力減弱，倭寇的規模和危害程度也大大增加。從忠定王時期開始，數十艘乃至上百艘的日本海盜船入侵成為家常便飯，登陸的倭寇動輒數百甚至數千人。

面對這樣的環境，王蚳人小志大，他的母親不是蒙古公主而是高麗人，本來就不討元朝喜歡，而他還對元朝不夠恭順，這就招來了殺身之禍。西元1351年冬，元順帝命人廢黜了他的王位，次年三月將其毒死。另立其叔父，忠惠王的弟弟王祺為高麗王，史稱恭愍王。

英國大破無敵艦隊

光榮革命

發明蒸汽機

美國獨立
拿破崙稱帝

明治維新

美國南北戰爭開始

第一次世界大戰
第二次世界大戰

2000—

奮發圖強，恭湣揚旗退蒙元

高麗獨立運動

恭愍王王祺曾長期在北京侍奉元朝，受到元順帝信任，然而王祺並不甘於當元朝皇帝心目中的乖寶寶。這位擅長繪畫、書法的藝術家國王，從他父親、哥哥和姪兒的命運中，深切體會到蒙古對高麗蠻橫的壓迫。

當時正值元朝末年，中國爆發了轟轟烈烈的紅巾軍起義，烽火燃遍中原大地，元朝的統治受到極大的削弱。因為兵力不夠，蒙元朝廷還向高麗國請兵助戰。王祺先後派遣了兩萬多軍隊幫助蒙元鎮壓紅巾軍起義。然而到了1156年，中國反元戰爭一片蓬勃興旺。劉福通擁立韓林兒稱帝，攻克亳州，朱元璋占領南京，徐壽輝也在湖南、湖北連敗元軍。此時不發飆，更待何時？於是王祺行動了。他首先把矛頭指向那些傾向於蒙元，並與蒙元有著聯姻和血緣關係的豪族大臣，對他們逐一打擊，甚至不惜以武裝政變的方式剷除其勢力。其中，高麗的奇氏家族最為囂張，因為元順帝的皇后就是這一家的女兒，奇家在高麗橫行霸道，欺君罔上。王祺一發狠，將整個家族殺的殺，流放的流放，基本連根拔起了。

隨後，王祺撕去恭順聽話的面紗，抽出了準備已久的棒子，向蒙元的後腦勺揮舞過去。他做了四件大事。

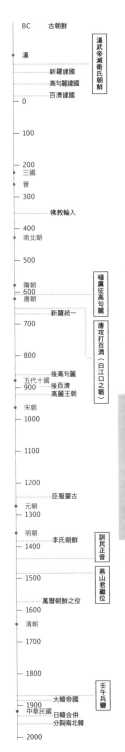

BC

耶穌基督出生　0—

君士坦丁統一羅馬

羅馬帝國分成兩部

波斯帝國　500—

回教建立

阿拉伯人攻佔西班牙

凡爾登條約

神聖羅馬帝國建立
　1000—

十字軍東征

英國大憲章

蒙古第一次西征

英法百年戰爭開始

文藝復興

哥倫布發現新大陸
　1500—

英國大破無敵艦隊

光榮革命

發明蒸汽機

美國獨立
拿破崙稱帝

明治維新

美國南北戰爭開始

第一次世界大戰
第二次世界大戰

　2000—

第一件是停止使用蒙元的年號。這件事情最沒有實際意義，但最具有象徵意義，因為等於從根本上否認了高麗是蒙元的藩屬。

第二件是改革了官制和禮儀。把蒙元風格的官爵都恢復成高麗之前的官爵。他還對禮儀進行了改革，改掉蒙古風格的服飾，確定了文武百官「黑衣青笠」的服飾。這後來成為影視作品中朝鮮人的標準服飾。

第三件是把元朝設在高麗的征東行省權力完全奪走。過去，征東行省具有很大的實權，有時甚至直接逮捕和廢黜高麗國王。如今，王祺把行省變成了僅僅負責接待蒙元使者的大使館，各項大權完全收歸高麗朝廷所有。這樣，蒙元對高麗的控制就大大削弱。

最後一件是出兵反抗。派遣軍隊向朝鮮半島北部進發，去收復那些在百餘年前被蒙古鐵騎占去的土地，有一路軍隊甚至越過了鴨綠江。

面對高麗的突然「叛變」，蒙元朝廷勃然大怒，他們囚禁了高麗使者，聲稱要派八十萬大軍南下來鎮壓。但這樣的威脅無濟於事。國內紅巾軍的大舉北伐，更是必須應對的主要問題。在這種情況下，蒙元的語氣又軟了下來。他們派使者對高麗說：自從當初你們歸順先帝忽必烈，我們兩國是兄弟加親家啊，這次怎麼會派人來騷擾我們的邊境呢？是不是你們國內的盜賊偷走兵器做的？你們趕緊自己整頓一下吧，不然惹火了我們，大軍下來，可就玉石俱焚了！

王祺是個聰明人，看元朝給臺階下了，趕忙就勢把罪責全推到之前被他整肅的親蒙元豪族身上。他說：都是那幫奸賊胡作非為，欺壓民眾，鬧得怨聲載道。他們還組織反叛武裝，試圖造

反，又傳播謠言，說皇上您要把高麗君臣全部殺光。人心惶惶之下，為了安定國內形勢，我被迫把他們收拾了，同時派兵加強邊境防守。在這種混亂局面下，我們在邊境可能發生了一些誤會。還有少數不法將士竟然越境騷擾了貴國，實在不是我的本意。請皇上寬宏大量，饒了我們吧。

蒙元朝廷這時候已經沒有力氣收拾高麗了，看高麗口頭求饒認錯，就說了些「誠心悔過，下不為例」的場面話。對於高麗削奪行省、占領土地之類的行為，也只能睜隻眼閉隻眼了。

這樣，高麗名義上還是在侍奉元朝，但獨立性已經大大增強。高麗的將領又開始掠奪居住在東北的女真族人口作為奴隸，甚至有些走投無路的蒙古人都開始投奔高麗。浙江一帶的割據者張士誠（當時名義上已經投降了元朝），也曾多次派遣使者與高麗友好往來，並且通商互惠。

高麗大戰紅巾軍

高麗雖然從蒙元那裡撈了不少油水，但亂世想面面俱到是很難的。他承認蒙元的統治，又派兵協助蒙元鎮壓紅巾軍，自然就和反元的紅巾軍結下了梁子，甚至被紅巾軍當做元朝反動政府的走狗，加以痛打。

1357年，劉福通率百萬紅巾軍三路北伐，其中東路軍自山東北上，橫掃遼寧。1359年2月，紅巾軍發佈東征高麗的檄文。到年末，紅巾軍將領毛居敬率領的四萬大軍就浩浩蕩蕩渡過鴨綠江，殺奔高麗本土而來。

這幫起義軍，都是當初被元朝壓迫得活不下去揭竿而起的中原平民，起義多年，在蒙古騎兵的馬刀和割據者的內訌中身經百戰，又從山東千里迢迢打到朝鮮半島。如此強悍的戰鬥力，哪裡

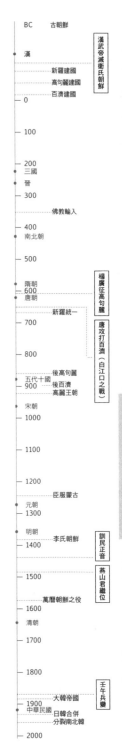

是高麗軍隊可以抵擋的？再加上部分高麗軍還被東南部的倭寇牽制，故而打一仗、敗一仗，很快連西京平壤都被紅巾軍占領了。高麗朝野一片風聲鶴唳，準備放棄首都開城，文武百官紛紛準備馬匹乾糧，帶著兵器夜裡在王宮宿營，隨時準備開溜。恭愍王平時不習慣騎馬的，現在也在蒙古老婆的指導下練習騎馬。

　　讓高麗君臣鬆了一口氣的是，紅巾軍占領平壤後，並沒有繼續攻擊開城，只是以平壤為基地掃蕩周邊縣城。這就給了高麗軍喘息之機。他們發揮數百年來的拿手好戲，派遣游擊隊不停地騷擾紅巾軍，同時從全國調集援軍。次年元月，數萬高麗軍向平壤反攻。其時天寒地凍，兩軍士卒都有大量凍傷，在激烈的血戰中，紅巾軍抵擋不住本土作戰的高麗軍，放棄西京，又在沿途接連遭遇大敗，最後只有數百人得以退到鴨綠江以北。不過高麗在這場戰爭中損失也很大，死於戰亂的軍民不下數萬人。

　　之後，紅巾軍頻繁以小股部隊入侵，成為高麗背脊上的芒刺。

　　西元1361年十月，紅巾軍關先生、破頭潘、沙劉二等率領二十萬大軍，再次越過鴨綠江征討高麗。這次紅巾軍勢如破竹，接連攻克多個城市，高麗軍一再潰敗。兩軍在安州決戰，高麗的上將軍李蔭、趙天柱戰死，指揮使金景譚投降。此後，紅巾軍又乘勝攻擊慈悲嶺。慈悲嶺是高麗軍苦心經營的山地防線，也是戰爭之初高麗軍「堅壁清野」的物資囤積地，結果在萬餘紅巾軍的攻擊下很快被突破。

　　這時，高麗首都開城前面已經沒有險隘。恭愍王帶著公主、太后，匆忙南逃。紅巾軍前腳跟後腳地衝入開城，焚燒宮殿。高麗國的首都又再次被占領了。

　　然而接下來，紅巾軍又一次失去了戰略方向，只是以開城為

君士坦丁統一羅馬

羅馬帝國分成兩部

波斯帝國　500—

回教建立

阿拉伯人攻佔西班牙

凡爾登條約

神聖羅馬帝國建立
　　　　　1000—

十字軍東征

英國大憲章

蒙古第一次西征

英法百年戰爭開始

文藝復興

哥倫布發現新大陸
　　　　　1500—

英國大破無敵艦隊

光榮革命

發明蒸汽機

美國獨立
拿破崙稱帝

明治維新

美國南北戰爭開始

第一次世界大戰
第二次世界大戰

　　　　　2000—

根據地四面出擊，卻在高麗軍的游擊隊和詐降戰術下多有傷亡。

到次年元月，高麗各路援軍集結在開城之外，總兵力二十餘萬，擔任總指揮的是名將鄭世雲。兩軍的決戰就此展開。鄭世雲首先命諸將從四面圍攻，分散紅巾軍兵力。紅巾軍顧此失彼，機動部隊已經全部投入。

此時，一員高麗大將率領二千精兵，從北面突襲，一舉衝上城頭。城中紅巾軍人數雖多，但大部分都是沿途加入的中國老百姓和投降的高麗軍民，被這支精兵一衝，頓時亂了陣腳。高麗大軍隨後衝入城中，展開了殘酷的巷戰。紅巾軍戰死十萬人，三個首領中，關先生、沙劉二死在亂軍之中，破頭潘率領餘部十萬人突圍。

率先突破城防的高麗大將，就是後來李氏朝鮮的開國太祖——李成桂。李成桂當時年僅28歲，但已然是小有威名。在前一年，他便率兵平定叛亂，是高麗軍中少壯派的代表人物。

紅巾軍不但失去開城，而且喪失了半數主力部隊，再也無法與高麗軍抗衡。破頭潘一路北撤，渡過鴨綠江逃回遼陽，很快被元軍所滅。曾縱橫中國東北和高麗的這一支紅巾軍，就此完全覆滅。

高麗雖然最終擊退了紅巾軍，但在兩次戰爭中損失也非常慘重，而且抵抗紅巾的戰爭同時又加重了各統兵大將的軍閥色彩。就在勝利之後不久，奸臣金鏞就煽動諸位大將，密謀殺害了頭號功臣、剛正嚴明的總兵官鄭世雲。回過頭，金鏞又把這些將領一一捕殺，從而大權獨攬。

大廈將傾邀棟樑

高麗擊退了紅巾軍，對元朝來說本是一大功勞，但蒙元對高

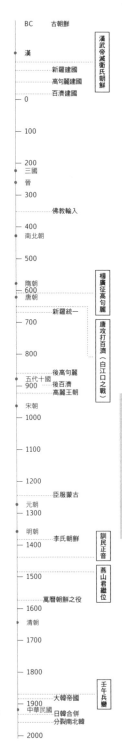

BC

耶穌基督出生　0—

君士坦丁統一羅馬

羅馬帝國分成兩部

波斯帝國　500—

回教建立

凡爾登條約

神聖羅馬帝國建立
1000—

十字軍東征

蒙古第一次西征

英法百年戰爭開始

哥倫布發現新大陸
1500—

英國大破無敵艦隊

發明蒸汽機

美國獨立
拿破崙稱帝

美國南北戰爭開始

第一次世界大戰
第二次世界大戰

2000—

阿拉伯人攻佔西班牙

英國大憲章

文藝復興

光榮革命

明治維新

麗之前的擴張深懷敵意，趁著高麗與紅巾軍兩敗俱傷的機會，反而要坐收漁利。蒙元丞相納哈出引兵南征高麗，接連殺敗高麗大將。危急關頭，又是李成桂挺身而出，迎戰納哈出。納哈出雖然也是蒙元出名的悍將，但遇上更加彪悍的李成桂，一點辦法都沒有，連吃幾場敗仗，戰線被一路往北回推。

李成桂不但善於用兵，而且箭法出色，經常單獨衝陣，在善於騎射的蒙古人面前「班門弄斧」。納哈出手下有一員猛將，武藝高強，與高麗軍交戰時衝鋒陷陣，所向無敵。李成桂就刻意找他單挑，打了幾個回合，佯敗而走，待元將縱馬追來時，忽然回身一箭，將元將射倒。

後來有一次，兩軍主帥陣前對話，各自帶了十多個人出陣。李成桂一箭射死納哈出身邊的副將，又一箭射死納哈出的坐騎。納哈出臨危不亂，換了一匹馬，李成桂又是一箭，把這匹馬也射死了。納哈出再換一匹馬，一邊對李成桂說：「你何必欺人太甚呢？」一邊回馬便走。結果李成桂又一箭，把第三匹馬也射死了。

還有一次，李成桂大戰一場後退兵，元軍追趕上來，把高麗一個隨軍太監截住了。李成桂聽到呼救，就回馬衝陣，連珠放箭，一連射死了元軍兩個大將和二十多名士兵，把太監救了出來。

最後，李成桂的高麗軍與納哈出的元軍在咸興平一帶決戰。李成桂匹馬出陣，蒙元三員大將一起迎戰。李成桂再次詐敗而走，等到三將緊緊追來時，忽然往斜刺裡猛一拉馬，三員元將收不住，居然衝到前面去了，李成桂趁機兜馬而回，從後面連發三箭，將三人射死。接著，高麗軍左右伏兵齊出，殺得納哈出大敗，一路退過鴨綠江。

這幾戰，李成桂殺出了威風。不但納哈出對他非常讚賞，就連納哈出的老婆和妹妹，都稱讚李成桂是天下無雙的英雄。蒙元也領教了高麗的實力，放棄了武裝征服，下詔書封賞高麗擊敗紅巾軍的功績。

高麗國真正的危險來自它的內部。權臣金鏞在1363年發動叛亂，殺死許多大臣，雖然最終被平息，又讓朝廷傷了元氣。而蒙元為了控制高麗，同時為元順帝的丈人奇氏家族報仇，又準備把當時在大都的高麗王室德興君（蒙古名字叫塔思帖木兒）立為高麗王。

內憂外患，讓恭愍王異常頭疼。他一面向元朝上書傾訴委屈說：我如此忠誠地當小弟，還幫你打紅巾軍，沒有功勞也有苦勞，為何要撤我的王位呢？同時，他在北方佈置兵馬，隨時準備反擊蒙元軍隊。為了消除隱患，他又在國內大肆捕殺那些勾結德興君的文武官員。

1364年，德興君在一萬元軍的保護下，渡過鴨綠江來奪高麗王位，恭愍王不甘示弱，調兵遣將去迎戰，開始時丟了一些城池。幸虧大將崔瑩、李成桂等各率精兵前來增援，截住元軍大戰數陣，終於把元軍殺敗，收復了被占領的地盤。一萬元軍幾乎全軍覆沒，最後逃過鴨綠江的只有幾十個騎兵。元順帝見打不動高麗，只得又改為安撫，專門派人重新確認王祺的王位。為了討好王祺，還把倒楣的塔思帖木兒爵位取消了。

但在這場反擊元朝的戰爭中，高麗又是損失慘重。因為連年戰爭，國內生產遭到嚴重破壞，軍糧、軍需品籌備不夠，前方的將士甚至有很多餓死、凍死的。當恭愍王親自視察前線時，那些承擔責任的官員害怕被國王責罵失職，就用人肉盾牌把恭愍王圍在中間，不讓他看見將士們的慘狀。

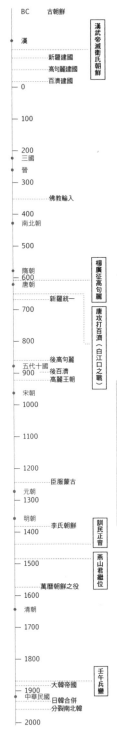

總之，在這接連的「勝仗」中，高麗的國力在不斷衰落。正如隋唐初高句麗三次擊退隋軍，一次擊退唐軍，卻最終亡國一樣。高麗與元朝激戰時，主力北調，倭寇趁機又在東南方猖獗起來（其實從來沒停過），有時候出動多達數百艘船隻洗劫沿海城鎮，甚至占據了城池不肯離開，逐步成為朝鮮半島的心腹之患。高麗的不少將領都在和倭寇作戰中陣亡，連運送漕糧的船隻也被倭寇阻斷。

在這種情況下，恭愍王重用一個出身低賤的和尚辛旽，嘗試進行改革。辛旽是婢女生的兒子，個性很強，也頗有才智。他的改革措施包括打擊兼併土地的豪強，將他們掠奪的田地歸還原主，以及釋放奴婢為平民等。這些措施有助於加強高麗國力，並得到很多下層老百姓的擁護，然而卻觸犯了高麗上層社會的利益。再加上辛旽本身在私生活上不檢點，對政敵又不遺餘力地打擊，這些事情加在一起，促使朝臣聯合起來反對辛旽，終於在1371年以謀逆罪將這位改革家滿門抄斬，而且在史書上標為「奸臣」。

神州日月換新天

1368年，朱元璋率領大軍進入北京，元順帝倉皇逃往上都。統治中國近一個世紀的元朝宣告滅亡。次年，大明朝的使者到了高麗，告知高麗君臣：現在中原解放啦！再不受蠻夷的統治啦！你們也一起歡呼吧！恭愍王畢恭畢敬，率領百官一起出迎天使，並且向新主子上表謝恩道賀說：老大，您恢復了中國的正統，我們這些小國家打心眼裡願意給您當小弟啊！

朱元璋詳細詢問了他們國內的情況，告訴他們要整頓城防抵抗倭寇入侵，又賜給他們很多書籍和衣服。再加上有個姓周的高

耶穌基督出生　0—

君士坦丁統一羅馬

羅馬帝國分成兩部

波斯帝國　500—

回教建立

阿拉伯人攻佔西班牙

凡爾登條約

神聖羅馬帝國建立
1000—

十字軍東征

英國大憲章

蒙古第一次西征

英法百年戰爭開始

文藝復興

哥倫布發現新大陸
1500—

英國大破無敵艦隊

光榮革命

發明蒸汽機

美國獨立
拿破崙稱帝

明治維新

美國南北戰爭開始

第一次世界大戰
第二次世界大戰

2000—

麗女子，本來是送到元朝去給蒙古人的，結果被明軍俘虜，就又送進明朝皇宮，得到了朱元璋的寵愛，因此雙方關係就更是甜蜜了。

但轉過頭，高麗還在與元朝的殘餘勢力（北元）聯絡。畢竟他是蒙古人的女婿，而且蒙古人現在還有好大一塊地盤，將來鹿死誰手難說呢。他上表給元朝說，南面賊子造反，皇上雖然暫時避難出京，但早晚會剿滅了他們！高麗王室還與北元的大貴族繼續保持聯姻關係。不過，恭愍王也生怕自己勾結北元的事情被明朝知道，每次會見北元使者，都是在夜裡。對北元使者，則托詞說自己眼睛有毛病，見不得光。

高麗一如既往地向中原新興皇朝大明表示順從，接受朱元璋的封號，同時又不肯完全割斷和蒙元的舊情誼，就這麼瞞混下去。但最重要的，還是撈取實際的好處。

等到恭愍王看穿北元沒落的本質，就和北元徹底翻了臉，派高麗第一名將李成桂向北掠奪土地。那時北邊只有蒙元留下的一些地方勢力，李成桂兵鋒所到之處，各城守軍望風而降，很多蒙古人、女真人也都向高麗投靠。李成桂接著越過鴨綠江，向中國遼東地區發動進攻（當時還是北元占據），還發佈檄文說，遼東這一塊本來就是我們的國土，以前因為做了蒙古人的女婿，所以暫時給岳父保管一下，現在也該歸還了！就這樣，利用明朝和北元的對峙，高麗又狠狠朝北擴張了一回。

1374年，恭愍王又對耽羅（濟州島）動武。原來蒙元鼎盛時，在耽羅專門有蒙古軍駐守，並且養了很多馬匹。明太祖朱元璋聽說此事，讓高麗送二千匹馬來。結果駐守耽羅的蒙元將領說：「我不能把忽必烈皇上放的馬匹獻給明朝。」只給了三百匹馬，差了一千七百匹。弄得高麗的文武大臣為了給明朝交差，不

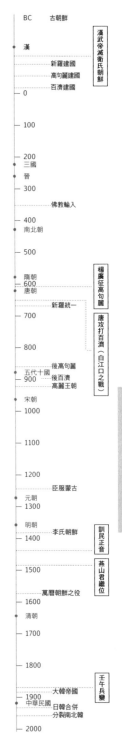

得不把自己的馬捐獻出來湊數。恭愍王大怒，就調集三百多艘戰船和兩萬多士兵進攻耽羅，一舉拿下。

在恭愍王當政的二十多年裡，高麗經歷了蒙元衰落、朱元璋掃蕩群雄建立大明的歷史轉折時期。在這種風雲變幻的年代，他的應對頗為成功，不僅乘機擺脫了蒙元的控制，而且大大擴張了領土，強化了軍力。從這些表現來看，恭愍王王祺不愧是一個智勇雙全、有遠見、有魄力的君主。

一半天才，一半變態

但這位君主也有他齷齪的一面，那就是在男女關係上。

如果說，他哥哥昏君忠惠王是荒淫好色到無法無天的程度，那麼恭愍王則完全相反。在男女之事上，這位明君是相當變態的。

據記載，恭愍王一向就不太喜好女色。他娶了蒙元公主寶塔失里為正妃，夫妻感情不錯。1365年公主死後，恭愍王日思夜想，悲痛欲絕。他擅長繪畫，就親手畫了一副公主的像掛在宮殿裡，要求文武百官早晚都向這副畫像行禮。為了給公主操辦喪事，他大興土木，耗盡了國庫積蓄。雖然後宮還有很多美貌的妃子，可是他很少去臨幸她們。

這樣日日沉浸在悲痛之中，正所謂「不在沉默中戀愛，就在沉默中變態」，恭愍王終於修煉成了一個超級變態。他從貴族子弟中，選了一些年輕美貌的少年，什麼洪倫、韓安、洪寬、盧瑄等，擔任貼身侍從。每到夜裡，恭愍王會讓這些少年和宮女們在屋裡淫亂，自己偷偷地在窗外窺視。然後他梳頭施粉，打扮成女人模樣，去與美少年發生關係。

到後來，恭愍王更是變本加厲。他自己不好女色，沒有兒

耶穌基督出生　0—

君士坦丁統一羅馬

羅馬帝國分成兩部

波斯帝國　500—

回教建立

阿拉伯人攻佔西班牙

凡爾登條約

神聖羅馬帝國建立
1000—

十字軍東征

英國大憲章

蒙古第一次西征

英法百年戰爭開始

文藝復興

哥倫布發現新大陸
1500—

英國大破無敵艦隊

光榮革命

發明蒸汽機

美國獨立
拿破崙稱帝

明治維新

美國南北戰爭開始

第一次世界大戰
第二次世界大戰

2000—

子，就叫洪倫、韓安等人強姦後宮的妃子們，想這樣生下兒子可以充當自己的後嗣！有位益妃長得非常漂亮，不願意被姦污，恭愍王竟然拔劍威脅她，益妃只得含淚屈從。還有幾位妃子為了抗拒，披散頭髮在宮裡尋死覓活，這才避免了「被老公強迫著和人通姦」的厄運。

還有一位叫尹可觀的大將，恭愍王叫他也去姦污妃子，尹可觀不從，恭愍王就拿大棒子把他痛打一頓，然後罷免了官職。這等硬把綠帽子往自己頭上戴的國王，也是古今罕見了。

這麼折騰了兩年，1374年9月的某天，恭愍王正在喝酒，有個叫崔萬生的太監報告說：「大王，益妃懷孕了。」恭愍王一聽大喜，撿了個便宜兒子，不錯！他就問：「是被誰強姦後懷上的啊？」崔萬生道：「聽益妃說，應該是洪倫的兒子。」恭愍王道：「很好很好，那改天找個時候把洪倫殺了滅口吧。對了，你既然知道這事情了，也要殺。」說完這話，恭愍王竟然自顧自又喝起酒來了！崔萬生愣在那裡待了片刻，為了不被滅口，就趕緊跑去，把這事跟洪倫說了。洪倫一聽，幫人強姦老婆這差事風險這麼大啊！他一咬牙，就去找那幫共同入宮的夥伴：「兄弟們，好日子到頭了，別以為幫人強姦老婆只有福利沒有風險啊。這樣下去大家都會被一個一個殺掉的！」

這群御用強姦犯一合計，乾脆造反！大家趁著恭愍王大醉的當夜，潛入宮中，把恭愍王殺了。一代高麗國王就這樣結束了45歲的生命。當然，洪倫、崔萬生也沒好下場，很快被朝中大臣一舉擒獲，為首的洪倫、崔萬生等都被處死。由於他們多是名臣世家子弟，所以連帶著家族也遭到清洗，這一次弒君案同時又成為政治洗牌的契機。末了，大臣們擁立恭愍王的私生子王禑為君，史稱禑王。

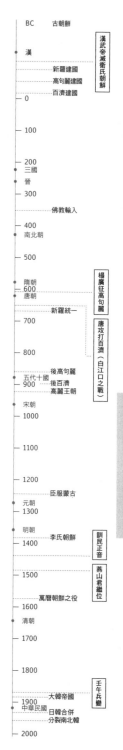

主弱國危，李成桂擁兵登基

以卵擊石的下場

高麗禑王是恭愍王和一個婢女所生，出身卑賤。也有人認為他其實是恭愍王寵臣辛旽的兒子，只是恭愍王的養子，在史書中又稱其為「辛禑」。這樁公案至今未能完全破解。

不管是真王子還是假王子，禑王表現得真不像明君。他喜歡觀看街巷裡的混混用石頭打群架，喜歡自己射狗，以至於把一城的狗都殺盡了。他還喜歡誘騙和強占美女，甚至帶著一群娼妓招搖過市，用石頭投擲路人，到後來更多次因為小事隨意虐殺軍民。

這一時期，高麗國內的親元派勢力大有抬頭，和北元眉來眼去的頻率遠遠超過恭愍王後期。就在禑王繼位的當年，明朝派林密、蔡斌等人出使高麗，結果高麗的護送官員金義竟然殺了蔡斌，把林密綁架著逃去了北元。朱元璋對此非常不滿，直斥禑王，要問「弒君」之罪，而且動不動就威脅要派幾十萬大軍前去討伐。

至於北元，雖然與高麗有所往來，甚至高麗再次接受北元朝廷的冊封。但北元朝廷也認為禑王不是恭愍王的兒子，不時想用留在北元的瀋王一系來取代高麗王位，所以也稱不上是可靠的盟友。

還有越來越猖獗的倭寇。早在恭愍王末年，倭寇的入侵就已經到了非常嚴重的程度，有一次甚至集結數百艘戰船攻打高麗的水師營寨，高麗軍士陣亡達五千多人。在禑王時代，倭患年年有，月月有，各地守將與鬼子交戰，常常是大敗而歸，甚至送掉性命。而李成桂則多次征戰倭寇，屢獲勝利，從而成為高麗國內手握重兵的第一等大將。

西元1387年（洪武二十年），朱元璋派馮勝、藍玉等大將進攻北元。盤踞遼東一帶的蒙元大將納哈出向明朝投降。這樣，明朝不但對北元給予了沉重打擊，而且切斷了北元和高麗的聯絡。

接下來，朱元璋要收拾這個老不肯聽話的小兄弟了。

西元1388年，朱元璋傳令，朝鮮半島東北部的土地本來是元朝占有的，現在應該歸還明朝，並設置鐵嶺衛（大致在現在半島三八線偏北東段）。這下子，慣於吃喝嫖賭的禑王一跳八丈高：「這些土地在幾百年前原本就是我們高麗的，我爹好不容易從元朝那裡奪回來，大明朝怎麼能這樣欺負人呢！」他在岳父崔瑩的支持下，準備向大明朝宣戰！同時，他下令文武百官都恢復蒙元的衣冠，以向明朝示威。

禑王拿定主意就真敢做，四月他召集李成桂、崔瑩，商量搶先出兵渡過鴨綠江，攻打明朝的遼東。李成桂苦苦勸說：我們是小國，明朝是大國，怎麼打得過呢？要是主力舉國遠征，倭寇趁機大舉入侵怎麼辦？

然而，禑王在崔瑩的慫恿下執意出兵。高麗調集國內的精兵，總共拼湊了四五萬人，號稱十萬，由李成桂帶領，北上進攻遼東。

李成桂卻另有打算。他在鴨綠江上的威化島停了下來，按兵不動。不久，國內消息陸續傳來，說倭寇果然在多處入侵，由

於國內精兵都調走了，無法對付。禑王在國內，照樣恣意淫樂，並催促李成桂趕緊渡河打仗。北伐軍則士氣低落，逃亡的士卒很多。

李成桂見時機成熟，召集眾將說：「如果真的和大明朝開戰，是自取滅亡啊！我想帶著大家回去面見國王，保全國家和人民，大家覺得如何？」眾將紛紛高呼：「國家存亡都看您了，我們哪敢不聽呢！」

這麼著，高麗數萬精兵掉頭南下，直撲京城。李成桂約束士卒，不拿人民群眾一針一線，人民群眾也就簞食壺漿地迎接「王師」。禑王和崔瑩派兵去阻擋，基本是聞風而降。

沒幾天，李成桂占領了京城，首先把崔瑩抓起來，把他流放了。接著又廢黜了盡失人心的禑王，立他的兒子王昌為新國王，史稱昌王、元宗。次年11月，又藉口說昌王不是王氏血統，而是辛旽之後，所以是「偽王」，就把他也廢了，改立高麗王室的遠房王瑤為王，史稱恭讓王。

高麗滅亡換李朝

這時候，李成桂手握全國兵權、政權，已然是高麗國實際的獨裁者。所謂的國王不過是他的傀儡，想廢就廢，想殺就殺。就在1389年初，他殺了被流放的崔瑩；年末又殺了剛被廢黜的昌王和他爹禑王。

而對明朝，李成桂非常恭順，向朱元璋上表請罪，又嚴厲清除國內的親元派，禁止穿蒙元服飾。朱元璋於是下聖旨說：「高麗國先前說什麼半島東北是他們的土地，這真是胡說八道。按道理這些元朝的土地，是應該歸大明朝的。不過，堂堂大明，也不會和小國家爭奪這幾個郡的土地，就讓給你們吧。」

這樣，就確認了高麗對半島東北部的合法占有權。明朝則把「鐵嶺衛」從朝鮮半島東部遷移到遼寧的逢集堡，後來又遷移到今天的遼寧鐵嶺市。

新立的恭讓王，是高麗王朝的末代君王，性情懦弱。西元1389年末他被李成桂選中當王時，就嚇得拚命推辭，後來在再三逼迫下才乖乖當王。之後，國政完全是李成桂專斷獨行。恭讓王非常擔憂恐懼，經常徹夜睡不著覺，對左右說：「我好好地當我的王室貴族，哪個殺千刀的逼我來當王啊。」說著就哭了。他還對李成桂說：「我本來就沒什麼品德，推辭不過才被迫登上王位，您老人家看著辦吧。」說著又哭了。

李成桂獨掌大權之後，實行大規模的土地改革。其基本模式是：將寺廟和豪強占有的大片土地，全部收歸國有。私人僅憑功績和名望分配少量土地。官員則憑官職獲得一些土地，死後收回。絕大多數田地的占有者都必須繳納高額的租稅給國家，同時佃農的耕作權利則得到保障。

這樣一來，李成桂打擊了原先高麗王朝的豪門貴族，同時獲得了底層農民的支持，自己則把握了國家土地經濟的命脈，可謂一舉三得。

在土地改革的同時，李成桂開始逐步剷除忠於高麗王室的大臣。高麗著名的大學者鄭夢周不肯依附李氏，被李成桂派兒子李芳遠暗殺，並被梟首抄家。還有其他許多大臣也被誅滅。

西元1392年，李成桂召集百官，一起飲酒盟誓，然後進宮，以「昏暗君道，已失人心」為名，廢黜了可憐的恭讓王（並於1394年將其殺害），自己登上了王位。

為了顯得「合理合法」，他派使者到明朝上奏說：「我國趕走了辛禍、辛昌之後，由王瑤執掌國家，四年來昏庸殘暴，他的

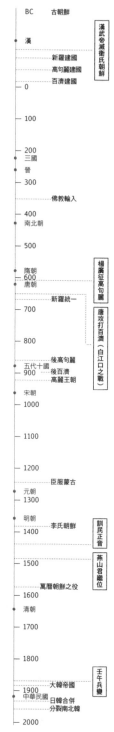

兒子是個白痴，不足以治理國家，而王氏家族再也找不出合適的人選，人民一致認為李成桂將軍最合適，希望皇上允許我們讓李成桂『權知國事』。」

朱元璋聽了，冷笑幾聲：王瑤在位才四年，國政全在你手裡，他怎麼個昏庸殘暴法啊？俺朱元璋是什麼人啊，你們這套難道我會不清楚嗎？

他回話說：你們啊，當初恭愍王死了，說有兒子（禑王）要立；後來又說不是，把他廢了；又說王瑤是子孫正派，要立；現

在又把他廢了。果然是想自己當王啊。我由著你們折騰，只要聽我大明的話，安保百姓，不要在邊境鬧事，這就是你們的福氣，我幹嘛操心啊。

雖然話中帶著譏諷，但總算默許了李成桂的篡位。李成桂大喜，又向朱元璋申請國號。朱元璋就讓他們用古代的國號「朝鮮」。不過，朱元璋對滑頭的李成桂很感冒，沒有正式冊封，所

以李成桂的頭銜變成了「權知朝鮮國事」，相當於「朝鮮臨時國王」。

不管是正式國王還是臨時國王，隨著西元1392年李成桂登基，歷經五代、宋、遼、金、元、明諸多朝代的高麗王朝，也就終結了它470多年的歷史。從此，半島進入了「李氏朝鮮」（簡稱「李朝」）時代。

哥倫布發現新大陸 1500—

英國大破無敵艦隊

光榮革命

發明蒸汽機

美國獨立
拿破崙稱帝

明治維新

美國南北戰爭開始

第一次世界大戰
第二次世界大戰

2000—

| 第五章 | 大明朝最忠實的夥伴
（李氏朝鮮）

　　李成桂建立的李氏朝鮮，是明朝的忠實擁護。萬曆年間，明朝幫助他們打敗日本的恩德，更讓他們感激不盡，甚至在明朝滅亡後，還堅持著反清復明的夢想和理念許多年。然而，不管朝鮮對滿清是敵視還是親近，兩百年後，他們都一起無可挽回的走到封建社會的盡頭。

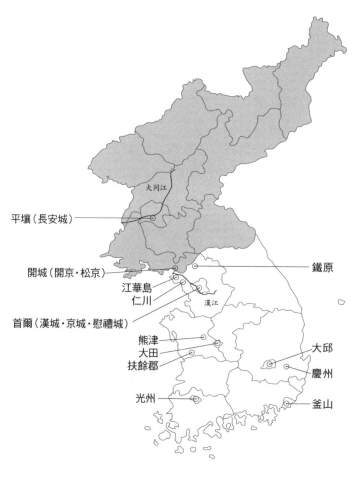

因果有報，李太祖蕭牆淚盡

BC

耶穌基督出生　0—

君士坦丁統一羅馬

羅馬帝國分成兩部

波斯帝國　500—

回教建立

阿拉伯人攻佔西班牙

凡爾登條約

神聖羅馬帝國建立
1000—

十字軍東征

英國大憲章

蒙古第一次西征

英法百年戰爭開始

文藝復興

哥倫布發現新大陸
1500—

英國大破無敵艦隊

光榮革命

發明蒸汽機

美國獨立
拿破崙稱帝

明治維新

美國南北戰爭開始

第一次世界大戰
第二次世界大戰

2000—

李朝開國

西元1392年（明太祖洪武二十五年），李成桂廢黜高麗恭讓王，建立李氏朝鮮王朝，為了擺脫舊王朝勢力的侵擾，他在登基幾年後，將都城從松都（今開城）遷到漢陽（今首爾）。

在內政方面，李成桂得到了開國功臣、著名政治家鄭道傳的幫助，開始構建一套全新的政治體制。

過去的高麗，豪族把持地方權力。鄭道傳建立的一套中央集權體制，國家中央機關的行政權、軍事權、監督權分開，各地方政權也以類似的方式，建立相互牽制的官吏制度，以加強朝廷對整個國家的掌控。

鄭道傳還認為，應該堅持以儒家士大夫作為政權核心。王室宗親和功勳武將對權力的染指應該嚴格限制，甚至連君權都要受到制約。

經過鄭道傳及其之後的幾朝文官努力，朝鮮王國形成一套仿照明朝的中央集權制度。

國家的最高行政機關稱為「都評議司」，相當於明朝的內閣、今天的正副閣揆；下屬兵、戶、刑、禮、吏、工六曹，相當於明朝的六部、今天的政府各部門。國政的執行流程是：都評議司商量決定，上報國王批准，然後下達各部門執行。軍隊則專門

設立了「三軍府」，與政權分離。除了軍政分家之外，還設立了弘文館、司憲府和司諫院，對都評議司和三軍府進行監察。這樣一來，三權分立，減少過於集中的權力產生謀逆的可能。同時，國王理論上只有對都評議司的決議進行審批，而不應該直接干涉內政；國王還應該時時聽從三司的勸諫。這就使得君權也受到了制約。

這套體系在朝鮮實行了近五百年，當然其間經過多次篡改。君權和大臣的爭鬥或明或暗貫穿始終。而在大臣中，鄭道傳所代表的儒家士大夫，和他所要抑制的王氏宗親、功勳武將這兩大集團，即「儒林派」和「勳舊派」也是爭鬥不斷。

外交方面的狀況並不很好。北面的北元完全敵對了，這倒也沒關係，反正北元已經一蹶不振。東邊的倭寇還在時時入侵，這個就麻煩多了。

更嚴重的是，西邊的宗主國大明對他並不親熱，甚至連「朝鮮國王」的封號都不肯給。後來史稱「朝鮮太祖」的李成桂至死他的封號都只是「權知朝鮮國事」。

謀權篡位的李成桂也不是純潔的羔羊，他一邊對明朝奴顏婢膝，高呼萬歲，另一邊不停地誘降明朝和高麗邊境的女真族人，好幾次惹得朱元璋大動肝火，勒令朝鮮趕緊把這些人送回來，不然就發兵征討。還有兩次，朝鮮向明朝的上表裡面語氣狂妄，甚至對明朝冷嘲熱諷，氣得朱元璋扣留了他們的使者，要李成桂把寫表的人抓起來治罪。總之，如果說蒙元時代以殘酷的鎮壓和掠奪使得高麗非常聽話，那麼如今面對已經寬厚得多的明朝，朝鮮反而有點「叫囂」的味道。

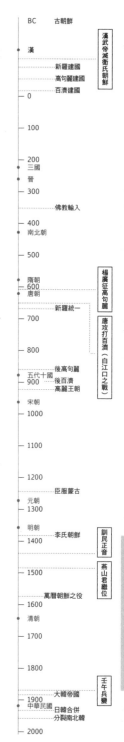

廢長立幼釀禍端

最終擊倒朝鮮太祖李成桂的，卻是內部的禍端。俗話說，上樑不正下樑歪。李成桂自己是透過殘酷的政治爭鬥和軍事政變奪得王位，他的兒子們多少也繼承了老爹冷酷的品性。

李成桂共有八個兒子，前六個是元配韓氏生的（其中老大在李成桂奪權政變中身亡），後兩個是繼妃康氏所生。活著的七個中，最彪悍的是五王子李芳遠。他從小就聰敏果毅，在老爹篡奪高麗王位的爭鬥中，立下汗馬功勞。包括在篡位的最後關頭，帶領家丁衝上街把忠於高麗王室的大學者鄭夢周亂刀砍死這種缺德事，也是李芳遠做的。此後，為了緩和與明朝的關係，李芳遠奉命出使南京，路過北京時，曾與朱元璋的四兒子——燕王朱棣親切相會，兩人都是在老爹大業中立下赫赫功勳的強悍兒子，自然惺惺相惜。巧的是，他倆後來都走上了造反篡位之路，並且都成功了。在南京，李芳遠的應答表現也得到了大明君臣的一致認可。大家都認為，這位李公子真有王世子的氣派。

君士坦丁統一羅馬

羅馬帝國分成兩部

波斯帝國　500—

回教建立

凡爾登條約

神聖羅馬帝國建立
　　　　　1000—

十字軍東征

然而，李成桂卻把八個兒子中最年幼的李芳碩立為世子。

促成此事的原因有幾個。首先是李成桂像很多老頭子一樣，寵愛後妻和幼子。康氏一哭一鬧，就讓太祖大王心如亂麻。

另一方面則來自他的股肱大臣鄭道傳的建議。鄭道傳終身都在研究一套「完美」的封建集權體系。在這套體系中，限制君王的權力是很重要的一點，因此，鄭道傳主張國王不要太強勢，放手讓大臣去做就好了，太強勢反而會引發君臣衝突，破壞權力制衡。基於這種出發點，鄭道傳一再慫恿李成桂，立最文弱的李芳碩。

阿拉伯人攻佔西班牙

英國大憲章

蒙古第一次西征

英法百年戰爭開始

文藝復興

哥倫布發現新大陸
　　　　　1500—

英國大破無敵艦隊

光榮革命

發明蒸汽機

美國獨立
拿破崙稱帝

明治維新

美國南北戰爭開始

第一次世界大戰
第二次世界大戰

　　　　　2000—

其實，鄭道傳也是太理想主義了。李芳碩只是一個小孩子，他長大會是什麼樣子你哪能看出來啊。而且李芳碩既非嫡子，又

非長子，更非賢子，你身為封建主義理論家，這原則都跑哪去了！

更別說，小弟弟當了世子，這讓前妻生的幾個兒子情以何堪。

李成桂為了確保幼兒的地位，任命開國功臣鄭道傳為輔政大臣。老鄭大權在手，便千方百計地限制其他幾個王子的勢力，尤其最彪悍、最有能耐的五王子李芳遠，更成為老鄭的重點關切對象。一來二去，兩人的積怨已經到了不可調和的地步。

於是，李芳遠決定武力解決這個衝突。

論實力對比，鄭道傳手握大權，可以調動全國兵馬，更有太祖和世子的支持，而李芳遠只有自己招募的私兵。然而，李芳遠是一路殺出來的，他的意志和決心，又豈是一介書生的鄭道傳可以相比的？

李芳遠看到自己整體力量較弱，採取了果斷措施：先下手為強。

西元1398年（太祖七年，農曆戊寅年），趁著太祖生病不理朝政，李芳遠召集了自己府中的私兵和一些禁軍，突然襲擊，衝入宮中。守衛宮殿的衛士見了殺氣騰騰的五王子，都不敢抵抗。於是，還沒到大學年齡的世子李芳碩，就這樣稀裡糊塗被哥哥砍下了腦袋。接著，李芳遠帶兵衝入鄭道傳府中，把鄭道傳和李芳碩的岳父也都殺了。同時被殺的還有李芳遠的七弟、康妃的另一個兒子李芳蕃。

等太祖李成桂明白過來時，小五兒已經提著帶血的刀站在面前，而城裡的軍隊也已經倒向了他。看著兒子臉上和自己當初何其相似的表情，李成桂喟然長嘆。隨後，朝廷頒佈通告，稱鄭道傳和李芳碩試圖謀反，殺害王子，而李芳遠則成為功臣。李芳遠

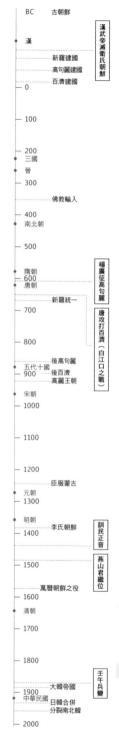

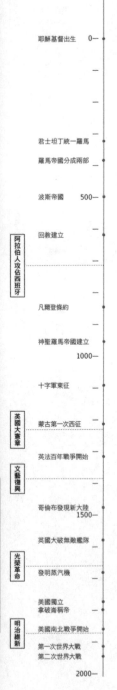

的後母康妃也被逼得出宮，不久神祕地死去。這件血腥的王族內鬥，史稱「戊寅靖社」。

形同水火的父子

雖然掌握了實權，但工於心計的李芳遠知道，自己上面還有三個哥哥，這時候篡位會成為眾矢之的。因此，他逼迫父親退位，把王位給了二王子李芳果，史稱定宗。定宗李芳果生性平和寬厚，因為覺得漢城血腥味太重，定宗就遷都回開城。這樣一來，退位的太上王李成桂也必須跟著走。此時，老年喪妻又喪子的李成桂已經患上了咽喉病症。在淚別康妃墳墓時，他心如刀割。

李芳果完全是五弟李芳遠的傀儡和過渡的跳板，他也不去爭什麼，把李芳遠立為「王世弟」，安靜地等著交班。但老四李芳乾卻不甘心就這樣讓弟弟獨占大伙共同的造反成果，他在西元1400年起兵攻擊李芳遠。兩家的私兵在開城展開巷戰，李芳乾兵敗，被俘虜後判處流放。

這樣，李芳遠完全剷除了國內的反對勢力，確立了自己的地位。當年11月，早就當膩了傀儡的李芳果宣布退位，禪讓給李芳遠，史稱「朝鮮太宗」。這位朝鮮太宗殺死兩個弟弟，流放一個哥哥，跟當年殺害兄弟逼老爹退位的唐太宗李世民倒頗有幾分相似。

而再次目睹骨肉相殘的李成桂，則成為了最可憐的父親。傷心之餘，他離開京城出走，回到老家咸興隱居，不再看那登上王位的殘忍兒子。

當爹的不要兒子了，當兒子的卻還想著爹，哪怕為了王室的面子，也不能讓太上王在外面遊蕩啊。李芳遠就不停地派出使

者，前去咸興問候老爹，請老爹還是回宮來吧。李成桂根本不吃這一套。他隨身帶著弓箭，看見李芳遠的使者來了，老遠就是一箭射過去。要知道，李成桂人雖老了，箭法還沒忘記啊。不少使者直接被李成桂射死，還有的被李成桂的部下所追殺，即使僥倖逃得性命的，也都心驚肉跳。

到後來，李芳遠再問滿朝官員，誰願意去咸興看望太上王，所有的人都大眼瞪小眼，一個敢吭聲的都沒有。朝鮮從此流傳下一個成語「咸興差使」，形容被逼著去做一件千難萬險、九死一生的事情。

沒辦法，李芳遠求助於李成桂的好友無學和尚，終於使得老爹同意回京城。結果，在迎接太上王回京的典禮上，李成桂張弓搭箭就是一箭射過來，射中李芳遠頭上的木梁，入木三分。隨後，太上王大聲呵斥李芳遠狼心狗肺，揚長而去。

此後，李成桂又多次設法除掉這個逆子，可惜總是失敗。而李芳遠也很惱火，就把老爹軟禁起來。到西元1408年，李成桂病逝，享年73歲。他一生南征北戰，打過倭寇、蒙元，在內戰中奪取全國政權，建立李氏王朝，卻落得一個如此悲慘的晚年。

太宗的治國

太宗李芳遠殺弟弟，流放哥哥，軟禁老爹，用傳統道德來看是大逆不道。要是明太祖朱元璋在位，恐怕早就發兵來討伐了。也是他運氣好，這幾年恰好碰見明朝本身也在鬧內亂。燕王朱棣起兵造反，逼死了姪兒建文皇帝，自己登基，史稱「靖難戰爭」。靖難戰爭後，明成祖朱棣自己手上沾了姪兒的鮮血，自然不好再問朝鮮太宗的罪了。

「靖難戰爭」帶給李芳遠的好處還不止於此。戰爭中，建文

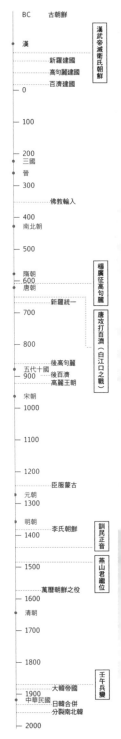

皇帝為了拉攏朝鮮，正式冊封李芳遠為朝鮮國王。這樣，李芳遠摘掉了老爹和二哥留下的「權知朝鮮國事」的帽子，終於可以挺起胸脯說「我是國王」了。明成祖朱棣勝利之後，遷都北京，距離朝鮮一下近了。李芳遠很恭順地侍奉明朝，送禮啊，請安啊，一點都不少。而明朝對朝鮮也特別親熱，勝過其他所有的藩屬國。明朝還延續了元朝娶朝鮮女人的傳統，明成祖的後宮中就有四個朝鮮的妃子，頗受寵愛。

李芳遠身上流著李成桂的血，冷酷而富有心計。他對明朝的恭順，只是為了降低明朝的警惕和敵對意識。另一方面，他始終在擴張領土，誘降鴨綠江、圖們江流域的女真族人，逐步把勢力範圍向北推移。明成祖把朝鮮當自己人，對朝鮮的恭順請求一一答應。

在國內，李芳遠繼續完成老爹未竟的一系列改革，沒收了大量私田，鞏固土地公有制度；又取消私兵制，把軍權集中於朝廷。為了加強對老百姓的控制，實行了聯保制度，鄰居間相互擔保。他還於西元1413年實行「身分證」制度。身分證是木頭或象牙做的牌子，只發給10歲到70歲的男子，上面寫著姓名和家庭住址。身分證是要貼照片的，那時候沒有相機，於是在牌子上再寫清楚這個人的身材高矮，紅臉黑臉，以及有沒有鬍子等。這種身分證在頒發的時候要進行戶口登記，偽造、丟失或借用他人身分證的，一經查出，嚴懲不貸！

在李芳遠的領導下，國家機器的效能得到了很大提高，朝鮮開始了從建朝初年政局動盪時期向鼎盛時期的過渡。

揚武興文，世宗治國創昌盛

識趣的哥哥

　　為了讓李家江山千秋萬代，朝鮮太宗李芳遠在繼承人選擇上煞費苦心。他有四個嫡子和八個庶子，其中三王子忠寧大君李祹最為聰慧能幹。嫡長子讓寧大君李褆也是個聰明人，他本性多才多藝，風流瀟灑，看出父親想傳位給三弟，於是故意放浪形骸，拈花惹草，還不斷暗示二弟也識趣點。最後，二王子出家為僧；大王子被取消了世子的名分，卻快活一生（他的後人中出了個元首——大韓民國首任總統李承晚）。王位繼承權終於可以皆大歡喜地落到老三頭上了。

　　西元1418年，在位18年的太宗李芳遠將王位禪讓給三兒子李祹，史稱世宗。不過太上王太宗還留了一手——他把軍事權力依然掌握在自己手裡，直到四年後去世。

　　這位世宗是朝鮮歷史上最為人稱道的一位國王。前有兩位識趣的哥哥退讓，後有太上王老爹撐腰，相比太祖、太宗時期的兄弟相殘、父子相害，這裡卻是一家人齊心協力，配合默契。在世宗的時代，朝鮮王國綻放出最燦爛的光彩。

　　世宗李祹在位32年。他的主要政績有以下方面。

　　首先是繼續改革，經濟上減輕農民負擔，政治上加強中央集權。

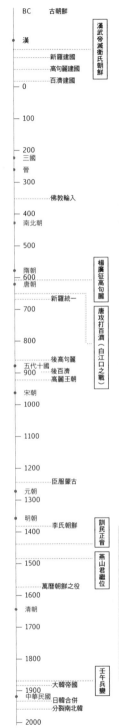

其次，推動禮儀、文化、科技等方面的進步。比如，模仿中國的禮儀制定了「五禮」（吉禮、嘉禮、賓禮、軍禮、凶禮）和士庶「四禮」（冠禮、婚禮、喪禮、祭禮）。他命人編撰了農學書籍《農事直說》、《農桑輯要》、《四時纂要》等，並依據大明曆法開始編寫朝鮮自己的曆法，還製作和改進了各種天文儀器。在中醫的影響下，朝鮮的「東醫」也產生了。世宗還下令編纂醫書，完成了《醫方類聚》、《鄉藥集成方》等醫學論著。世宗本人非常喜歡音樂，他命人譜寫了好些樂曲，用於祭祀和其他活動演奏。

朝鮮文字的誕生

而意義最為重大的是他發明了朝鮮文字。

朝鮮文明最初是中華文明遷徙衍生的結果，在之前的數千年裡，朝鮮使用的一直是漢字。漢字與朝鮮本土語言不能完全融合，所以「文、言分離」，平民很多都是文盲。世宗決定創立朝鮮自己的文字。

於是，他在宮內設置集賢殿，召集鄭麟趾、申叔舟、成三問、朴彭年等名臣研究學問，其中最重要的就是朝鮮文字的創立。這些學士曾先後多次前往中國遼東、山東學習音韻知識，並根據中國的音韻著作和梵文、蒙古文的相關知識，研究朝鮮語的發音。

西元1443年，朝鮮的拚音文字研發出來了。簡單來說，這套文字系統包括幾十個字母，又分為「子音」，「母音」（有點類似聲母和韻母，或者輔音和母音）兩類。每個單字由一個子音和一個母音組成，而兩個字的相對位置又可以變化，由此產生多種讀音，也便於擴充詞彙。由於之前作了大量深入研究，新發明的

君士坦丁統一羅馬

羅馬帝國分成兩部

波斯帝國 500—

回教建立

凡爾登條約

神聖羅馬帝國建立 1000—

十字軍東征

蒙古第一次西征

英法百年戰爭開始

哥倫布發現新大陸 1500—

英國大破無敵艦隊

發明蒸汽機

美國獨立
拿破崙稱帝

美國南北戰爭開始

第一次世界大戰
第二次世界大戰 2000—

朝鮮拚音非常實用，原本用漢字不能清楚表達的朝鮮話，用這套拚音，都可以清楚地表達出來。而且由於規則簡單，即使目不識丁的朝鮮人，也可以在一天之內基本學會。這套文字可稱為現代韓文之母。

此後，世宗又進行了三年的試驗，將漢字的著作翻譯成朝鮮文，並且用朝鮮文創作了一部史詩。做了這些工作，充分證明朝鮮文字的可行性，然後在西元1446年正式頒佈《訓民正音》。這是二十多年辛勤研究的成果，也是朝鮮數千年文明的結晶。

然而由於多年以來，上層士大夫早已習慣了使用漢字，並成為漢文化的狂熱崇拜者。他們對世宗創立朝鮮文字的做法非常反感。集賢殿的副提學崔萬理就傲然站在世宗面前，唇槍舌劍，酣暢淋漓地跳著腳破口大罵，指出了世宗創立文字的許多荒謬可笑之處。他罵得實在太不給面子了，以至於世宗下令把他抓進監獄去關了一天，讓他冷靜冷靜。

即便如此，也不能改變上層士大夫千百年傳承的習慣，對《訓民正音》的抵觸使得其無法正式流通。甚至世宗本人，也只是把這新文字作為開啟民間教育的工具，稱為「諺文」，這樣自然就更加為統治階層所看不起了。最後，辛辛苦苦創立的朝鮮文字，主要用途是在官員女眷之間私下通信時做文字遊戲。而幾十年後的暴君燕山君時代，更因為有人用「諺文」寫文章諷刺國王，從而遭到禁止，朝鮮文的書籍也被全部焚毀。

再往後，要到19世紀末，朝鮮文字才獲得與漢字混同書寫的地位，而到南北方獨立建國後，才分別規定了朝鮮文字單獨書寫。大韓民國政府還宣布，西元1446年世宗頒佈《訓民正音》的日子即西曆的10月9日，是韓國文字節，每年加以紀念。

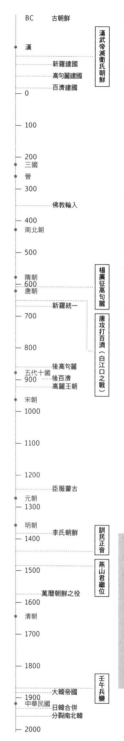

BC

耶穌基督出生　0—

君士坦丁統一羅馬

羅馬帝國分成兩部

波斯帝國　500—

回教建立

阿拉伯人攻佔西班牙

凡爾登條約

神聖羅馬帝國建立
1000—

十字軍東征

英國大憲章

蒙古第一次西征

英法百年戰爭開始

文藝復興

哥倫布發現新大陸
1500—

英國大破無敵艦隊

光榮革命

發明蒸汽機

美國獨立
拿破崙稱帝

明治維新

美國南北戰爭開始

第一次世界大戰
第二次世界大戰

2000—

揚威對馬島

除了對內的各項建設，世宗時代對外則主要做了兩件大事：東征日本，北吞女真。

倭寇對朝鮮半島的騷擾，已經持續數百年，從高麗後期開始愈演愈烈。當年朝鮮太祖李成桂就曾多次與倭寇作戰。李氏朝鮮建國後，一方面向日本的中央和地方統治者（即幕府將軍和各地大名）交涉要求約束海盜，一方面加強沿海軍備。此外，對於願意和平經商的日本人則進行了優待。還有日本人投降後在朝鮮當官，甚至在與倭寇的作戰中立下大功。

其中，與朝鮮半島僅海峽之隔的對馬島，是朝日關係中的特殊環節。對馬島的封建領主宗氏，與朝鮮關係較為融洽，禁絕海盜，積極開展貿易，獲得豐厚利潤，並得到朝鮮朝廷「對馬島主」的榮譽封號。

然而，世宗繼位期間，對馬島主是年幼的宗貞盛，掌握島上實權的則是海盜頭子左衛門大郎。因此，在世宗元年（西元1419年），對馬島的倭寇就向朝鮮半島發動了大舉襲擊——其實他們的最終目的不是朝鮮，而是去中國沿海掠奪，只不過順道在朝鮮打個劫，補充一下糧食。

世宗聞訊大怒，召集將領，準備在陸地上佈陣，給倭寇迎頭痛擊。

話音剛落，他爹太上王（太宗）衝出來：什麼？陸地上迎頭痛擊？太消極了！集合軍隊，渡海討伐對馬島！

世宗剛剛繼位，軍權在老爹手裡，最後當然是以太上王的意思來辦。於是朝鮮歷史上唯一的一次征討日本開始了。朝鮮方面集結了精銳部隊17000多人，戰船200多艘，6月12日出海，20日抵達了對馬島。

一個國家的主力打一個島，本來就沒什麼問題。更何況島上的武裝大部分都編入倭寇搶劫去了，防守空虛。雖然倭人的彪悍也使朝鮮軍付出了一定代價，但無關大局。朝鮮軍共計斬殺倭兵700多人，俘虜100多人，自己陣亡100多人，此外還釋放了100多被倭寇擄掠的明朝百姓。朝鮮軍以牙還牙，焚燒了許多日本人的房屋，搶走了許多財物。

在朝鮮軍的威逼下，宗貞盛趕緊求和，甚至表示願意按照朝鮮其他州郡的範例，正式納入朝鮮的管轄之中。

事情傳到日本足利幕府那裡，以訛傳訛，再加上一些大臣的惡意挑動，居然變成了「明朝與朝鮮聯合大舉入侵日本」，於是幕府急忙開展外交。在日本方面的力爭下，「吞併對馬島」的提議破產。此後，朝日關係逐漸趨於緩和，對馬島繼續作為兩邊的紐帶享有巨大的貿易收益。中間雖然數次因為倭寇作亂而導致關係中斷，但整體來看還是和平貿易的時候居多。

步步擴張

對東邊的日本征撫並用，目的是安定後方。世宗的更大精力則放在持續的北上擴張上。如前所述，朝鮮半島北部及中國東北地區，多年來生活著女真族（前身靺鞨族）。從契丹時代開始，高麗國就不斷地誘降和進攻這些女真族，逐步吞併土地。李氏朝鮮建國後，太祖、太宗都趁著明初的混亂時期，一面向大明朝阿諛奉承，一面一口一口地蠶食。世宗繼承了這種政策，對北方各族的女真人利益誘降與武力打擊並重，還用反間計挑撥不同部族女真人自相殘殺。而當時明朝正與北元殘留勢力作戰，有時候也會命令朝鮮協助攻擊依附蒙古的女真部族，這就更給了朝鮮擴張的機會。

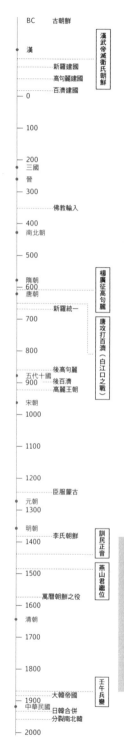

世宗一邊打，一邊不斷在北部地方修築城池，從南方移民北上填充，控制了一片土地後，再繼續北上啃下一片。依靠這種步步為營的手段，在30年中，朝鮮在西北方向擴充了四個郡，疆界推進到鴨綠江中上游；東北方向擴充了六個郡，疆界推進到圖們江，從而完全形成了鴨綠江、圖們江為界的中朝邊境格局，並一直延續到今天。當然，這種擴張也並非全無代價，由於擴張過程中殺死過好些女真族的首領，來自東北女真部族的報復也從來沒間斷過，對朝鮮邊境造成壓力。

因為世宗執政期間的各種政績，他深受朝鮮民族的推崇，被譽為兩大民族英雄之一（另一個是抗倭戰爭中的海軍將領李舜臣）。韓國自行研製的第三代驅逐艦，首艘就命名為「世宗大王號」。不過，過度操勞國事也會影響健康。世宗在晚年病魔纏身，苦不堪言。

西元1450年，他將王位禪讓給兒子李珦，旋即病逝，享年54歲。而當初讓位給他的兩個哥哥：吃喝玩樂風流快活的大哥活了69歲，皈依佛門清心寡欲的二哥活了91歲。果然是世事難兩全，有收穫就有代價。

耶穌基督出生 0—

君士坦丁統一羅馬

羅馬帝國分成兩部

波斯帝國 500—

回教建立

阿拉伯人攻佔西班牙

凡爾登條約

神聖羅馬帝國建立
1000—

十字軍東征

英國大憲章

蒙古第一次西征

英法百年戰爭開始

文藝復興

哥倫布發現新大陸
1500—

英國大破無敵艦隊

光榮革命

發明蒸汽機

美國獨立
拿破崙稱帝

明治維新

美國南北戰爭開始

第一次世界大戰
第二次世界大戰

2000—

靖難喋血，從古爭權豈顧親

妓院裡的陰謀

世宗死後，長子李珦繼位，史稱文宗，文宗在位僅兩年便去世，12歲的兒子李弘繼位，史稱端宗。雖然國王年幼，但有金宗瑞、皇甫仁等顧命大臣輔佐，國家大事處理得還是有條不紊。

然而一個野心家的出現打破了這種寧靜。他就是世宗的次子，文宗的弟弟，端宗的叔叔——首陽大君李瑈。

李瑈的形貌酷似其祖父（太宗李芳遠），以致李芳遠的一個老臣，看見李瑈就禁不住哭泣，認為這是太宗再世。李瑈文武雙全，完全繼承了李成桂、李芳遠的彪悍作風。同時他又是個無賴，喜歡嫖妓。有一次在妓院嫖宿時，忽然聽到有人敲門。王室宗親要是被抓到嫖娼那可丟臉了，幸虧李瑈武藝高強，匆忙提起褲子，飛簷走壁跳出妓院。

這位彪悍而無賴的李瑈野心勃勃。面對年幼姪兒，他心中早萌生了篡位的念頭，只是無法下手。

這天，李瑈又在嫖妓。正在被窩裡氣喘吁吁時，忽然背脊一涼，被子被人掀開，接著懷中的妓女被推了出去，另一個光溜溜的身體鑽了進來。李瑈一看，差點魂飛魄散：竟然是個男人！

那男人用銷魂的聲音對李瑈說：「世道有變，文人無用，須用武士。」

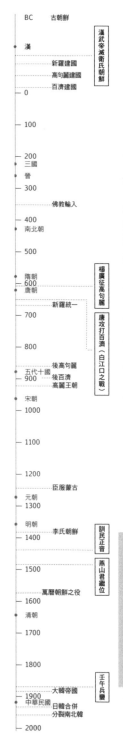

BC

耶穌基督出生　0—

君士坦丁統一羅馬

羅馬帝國分成兩部

波斯帝國　500—

回教建立

阿拉伯人攻佔西班牙

凡爾登條約

神聖羅馬帝國建立
1000—

十字軍東征

英國大憲章

蒙古第一次西征

英法百年戰爭開始

文藝復興

哥倫布發現新大陸
1500—

英國大破無敵艦隊

光榮革命

發明蒸汽機

美國獨立
拿破崙稱帝

明治維新

美國南北戰爭開始

第一次世界大戰
第二次世界大戰

2000—

這是公然煽動李瑈軍事政變。

這個男人叫韓明澮，是一個士大夫家族出身的無賴。李瑈曾從自己的心腹權擥那裡聽說過此人的大名，今日一見，果然異於常人。從此，韓明澮成為李瑈的首席謀士。

在韓明澮、權擥等黨羽的協助下，首陽大君李瑈暗中招募了一大批亡命之徒，建立了一支精悍的武裝。同時，很多文武大臣也被網羅到他的陣營之中，包括著名的鄭麟趾、申叔舟等曾參與朝鮮文字創造的文官。

叛亂一觸即發，而端宗君臣卻茫然不知。

西元1453年（農曆癸酉年）十月，李瑈去拜會輔政大臣金宗瑞，東拉西扯閒聊天，到天黑時才出來。金宗瑞送客到門口，忽然夜色中一柄鐵錘劈面打來，當即腦漿迸濺。隨後，李瑈率領私兵衝入宮中，將姪兒端宗挾持了。接著，就以端宗的名義傳旨，叫大臣都來開會。

大臣們不知何事，紛紛前來。在王宮的第一道門，他們的護衛全被攔下。等進了第二道門時，發現那裡站著大群武士，中間是嬉皮笑臉的韓明澮，手持一本帳簿，像閻羅殿的判官一樣坐在那裡。

沒錯，這正是一本生死簿。上面根據韓明澮等人的意見，寫著每個大臣的姓名，以及是否應該殺死。凡是被判為「死」的大臣，當場就被殺了。這是朝鮮王朝有史以來對大臣最殘酷的一次屠殺。

皇甫仁、南智等忠於端宗的大臣紛紛被殺，最後逃過鬼門關的大臣都是中立的或者傾向於首陽大君的。這樣，李瑈一舉殺盡可能對自己構成威脅的文武大臣，順利地篡奪了朝政。

一朝得手，李瑈便賊喊捉賊，反而指控金宗瑞等大臣試圖

造反，而自己則是消滅奸臣，保衛朝廷。這場武裝政變，被稱為「癸酉靖難」。與半個世紀前明成祖朱棣從姪兒建文皇帝手中奪取江山的「靖難戰爭」相比，少了數年征戰、伏屍十萬的殘酷，卻同樣血腥。

西元1455年，李瑈逼迫姪兒端宗讓位於自己，從而登上王位，史稱「朝鮮世祖」。端宗則被封為「太上王」，遭到軟禁。

屠刀下的從容

李瑈殺死了一批可能反對自己的大臣，還是不能高枕無憂。他的殘暴行為，總會引起忠義之士的激憤。就在禪讓王位的典禮上，端宗把玉璽奉獻給叔父，李瑈還要裝模作樣，撲倒在地上嚎啕大哭。在群臣的再三「勸進」下，他終於止住眼淚，表示順應大家的意思，勉強接受這個玉璽。

端宗把玉璽交給身邊的官員成三問。李瑈準備從成三問手中接過玉璽。

這時候，成三問卻忽然死死抱著玉璽，像剛才李瑈一樣嚎啕大哭起來。李瑈伸出雙手僵在那裡。就這樣，這場鬧劇草草收場。

此後，成三問與集賢殿學士朴彭年、俞應孚、柳誠源、河緯地、李塏等幾位大臣祕密盟誓，決心除掉簒逆的世祖李瑈，保扶端宗復位。但這些空有血氣的文人，哪裡是老奸巨猾的李瑈、韓明澮的對手？西元1456年，他們試圖刺殺世祖，結果機密洩露，被世祖一網打盡。

世祖李瑈想不通，這幫書呆子怎麼敢造他的反？他質問說：「你們已經當了我的臣下，受了我的俸祿，為什麼還敢謀反？」

成三問、朴彭年等人慷慨地回答：「我們從來沒有向你稱

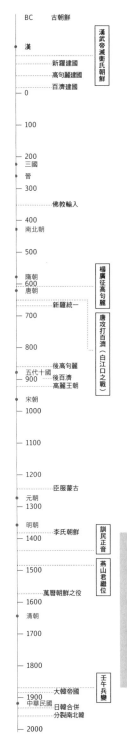

臣，從來沒有受你的俸祿！」世祖派人抄查，果然發現，他們這一年來領取的俸祿都封存在家裡沒有動，而他們之前的上書，下面的落款都不是「臣」字，而是「巨」字！

六位大臣面對世祖的威脅，堅貞不屈，最後被用慘無人道的酷刑處死，史稱「死六臣」。臨難前，朴彭年留下詩句：雖曰金生麗水，豈水水生金？雖曰玉出崑崗，豈山山玉出？雖曰女必從夫，豈人人可從？

成三問也寫道：食人之食衣人衣，所志平生莫有違。一死固知忠義在，顯陵松栢夢依依。

世祖讀到這些詩文後，慨嘆道：這群傢伙是「當世之亂臣，後世之忠臣」啊。看來他也明白自己在後世的名聲會有些麻煩了。到朝鮮王朝後期，這些冤死的忠臣果然得到平反。

不過相對於後世的名聲，世祖更在意當前的地位。為了保全地位，他不會為了所謂名聲而放下屠刀。這屠刀還是指向了他的姪兒太上王端宗。

高中生年齡的端宗是個很有風範的少年。他被廢黜之後，被流放到山裡，每天穿戴冠服端坐，一派雍容氣度。前往參拜端宗的官員民眾絡繹不絕，不斷有人藉著復辟端宗的旗號起兵造反，其中包括世祖的弟弟，端宗的另一個叔叔李瑜。再加上，明朝此時恰好發生了英宗復辟，使得世祖更加擔心，端宗終於在西元1457年12月被用毒酒賜死。

據說，奉命去送毒酒的使者到端宗面前時，被這位17歲少年廢王的氣度震懾，跪在庭院中竟然不敢仰視，而端宗則從容就死。死後，端宗左右的侍從宮女紛紛投崖自盡殉主。

夕陽下的燦爛

因為篡位和濫殺失去人心，民間和史書流傳著世祖遭到報應的靈異傳說。比如說世祖經常連續做噩夢，夢見嫂子顯德王后（文宗的夫人，端宗的母親）痛斥他謀反篡位，還向他吐口水，後來身上在夢中被吐過的地方長出潰爛的惡瘡，腥臭難聞，久醫不治。

民間還傳說，有一次顯德王后在世祖的夢中，手持寶劍大罵道：「你謀朝篡位也罷了，為何還殺害我兒子？」罵完之後提劍朝世祖的世子李晄住處走去。之後，世子李晄果然身體日漸虛弱，後來20歲就病死了。在這之前，李晄的哥哥李暲，與端王同死於1457年，死時也只有20歲。詛咒果然是很恐怖的。

不過，世祖在篡位中雖然腥風血雨，治國倒是頗有可取之處。他在位13年，繼續完善和發展朝鮮的政治制度，開始制定治國方略《經國大典》，修訂了《經濟六典》等法典。世祖著力於強化君權，削弱文武「兩班」對君主的制約。他還加強了考試制度。在這位行事果決的國王領導下，朝鮮渡過了篡政引發的動盪，基本回歸平穩。

1468年9月7日，病魔纏身的世祖李瑈禪位給次子李晄，次日便死去。李晄史稱睿宗，在位不到15個月即病故。兩年中死了父子兩個國王，世祖當年鑽一個被窩的親密戰友韓明澮就擁立世祖之孫李娈為王，史稱成宗。李娈是世祖長子李暲的次子、睿宗的姪兒，當時年僅13歲。韓明澮擁立李娈原因很簡單——李娈是他的女婿。

成宗繼位之初，由他奶奶垂簾聽政。他還在讀書階段，老師都是一些儒學名士。這幫儒學名士對於成宗爺爺世祖相當不滿，尤其憤恨世祖利用親信勳貴來壓制儒士朝官的做法，就向成宗說

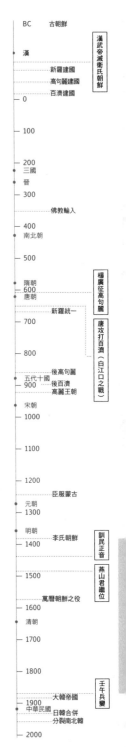

BC

了許多他爺爺的壞話。這樣，等到成宗親政以後，開始依靠儒士集團，對抗自己的岳父韓明澮等勳貴，雙方展開了曠日持久的黨爭。還好，這種黨爭只是政治權力爭鬥，基本沒有流血死人。

由於儒家子弟的地位得到提高，前幾代積累的科技文化知識也都得到總結。朝鮮制訂和實現了一批宏大的出版計畫。法典《經國大典》、史籍《東國寶鑑》、地理志《東國輿地勝覽》、國民道德讀本《三綱行實》相繼編撰完成，音樂、美術、文學等領域的成果也不斷湧現。

1494年，成宗去世。他在位25年，終年38歲，被譽為朝鮮的一代明君。

不過，朝鮮王朝的黃金歲月，到他這兒也就終止了。

耶穌基督出生　0

君士坦丁統一羅馬

羅馬帝國分成兩部

波斯帝國　500

回教建立

阿拉伯人攻佔西班牙

凡爾登條約

神聖羅馬帝國建立
1000

十字軍東征

蒙古第一次西征

英國大憲章

英法百年戰爭開始

文藝復興

哥倫布發現新大陸
1500

英國大破無敵艦隊

光榮革命

發明蒸汽機

美國獨立
拿破崙稱帝

明治維新

美國南北戰爭開始

第一次世界大戰
第二次世界大戰

2000

荒淫暴虐，殘民害己燕山君

孤獨的仇恨

成宗死後，繼位的是他的長子李隆，史稱燕山君。他是李氏朝鮮500年歷史上第一等的荒淫暴虐之君。

暴君的童年充滿坎坷。他的母親尹氏出身沒落貴族家庭，被選入王宮當宮女。因為美貌得到成宗的寵幸，晉級為王妃，並生下兒子李隆。然而尹氏的成長環境和入宮際遇卻讓她變得凶狠和嫉妒。男人多數是花心的，尹氏卻見不得她老公花心。成宗寵幸其他的妃嬪，尹氏就大吵大鬧，甚至隨身攜帶毒藥，準備隨時毒殺宮中的情敵。她與宮中所有的女人都結下了仇怨，包括自己的婆婆、成宗的母親仁粹大妃。

然而，她看得越緊，只會讓夫君越疏遠她，兩口子關係越來越壞。在一次吵鬧中，尹氏抓破了成宗的臉。

兩口子打架本來不是大問題，但傷害國王在古代王朝是大罪。後宮其他妃嬪，這時候正好集體對她落井下石。最終，在仁粹大妃的建議下，成宗將這個可憐又可恨的女人賜死。她的兒子——王世子李隆，則交給新任的王妃撫養。（這位新任王妃也是姓尹，為了敘述方便，我們姑且稱李隆的生母為舊尹妃、養母為新尹妃。）

為了不讓此事對當時尚且年幼的李隆造成影響，關於舊尹妃

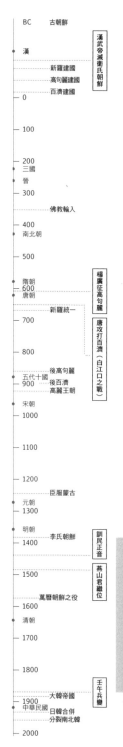

的一切記錄都被銷毀了。

　　在養母身上，李隆很難得到母愛，更何況新尹妃自己也生下了兒子李懌（後來的朝鮮中宗）。李隆基本上就是孤兒的待遇，甚至偶爾出宮，看見母牛和牛犢相偎相依的情形，都讓他傷心落淚。他對父親成宗，以及祖母仁粹大妃的感情也都十分疏遠，就這麼孤獨地走完了嗣子的歲月，等到了他父親一命歸西。

　　西元1494年，19歲的燕山君繼位。他瘋狂地開始搜尋關於自己生母的一切資訊，終於找到了越來越多的蛛絲馬跡，漸漸明白了真相。

　　自己的生母被賜死，而且真相被隱藏了十多年，讓這個年輕的國王充滿怨恨。恨他自己的父親，也恨滿朝的大臣。

血腥的報復

　　燕山君開始進行報復。繼位之初，他就張弓射殺父親生前的寵物。而對廣大朝臣，他決心用更鐵血的手段加以懲罰。

　　當時的朝廷，依然由讀書人組成的士林集團和權貴組成的勳舊集團這兩大陣營對峙。士林集團在過去二十餘年處於上風。燕山君繼位後，勳舊集團發起了反攻，這正給了燕山君機會。西元1498年（農曆戊午年），燕山君藉著勳舊集團彈劾士林集團，對士林集團的大臣大開殺戒，甚至死去的一些名臣也被開棺戮屍。此事被稱為「戊午士禍」。

　　但是，勳舊集團也沒能高興太久。燕山君沉溺於奢侈的生活，國庫的積蓄很快消耗殆盡，對老百姓的橫徵暴斂也不能滿足他的需求。到西元1504年（甲子年），他決定沒收勳貴舊臣的田產。

　　這當然遭到了勳貴舊臣的集體抵觸，雙方的衝突迅速激化。

這時，外戚任士洪趁機煽風點火。這個佞臣別有用心，將祕密收藏的一塊手帕獻給了燕山君。

燕山君打開陳舊的手帕，上面有斑斑血跡，他不明白。

任士洪告訴他：「大王，這是您親生母親的手帕。上面的血跡，是她被逼服毒後，臨死前吐出來的！」

燕山君開始了瘋狂的復仇。一切與母親之死有關的人，比如提出建議的、贊同的、默許的，還有傳旨的、記錄檔案的……統統處死，已經死去的則掘墓斬屍。僅此，即殺死大臣一百多名。

後宮中，成宗的兩個妃子因為當初曾說舊尹妃的壞話，被燕山君親手砍死。她們生的兒子，也就是燕山君同父異母的弟弟，也被處死。燕山君的祖母仁粹大妃忍無可忍，對燕山君的暴行進行斥責。這更激起燕山君的獸性，他一頭把重病纏身的祖母撞倒在床上，並賜給她毒酒，將其鴆殺。

在西元1504年這次大屠殺中，勳舊派和士林派遭到了無差別的「地圖炮」，大批人命喪黃泉，家產則都被抄沒，史稱「甲子士禍」。

荒謬的淫樂

殺掉諸多大臣後，滿朝只剩下阿諛奉承之聲。燕山君通宵達旦地玩樂，他還濫用酷刑，鎮壓不聽話的臣民。有一個侍奉他多年的內侍叫金處善，冒死向燕山君勸諫，燕山君一怒之下，張弓搭箭，連續兩箭射進金處善的肋下，頓時血流如注。金處善強忍疼痛，繼續勸諫，燕山君竟然喪心病狂，拔劍砍斷了他的腳，割下他的舌頭，拉出他的腸子，並將他滿門抄斬，甚至禁止全國使用「處」字。當初世宗大王創立的朝鮮文字「諺文」，也被燕山君下令禁止。

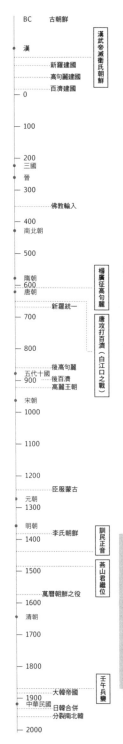

如同曾祖父世祖李瑈一樣，燕山君李隆也很喜歡妓女。不同的是，世祖只喜歡嫖妓，燕山君則喜歡建妓院。在他登基前，朝鮮的官辦妓院就已經被廢除了，燕山君就把宮廷的醫女（御醫手下的女護士）當妓女使用。後來，他進一步在京城內外大建妓院，並且把著名的佛教寺廟、書院都改造成了妓院，京城很多大貴族的府邸被他沒收後，也統統掛上了「X紅院」、「X香院」的牌子，供他和狐群狗黨恣意淫樂。

燕山君對妓女情有獨鍾，他的寵妃張綠水等人，就是妓女出身。到燕山君後期，整個朝鮮半島的妓女源源不斷向漢城的王宮進發。

他還多次為妓女爭風吃醋。他母親舊尹妃想要一個人獨占成宗的寵愛，他則想要一個人獨占所有妓女。有的妓女被燕山君看中，送入宮中後，燕山君就會派人去殺掉那妓女原來的相好。

還有一個叫張順孫的人，因為肥頭大耳，體形如豬，落下一個「豬頭」的綽號，在當地名聲大噪。家鄉有一個妓女進了王宮，被燕山君寵愛。在一次祭祀活動中，妓女看見神案上的豬頭，忍不住撲哧一笑。燕山君問：「你笑什麼？」妓女回答：「奴婢看見這個豬頭，想起了家鄉的張豬頭。」燕山君大怒，認為這個「張豬頭」一定是妓女過去的相好，就派人去她家鄉，把「張豬頭」抓來殺了！「張豬頭」就這樣遭遇天降橫禍。幸虧他運氣好，剛要被押往京城，就遇上了全國起義，這才撿了一條命。

燕山君對他的仇人和情敵濫殺如麻。對他的恩人呢？他也有自己獨特的「報答」方法。

燕山君自幼喪母，養母對他冷漠，父親也不喜歡他，心靈從小就創傷累累。只有他的伯母朴夫人（成宗哥哥月山大君的妻

子）曾經關心照顧過他，這是燕山君能記住的唯一關愛。朴夫人也可以說是燕山君少有的恩人。

而燕山君對伯母的這種依賴，竟然漸漸發展成為變態的戀母情結。等到登基後，燕山君在妓女的簇擁下滿足肉體的淫欲，精神上卻始終是一片空白，沒有一個女人真的能讓他得到慰藉。在這樣的反差下，這個暴君獸性大發，竟將伯母朴夫人強姦了。

這樣的亂倫行為，終於讓人神共憤達到頂點。

暴君的末日

西元1506年（農曆丙寅年），燕山君又在宮中策劃第三次士禍，想再殺一批大臣，沒收一批財產供自己揮霍。然而他的種種倒行逆施，已經引起了全國上到官員，下到軍民的一致憤恨。士林與舊勳，貴族與平民，決定聯合起來推翻這個暴君。

轟轟烈烈的起義在全國爆發。朴夫人的哥哥朴元宗等率領大軍包圍了漢城。燕山君的死黨任士洪等很快被抓起來殺了。義軍攻入王宮，以燕山君嫡養母慈順王大妃（即成宗的新尹妃）的名義，下令廢黜燕山君李隆的王位，改立慈順王大妃的兒子、燕山君的異母兄弟晉城大君李懌為王（史稱中宗）。這次事件被稱為「中宗反正」。

遭到廢黜的李隆只好帶著一群哭哭啼啼的娼妓出宮，前往流放地江華島。圍觀的老百姓紛紛憤怒地用石塊投擲那些妓女。兩個月後，年僅31歲的李隆結束了自己荒淫而又淒慘的一生，妓女出身的張綠水等妃子則被斬首。他執政的12年堪稱朝鮮歷史上最荒亂最暴虐的12年。前些年風靡一時的韓國電視劇《大長今》中，主角徐長今的父親，就是因為接受了將毒藥賜給舊尹妃的任務，而在燕山君繼位後被殺掉。

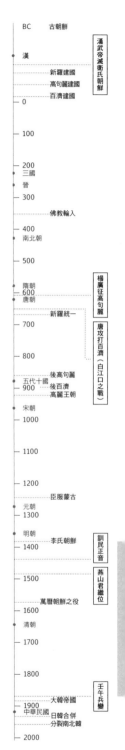

朝鮮國內發生這麼大的動靜，為了避免麻煩，是不能讓明朝知道太細的。因此，朝鮮大臣們給明朝的報告中謊稱李隆因為生病，主動請求禪讓王位給弟弟李懌。反正當時明朝皇帝是貪玩好耍的明武宗朱厚照，對這事情也不在意，就這樣蒙混過去了。

懦弱的國王

繼位的朝鮮中宗李懌，大家普遍認為他是個好人，廢除了燕山君的好些暴政。然而他也僅僅是個好人而已，懦弱無能。舉一事為例：當燕山君的暴行引發全國起義時，面對向府邸潮湧而來的義軍，當時還是晉城大君的李懌，竟然嚇得想自殺。還是他的夫人慎氏阻止了他。慎氏觀察義軍動靜，發現不是來找麻煩的，李懌這才放下心來。不久，他被簇擁著當上了國王。這位「中宗反正」的領袖，真有點像後來辛亥革命時被士兵從床下拖出來當督軍的黎元洪。

等到中宗繼位後，他的結髮妻子慎氏，卻因為其父親是燕山君的忠臣，遭到滿朝「功臣」的攻擊，最後中宗被迫和她離婚。此後，功臣們紛紛將自己家的女人送入宮中，展開了曠日持久的後宮角逐。處在焦點上的妃嬪們走馬燈般更換，有難產死的，有被陷害處決的，有失寵的，真是比戰爭還熱鬧。在這過程中，中宗簡直像個木頭人一樣，既沒有主見，也沒有能力保護自己喜愛的妃子，反而屢屢被朝中大臣插手後宮。

在朝廷上，「勳舊」和「士林」連袂轟走了該死的燕山君，清場之後，內鬥再度展開。最初，「勳舊」依靠驅逐燕山君的功勞占據優勢，甚至能強迫中宗和髮妻離婚；士林集團的儒生們則得到了中宗的支持，透過大力改革朝政，逐步扳回局面。但正當「士林」逐步取得優勢時，中宗卻又忽然反戈一擊，在1519

耶穌基督出生　0—

君士坦丁統一羅馬

羅馬帝國分成兩部

波斯帝國　500—

回教建立

阿拉伯人攻佔西班牙

凡爾登條約

神聖羅馬帝國建立
1000—

十字軍東征

英國大憲章

蒙古第一次西征

英法百年戰爭開始

文藝復興

哥倫布發現新大陸
1500—

英國大破無敵艦隊

光榮革命

發明蒸汽機

美國獨立
拿破崙稱帝

明治維新

美國南北戰爭開始

第一次世界大戰
第二次世界大戰

2000—

年（農曆己卯年）將士林集團領袖趙光祖處死，史稱「己卯士禍」。趙光祖一黨的許多儒臣被捕殺或流放。據說在其中，後宮那些與「勳舊」關係密切的妃嬪產生了很大助力。兩年後的1521年，勳貴集團透過「辛巳誣獄」將士林集團勢力消除殆盡，從而使得朝政回復到「勳舊」一統的局面。直到後來傾向於士林集團的尹氏家族，利用後宮詛咒案對勳舊派進行打擊，才又改變了力量對比。

中宗在位長達38年的歲月裡，後宮干涉朝政，朝官插手後宮，中宗不得不左右迴避。外界形勢也很糟糕，北方的女真頻頻入侵，南方留居朝鮮半島的日本人，又屢次發動「倭亂」。

國家搞得這樣亂，中宗自己做事不成，說起別人來頭頭是道。他經常派人去偵查明朝的朝政，私底下還對明朝的各位皇帝評頭論足。說明成祖動不動殺大臣，不好；說嘉靖皇帝剛愎自用，聽不進別人的話，不好……這些評論其實也有些道理，不過中宗自己的國王當得也沒見多好，大家彼此彼此吧。

後宮的亂鬥

16世紀40年代中期，把持後宮和朝政的貴族集團是尹氏家族。其他競爭對手都被清除乾淨了。前任王妃是尹氏的女兒，生下世子李峼。等她死了，尹氏集團為了保護李峼，就又把另一位尹氏姑娘送進宮繼任正妃。後來這位尹娘娘又生下兒子李峘。

在繼承人問題上，尹氏家族內部又發生爭鬥。前任尹妃的兄弟尹任支持他們的外甥——世子李峼，稱為「大尹派」；現任尹妃的兄弟尹元衡、尹元老支持他們的外甥李峘，稱為「小尹派」。這兩撥新舊舅子之間的爭鬥刀光劍影，絲毫不比之前其他集團的爭鬥溫柔。

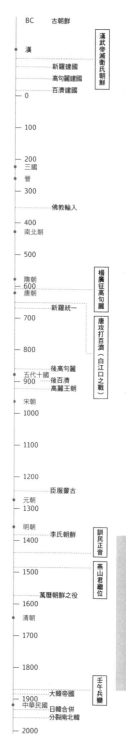

BC　古朝鮮

漢武帝滅衛氏朝鮮

漢

新羅建國
高句麗建國
百濟建國
0

— 100

— 200
三國
晉
— 300

佛教輸入
— 400
南北朝

— 500

隋朝
— 600
唐朝

楊廣征高句麗

新羅統一
— 700

唐攻打百濟（白江口之戰）

— 800

後高句麗
五代十國
— 900　後百濟
高麗王朝

宋朝
— 1000

— 1100

— 1200

臣服蒙古
元朝
— 1300

明朝
李氏朝鮮
— 1400

訓民正音

— 1500

燕山君繼位

萬曆朝鮮之役
— 1600

清朝
— 1700

— 1800

大韓帝國
壬午兵變
— 1900
中華民國　日韓合併
分裂南北韓

— 2000

這個過程中，現任尹妃（史稱文定王后）非常活躍。她入宮本是尹氏家族為了保護世子李峼走的棋，她是為李峼服務的。但當她自己生下李峘後，為了親骨肉的利益，又不惜對自己之前保護的孩子下狠手。

1544年11月，中宗李懌去世，王世子李峼繼位，史稱仁宗，大尹派似乎得勝。但僅僅八個月後，仁宗即死去（正史說是思念父王而病死，野史傳說被文定王后害死）。於是李峘繼位，史稱明宗。文定王后開始垂簾聽政。西元1545年，她處死了大尹派首領尹任，同時鎮壓與大尹派關係密切的士林集團，史稱「乙巳士禍」。她的兄弟尹元衡盤踞朝中，濫用權力，鬧得臭名昭著。在她的胡鬧下，朝鮮國政進一步糟糕下去。

她的兒子明宗親政後，他又開始重用自己的岳父一族，從而又造成外戚專權的局面。1565年文定王后去世。1567年明宗去世，享年僅34歲。明宗在位的23年裡，朝鮮國內只有無盡的內鬥，境外則是不絕的倭寇、女真的禍亂。因為明宗沒有子嗣，最終繼承王位的是明宗的姪兒，中宗的庶孫李昖，史稱宣祖。

耶穌基督出生　0—

君士坦丁統一羅馬
羅馬帝國分成兩部

波斯帝國　500—

回教建立

阿拉伯人攻佔西班牙

凡爾登條約

神聖羅馬帝國建立
1000—

十字軍東征

英國大憲章

蒙古第一次西征

英法百年戰爭開始

文藝復興

哥倫布發現新大陸
1500—

英國大破無敵艦隊

光榮革命

發明蒸汽機

美國獨立
拿破崙稱帝

明治維新

美國南北戰爭開始

第一次世界大戰
第二次世界大戰

2000—

倭亂東來，摯友忠臣存社稷

與人鬥其樂無窮

宣祖李昖在位41年，是朝鮮歷史上在位時間較長的君王。然而他這41年卻是倒楣悲慘的41年。在這41年裡，黨爭達到高潮，更經歷了長達七年的日本入侵。要不是友邦加宗主大明朝的仗義援救，朝鮮差點就滅了。

在宣祖初年，朝鮮歷史上著名的兩大黨派——東人黨和西人黨粉墨登場，演出了一幕幕情景交融的悲喜劇。

東人黨和西人黨都是屬於士林集團。大致來說，東人黨的源頭是在明宗時代依附於尹氏外戚的一群後輩儒生，其代表人物是金孝元。西人黨的源頭則是明宗時代對抗尹氏的一群前輩儒生，其代表人物是沈義謙。金孝元和沈義謙在首都漢城的住宅，一個在城東，一個在城西，所以把他們代表的兩個黨稱為「東人黨」、「西人黨」。

明宗末年，因為明宗舅舅尹元衡專橫跋扈，引起整個士林的強烈不滿，於是對抗他的西人黨和依附他的東人黨聯合起來，把這傢伙轟下了臺。隨後，為了瓜分勝利果實，兩黨又開始理所當然地內訌。

西元1575年（農曆乙亥年），沈義謙想給自己的弟弟一個吏曹銓郎的官位，遭到金孝元的堅決反對。兩黨終於從暗鬥改為明

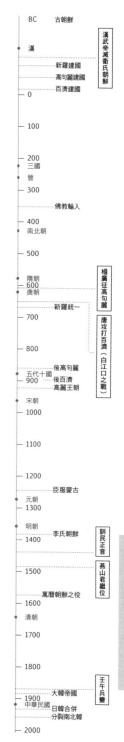

爭，為了一個小小的官位大打出手，雙方唇槍舌劍，相互攻擊，冷嘲熱諷有之，撒野罵街有之，一時之間熱鬧非凡。此事稱為「乙亥黨論」。

東人黨和西人黨在學術思想上也有衝突。朝鮮的兩位大儒學家李滉與李珥，對從中國傳來的程朱理學有不同解釋。李滉認為理學核心在於「主理說」，李珥則認為核心在於「主氣說」。東人黨支持「主理說」，西人黨支持「主氣說」，從人事之爭又發展到了思想之爭。

兩黨為了擴充實力，還紛紛拉攏朝中的高官。很快，整個朝廷被兩黨瓜分，兩黨相互抗衡、相持不下，在各項政務上互相牽制、互相拆臺。

從此以後，朝鮮政壇黨派紛擾，一個黨派失勢了，就蟄伏幾年等候東山再起；得勢了，就立即再度內部分裂，跟病毒傳播似的。

在之後的許多年裡，東人黨分裂為南人派和北人派，北人派又分裂為大北派和小北派。大北派又分裂成骨北派、肉北派和中北派，小北派又分裂成清小北和濁小北。南人派則分裂為清南派和濁南派。西人黨又分裂為老論派和少論派。

這些讓人眼花繚亂的黨派和爭鬥，在李氏王朝其後二百多年的政壇上演出一幕幕極為精彩的連續劇。

豐臣秀吉的閃擊戰

就在朝鮮大臣們忙於玩內鬥遊戲時，東邊的日本列島上，出身平民的豪俊——豐臣秀吉完成了日本統一大業。太閣的目光，冷冷盯向西邊的半島。

西元1589年，豐臣秀吉邀請朝鮮派遣使團訪日。宣祖派出黃

耶穌基督出生　0—

君士坦丁統一羅馬
羅馬帝國分成兩部

波斯帝國　500—

回教建立

阿拉伯人攻佔西班牙

凡爾登條約

神聖羅馬帝國建立
1000—

十字軍東征

英國大憲章　蒙古第一次西征

英法百年戰爭開始

文藝復興

哥倫布發現新大陸
1500—

英國大破無敵艦隊

光榮革命　發明蒸汽機

美國獨立
拿破崙稱帝

明治維新　美國南北戰爭開始

第一次世界大戰
第二次世界大戰

2000—

允吉、金誠一兩位大臣前往。問題在於，這兩位大臣，黃允吉是西人黨，金誠一是東人黨。這麼一對組合，能精誠合作才怪。

兩位使者到了日本後，先是被軟禁了半年，等見到豐臣秀吉後，對方態度極為傲慢，稍說了幾句，便起身離去。使者接下來又被軟禁了一年多，直到1591年才得以回國。

回國之後，西人黨黃允吉趕緊上報朝廷說：豐臣秀吉此舉定然是要準備攻打我們，必須趕緊作好戰備。那豐臣秀吉目光銳利，看上去很有膽略，絕對不可輕視。

東人黨的金誠一針鋒相對地說：「黃允吉一派胡言，妖言惑眾！那豐臣秀吉鼠目寸光，根本不可能對我國造成威脅！」

兩個使者就這樣在朝廷上展開了爭論，雙方的黨派也按慣例投入戰鬥。由於當時朝廷上是東人黨得勢，主政的東人黨老大李山海、柳成龍就拍板：「我們東人黨的金誠一說的對，日本不會來侵略我們的！」

如此屁股決定腦袋，讓人不知道說什麼好了。

歷史不以少數傻瓜的猜測而轉移。1592年（農曆壬辰年），對馬海峽傳來隆隆的炮聲，日軍攻來了。

豐臣秀吉制定了狂妄的戰略：第一步攻占朝鮮，然後以朝鮮為跳板攻占中國，再以中國為基地橫掃印度、東南亞，把全世界都插上日本國旗。

為了實現第一步目的，豐臣秀吉孤注一擲，派出了數量龐大的軍隊。陸軍包括9個軍團158700人，水軍擁有700艘艦船和9200名水兵。此外還有十餘萬預備隊。

相對而言，朝鮮的軍隊雖然從編制數量上也有轟轟烈烈的六位數，但大都分散駐防各地，而且多數已無戰鬥力，機動主力不過數萬人，與鋪天蓋地而來的日軍根本不是同一個量級。

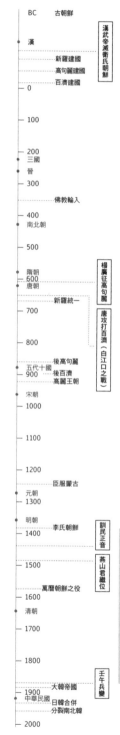

豐臣秀吉的戰略，就是要「倚強凌弱」、「海陸並進」、「速戰速決」。

過去朝鮮軍隊打的倭寇，一般也就是幾百幾千人的量級。超過十萬的日本軍隊，這是有史以來第一次出現在朝鮮半島上。這些是在日本戰國多年廝殺中磨練出來的精銳，還裝備了西式的火槍鐵炮。從作戰經驗、訓練水產、裝備程度、意志力上看朝鮮都沒法比。

所以戰爭進程也就可以想像了。

4月14日，小西行長率領日本第一軍團在釜山登陸，之後各軍團陸續登陸，分兵北進。

面對突如其來的大隊日軍，朝鮮王朝拿出了最後的王牌——大將申砬率領的八千鐵騎。這支精兵面對以步兵為主的日軍，確實有一定優勢，即使鐵炮也未必能壓制住。然而申砬在忠州遭遇了日軍足智多謀的小西行長。4月27日，小西行長擺了個「火牛陣」，直接就讓申砬的騎兵全軍潰散。朝鮮唯一的一支戰略機動部隊就這麼沒了。

接下來，日軍一路猛進，慣於內鬥和搜刮民財的朝鮮官員望風而逃，把一座座城池丟給敵人，而此時東人黨和西人黨還在不停地吵架。4月30日，日軍突破鳥嶺，漢城已無險可守。宣祖見狀，趕緊派人去市場上搶購草鞋，草鞋買好了，立即倉皇北逃。5月2日日軍攻占漢城，5月27日攻克開城，6月15日攻克平壤。兩位王子和許多大臣被俘虜，宣祖帶著一小撮隨從，龜縮在中朝邊境的義州。全國八個道，已經被日軍占領了七個，僅剩西北平安道和南部沿海部分地區尚未淪陷。

大明朝出師

如此一邊倒的戰局，出乎日朝雙方的預料。豐臣秀吉欣喜若狂，嚴令各部加緊侵吞消化朝鮮土地。而宣祖李昖則匆忙地向宗主國大明求救，請大明派遣王師，前來救小邦於水火。要是大明朝不能出救兵，那朝鮮王室就只能請求進入大明境內，建立流亡政府了。

面對日軍入侵的警報和朝鮮王朝的哀告，明朝內部一度爭議不休，甚至懷疑會不會是朝鮮與日本合謀要誘殲明軍。在確認實情後，萬曆皇帝拍板：出兵！

6月，第一波明軍祖承訓部數千騎兵率先入朝，因為輕敵冒進，一路衝到平壤後中了日軍的埋伏，兵敗而歸。

半年後，李如松率領的五萬明軍雄赳赳氣昂昂跨過鴨綠江。

在這場戰爭中，同盟軍朝鮮和明朝的配合，實在是洋相百出。朝鮮方面從後勤補給、敵情偵察、配合作戰等方面，都是一日三變，讓明軍無所適從。日軍占領了朝鮮大量倉庫，存糧損失慘重，所以朝鮮一度要求明軍，自帶糧草出國作戰！柳成龍在為李如松計算後勤時，還告訴他：我們現在能提供多少多少天的糧食，某某城裡面還有大量糧食，不過現在被日軍占領。貴軍只要在糧食吃完之前收復這個城，就不用擔心後面的補給。此外，數以千計的「朝奸」也讓明軍異常惱火。

另一方面，明軍將領有的飛揚跋扈，有的獨斷專行，也使朝鮮君臣捶胸頓足。

但這些問題是次要的，合作才是主要的。中朝兩軍七拼八湊地開始向日軍反擊。李如松指揮明軍，於1593年元月收復平壤，殲滅小西行長部日軍萬餘人，一舉挫敗了日軍的氣焰。此後，兩軍互有勝敗，戰局陷入相持。

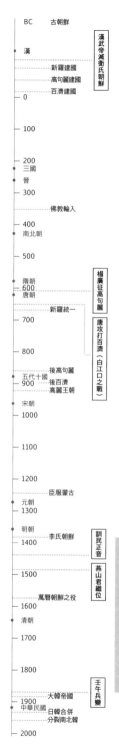

BC

耶穌基督出生　0—

—

—

君士坦丁統一羅馬

羅馬帝國分成兩部

波斯帝國　500—

回教建立　—

阿拉伯人攻佔西班牙

凡爾登條約

神聖羅馬帝國建立
1000—

十字軍東征　—

英國大憲章

蒙古第一次西征

英法百年戰爭開始

文藝復興

哥倫布發現新大陸
1500—

英國大破無敵艦隊

光榮革命

發明蒸汽機　—

美國獨立
拿破崙稱帝

明治維新

美國南北戰爭開始

第一次世界大戰
第二次世界大戰

2000—

面對朝鮮的不幸命運，國際友人紛紛表達同情，建州女真人的首領努爾哈赤也發來慰問信表示：我建州與朝鮮唇齒相依，現在我麾下有精銳的騎兵三萬多、步兵四萬多，願意南下增援朝鮮，一起抗日！當然，這個兵力數字絕對是吹牛。朝鮮君臣想了想：女真人跟我們也打過不少仗，別弄不好引狼入室，於是謝絕了努爾哈赤的「好意」。

名將登場

就在北面明軍擔負起抗日主力時，在朝鮮半島的其他地方，日軍驚奇地發現，當朝鮮正規軍潰敗逃走後，卻有千百民兵起來與日軍展開殊死搏鬥。他們或堅守戰，或游擊戰，有時候還主動出擊，給予日軍沉重打擊，也使日軍不能輕易地從朝鮮獲得補給。

本次戰爭中最偉大的朝鮮將領李舜臣也開始了他的傳奇表演。

李舜臣出身名門望族，但受政治爭鬥影響家境沒落。年幼時他生性頑劣，經常指揮頑童做行軍打仗的遊戲，甚至用彈弓射擊路人。後來他學文習武，從軍入伍，雖然武藝高強、才能不凡，卻因為性格倔強，常與上司關係鬧僵，所以仕途一直不暢。直到1591年，終於在東人黨領袖柳成龍的推薦下，成為全羅道的水軍左節度使。原來這位柳成龍年幼時候，是孩子王李舜臣手下一個玩彈弓的小弟。

李舜臣上任後，積極備戰，創造了那個時代世界上最強大的戰艦——龜船。龜船外形彷彿一頭大海龜，滿身覆蓋了鐵甲，以抵擋敵艦炮火。鐵甲上有鐵鉤鐵刺，敵人敢登艦就直接捅個一刀兩眼。全船裝備二十多門火炮，在船頭還有一個龍頭，可以開

炮、噴火、放煙霧。總之，能攻能守，是一個叫人碰上了就沒處下口的怪物。

當陸路朝軍一潰千里時，李舜臣指揮自己的龜船編隊，向日本水師發動了一次次的攻擊。在龜船面前，日軍的火炮、箭矢失去了作用，龜船的炮火卻讓日艦檣傾楫摧，猛烈的衝擊也對日艦帶來致命打擊。

很快李舜臣就成了日本水師的噩夢。

1592年5月初，李舜臣率領水師在玉浦與日軍數十艘戰船展開戰鬥，一舉擊沉敵艦26艘，自身無一傷亡。此後數日，接連猛追猛打，又摧毀日艦20餘艘。

5月下旬，日本水師進攻廣尚南道的泗川。李舜臣率龜船23艘出發，一舉殲滅日本12艘重型戰船。6月，李舜臣在唐浦、固城、栗浦等海港又摧毀日艦數十艘。日軍為了奪回制海權，在巨濟島集結水師主力，試圖圍殲李舜臣艦隊。李舜臣也率領所屬全羅道艦隊及慶尚道部分艦隊迎敵。7月7日，李舜臣主動發起進攻。日軍戰船數量較多，船體也較為高大。李舜臣為了發揮龜船優勢，在閑山島附近的寬闊深水地區部署主力，而派少數戰艦向日艦挑戰。日軍當然明白李舜臣的意圖，但他們還是傾巢出動追擊。日軍打的如意算盤是：先吃掉你的小部隊，再抓住你的主力。

等衝到寬闊海區，日軍才發現，他們已經被朝軍包圍了。李舜臣的艦隊展開「鶴翼陣」，占據週邊，兩翼兵力較為薄弱，而中央兵力雄厚。正前方，則是讓日軍聞風喪膽的龜船。

隨著炮響，日朝兩國水師的主力會戰開始了。日軍兵力雖多，被擠壓在內線，船隻密集，不但調遣不便，而且使得朝軍火炮的命中率大大增加。相反，朝軍戰船排列稀疏，背後是廣闊的海面，進退自如，損失要小得多。

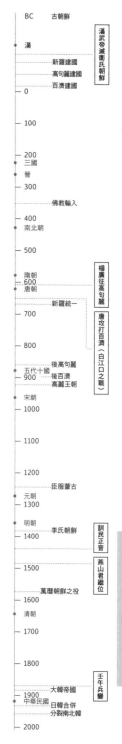

BC

耶穌基督出生　0—

君士坦丁統一羅馬

羅馬帝國分成兩部

波斯帝國　500—

回教建立

阿拉伯人攻佔西班牙

凡爾登條約

神聖羅馬帝國建立
1000—

十字軍東征

英國大憲章

蒙古第一次西征

英法百年戰爭開始

文藝復興

哥倫布發現新大陸
1500—

英國大破無敵艦隊

光榮革命

發明蒸汽機

美國獨立
拿破崙稱帝

明治維新

美國南北戰爭開始

第一次世界大戰
第二次世界大戰

2000—

日軍唯一的希望，就是集中兵力突擊，撕破朝軍的「鶴翼」。但正當他們想這樣做時，鶴頭上的龜船乘風破浪，朝著密集的日本艦陣撞過來了！

剎那間，海面上煙火瀰漫，檣桅交錯。勇猛突進的龜船連撞帶轟，很快就擊沉了日軍前鋒幾艘大艦，迫使其餘日艦不斷後撤。隨著日艦後撤，其隊形更加密集，損失也就更大。兩翼的朝鮮戰船，則配合龜船逐漸逼近，收攏包圍圈，給予日艦側翼猛烈打擊。

在這種戰術下，日軍一點希望都沒有。閑山島大戰，擊沉日軍主力戰船61艘，日軍死傷達四位數。

此戰日本水師主力遭到重創，不但無法再貫徹當初「海陸並進」的戰略，去配合陸軍攻打朝鮮沿海地區，甚至連保護從對馬島到釜山的補給線都成了問題。整個朝鮮海峽，變成李舜臣龜船耀武揚威的廣闊天地。

失去了從日本來的援兵和糧草，扔在朝鮮半島上的十多萬日軍被迫放慢侵略步伐，甚至為了解決吃飯問題，就地修築城寨，囤積軍糧。

可以說，正是因為李舜臣麾下將士的英勇戰鬥，才使得小西行長占領平壤後停頓下來，也才使得宣祖君臣能在中朝邊境苟延殘喘半年之久，沒被日軍一舉擒獲，最終堅持到明朝援軍趕來。

自毀長城的鬧劇

這時候，在朝日軍陷入了某種困境：前方有五萬如狼似虎的明軍，自己的十多萬主力分散在朝鮮半島上，窮於應付此起彼伏的朝鮮民兵和政府軍小股游擊隊，身後的海上通道又被李舜臣的水師切斷了。

但是豐臣秀吉並不是傻瓜。他命令日軍朝半島南部收縮兵力，並向明朝求和。

雙方從1593年夏天開始和談。但因為談判使者兩邊欺瞞，雙方實際上從未達成一致協議。日軍放棄了侵占的大部分朝鮮領土，卻占據著釜山等要地，擺明了隨時可能捲土重來。雙方小規模的衝突還是不斷。

而朝鮮國內的各黨派則利用這寶貴的休戰期，立刻把風平浪靜了沒多久的朝廷黨爭，再度推向一個高潮。戰前，東人黨壓倒西人黨，東人黨中的南人派、北人派也互相鬥。日軍入侵後，西人黨趁機鹹魚翻身得勢，但明朝援軍過來後，東人黨再度取得上風。朝鮮歷史上，一旦東人黨壓倒西人黨，那麼其內部必然再度爆發南人派和北人派的互鬥，這是顛撲不破的真理。

這次黨爭造成了嚴重得多的後果——一心殺敵保國的李舜臣，就這麼躺著也中槍。他是南人派柳成龍提拔的大將，就為這個遭到北人派的陷害。因為拒絕服從一次明顯的瞎指揮，李舜臣被逮捕下獄，苦心建立的艦隊被交給昏庸無能的將領元均。

最讓人不可思議的是，這個時間點是在1597年（農曆丁酉年）的二月，豐臣秀吉剛剛撕毀和平協議，發動第二次侵朝戰爭（史稱丁酉再亂）。在這種情況下還自斷手足，只能說明朝鮮君臣真的已經無可救藥了。

李舜臣被逮捕後，接任的是老邁無能的元均。這位仁兄最出名的事蹟是在上次日軍入侵時，一仗不打就把自己的戰船全部鑿沉，還美其名曰「防止被倭寇搶去」。現在他接任水軍指揮，作威作福，鬧得全軍人心惶惶。這樣的將帥怎麼可能打勝仗？

在軍事上元均也一塌糊塗，被日軍的誘兵之計牽引著，在海上東奔西走，疲於奔命。1597年7月，元均所率朝鮮水師主力在漆

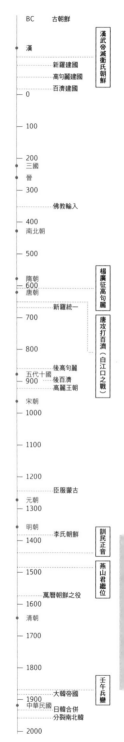

BC

耶穌基督出生　0—

君士坦丁統一羅馬
羅馬帝國分成兩部

波斯帝國　500—

回教建立

阿拉伯人攻佔西班牙

凡爾登條約

神聖羅馬帝國建立
1000—

十字軍東征

英國大憲章　蒙古第一次西征

英法百年戰爭開始

文藝復興

哥倫布發現新大陸
1500—

英國大破無敵艦隊

光榮革命

發明蒸汽機

美國獨立
拿破崙稱帝

明治維新　美國南北戰爭開始
第一次世界大戰
第二次世界大戰

2000—

川梁被日本水師全殲，元均本人也一命嗚呼。

精兵強將毀於一旦，昏君宣祖和忙於內鬥的大臣傻眼了，只得再把李舜臣提拔為朝鮮水師總指揮。然而這位總指揮手下兵力多少呢？經過漆川梁之敗，原本在東亞屈指可數的朝鮮水師，只剩下了12艘戰船，100多名將士！這樣的實力在日軍面前簡直不堪一擊，甚至朝廷還告訴李舜臣：要不然把船全沉了，你帶著這點兵上岸把守吧。

李舜臣拒絕。面對不利的局面，他慨然說道：「戰船雖然少，但只要我李舜臣還活著，絕不能讓日本隨意欺負我們！」

勇氣可嘉，但打仗還是要實力說話。李舜臣抓緊時間，招募士卒，改造龜船。他本人就是一面旗幟，在他的號召下，許多朝鮮壯士紛紛投軍。很快，李舜臣麾下又擁有了一支小規模的龜船隊。

鳴梁之戰

日本水軍司令藤堂高虎聽說這事情，心想要是讓李舜臣恢復了元氣，那還得了！他就率領日本水師主力300多艘戰船，殺氣騰騰地向西直撲全羅道水營，要先把李舜臣的水軍扼殺在搖籃之中，再從水路攻擊漢城。

面對二十倍於己的日軍，李舜臣決定用計。他的眼光落在了一處狹長的水道上。這裡靠近半島，多股洋流彼此衝擊，海水流向一天之內多次變化，海流在峭壁之間衝撞，發出雷鳴般的巨響，此處故而叫做「鳴梁」。這險要的地勢，恰是李舜臣以少勝多、以主待客的好戰場。

李舜臣在鳴梁的水下佈置了鐵索和木樁，漲潮時看不出來，退潮時就會擋住船隻。他又募集了一批民船，插上軍旗，偽裝成

朝軍主力的模樣，吸引日軍的注意力。

李舜臣則率領新改建的12艘龜船，在漲潮的時候向日軍挑戰。引出日軍後，他稍微開了幾炮，就順流撤退。這種挑釁行為讓日軍非常不爽。藤堂高虎的大隊戰船列成長達數里的陣勢，浩浩蕩蕩追擊朝軍船隻，進入了鳴梁水道。他們一心盯著水道那一邊的朝鮮水師「主力」。至於眼前這十多艘船，根本就是小菜嘛！

李舜臣率領12艘龜船且戰且退。當他們退到鳴梁水道的出口時，日軍的主力艦隊也已經跟隨他們完全進入鳴梁水道。這時，李舜臣下令轉過船頭，12艘龜船排成一列橫隊，準備迎頭痛擊。

就在這時候，鳴梁水道中的海流忽然逆轉。原本順水的日軍戰船，頓時被劈頭蓋腦的巨浪打得上下起伏。

這就是李舜臣等待的機會。12艘龜船趁著海流，向日軍猛撲過來！

日艦雖然有幾百艘，但在狹窄的水道裡面互相碰撞，亂了隊形。而李舜臣的艦隊排成一列橫隊，牢牢楔住出口，連撞帶轟，很快擊沉了前面的好幾艘日艦。藤堂高虎發現不妙，他下令撤退。然而這時候開始退潮了。

水下的木樁和鐵鍊把日軍船隻被絆住，動彈不得，彼此擠成一團。等到藤堂高虎好不容易從中退出來時，已經有30多艘戰船被擊沉。

1597年9月中旬的這場「鳴梁之戰」，成為第二次抗日戰爭海上戰場的轉捩點。

最後一戰

此時在陸地戰場，依然是日軍占據主動，朝軍不堪一擊。但

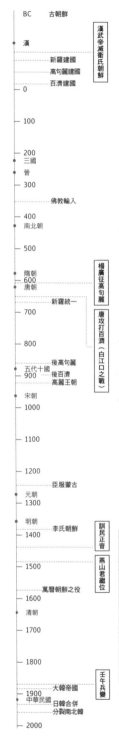

留在朝鮮的明軍以及1597年趕到朝鮮的明軍，卻能不時給予日軍沉重打擊。1598年明朝又派出重兵十餘萬入朝增援，李舜臣也得到明朝水軍統帥陳璘、大將鄧子龍等所率數百艘戰船的增援。雙方的實力對比發生了逆轉。妄圖蛇吞象的日軍，無可挽回地走向失敗。9月18日，豐臣秀吉病死，日軍開始全線撤退，中朝聯軍緊緊追擊。

1598年11月，中朝聯軍與日軍展開了此次戰爭中最後一場海戰——露梁之戰。這堪稱是當時規模最大的海戰，雙方各投入了數萬水師、上千艘戰船。最終，擊沉日艦數百艘，殲滅日軍兩萬人。但中朝聯軍也付出了慘重的代價：朝鮮水師總指揮李舜臣和明朝老將鄧子龍不幸陣亡。

作為一個海軍奇才，死在這樣一場已經勝利的戰鬥裡，未免有些讓人惋惜。然而李舜臣從來都是身先士卒。如果沒有他過去的身先士卒，就根本不會有今天的這場提前勝利。戰死，也不過是履行他作為大將的信念罷了。正是千千萬萬同樣信念的朝鮮軍民不畏犧牲的奮戰，才能在日軍的鐵蹄下保全國家血脈，並堅持到大明援軍的到來。

聞知李舜臣死訊，整個半島籠罩在悲慟之中。後來，李舜臣被韓朝人民視為與世宗大王並列的民族大英雄。

這場持續七年的戰爭，對參與的三個國家都帶來了深重的影響。

豐臣秀吉死後，德川家康趁機崛起，建立德川幕府掌控日本政權200多年。明朝在朝鮮半島投入重兵，耗費錢糧無數，最終引起了國家經濟的崩潰和朝廷的滅亡。

美國獨立
拿破崙稱帝

美國南北戰爭開始

明治維新

第一次世界大戰
第二次世界大戰

　　　　　2000—

而朝鮮不僅在戰爭中喪失數十萬生命，國土慘遭蹂躪，政局也因而動盪。原來在日軍入侵時，宣祖的二兒子——光海君李琿

挺身而出，組織與日軍作戰，頗有威名。宣祖就想把他立為繼承人。但明朝認為，李琿既不是長子（上面有同母大哥），又不是嫡子（下面有正宮王妃生的小弟弟），就駁回來了。

慣於政治爭鬥的大臣們，豈能放過這樣一個好題材？當時在朝廷上，東人黨已經打敗了西人黨，東人黨中的北人派也已經打敗了南人派。北人派自己又分裂成大北派和小北派鬥起來。大北派主張立光海君，小北派則主張立年幼的嫡子。兩家發揚光榮傳統，鬥得不亦樂乎。鬥來鬥去，把唯一的觀眾宣祖給氣到不行。

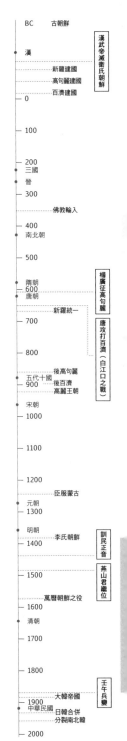

明亡清替，痛心疾首易宗主

悲慘的光海君

1608年，也就是日軍撤退後的第十年，宣祖李昖掛了。老爹掛了，並無世子名分的光海君李琿再次挺身而出，在一幫大臣支持下登上王位。畢竟是抗日英雄，國內支持率不低，也沒人造他的反。明朝雖然不樂意，拖了幾個月也就承認了既成事實。

但光海君對自己的位子能否坐得穩，始終心懷忐忑。他嚴厲打擊小北派，把對自己名分構成威脅的大哥和小弟都廢黜流放，最後還殺了。他還把小弟弟的母親，宣祖的正宮仁穆王后給囚禁起來。

消除王位隱患的同時，光海君認真地治理國家，也取得了一些成就，農業和商業都有所發展，科技、醫學等也得到進步。

但問題也不少。光海君頒佈《大同法》修改稅制，把人頭稅改為土地稅，雖有利於小民，卻得罪了豪族權貴。光海君大力開辦書院（學校），這些書院都占有大片免稅土地，並且被兩班大臣控制，從而由學術機構變成了權貴培養個人勢力的工具。

更大的隱患則來自北方的女真。如前所述，女真族從高麗時代就一直與朝鮮半島的政權關係密切，李氏朝鮮更是透過對女真的軍事打擊與經濟拉攏，不斷向北蠶食土地。但是到了西元17世紀，形勢已經完全不同。

因為女真出了一條好漢，名叫「野豬皮」，按滿文讀音翻譯過來是——「努爾哈赤」。

努爾哈赤驍勇善戰，用兵不凡，吞併女真各部，建立了八旗精兵，一步一步崛起於東北。1616年，努爾哈赤建立後金，1618年，宣布「七大恨」，正式向明朝宣戰。明朝隨即以兵部左侍郎楊鎬為總司令，準備圍剿可惡的野豬皮。萬曆皇帝向朝鮮頒旨說：你們也派些兵來幫著打！

過去朝鮮配合明朝圍剿不聽話的女真人也不是一次兩次了，這回卻有些不同。光海君李琿是親自參加過抗日戰爭的，知道打仗不是好玩的事情。他也知道努爾哈赤跟以前那些女真蠻子肯定不太一樣，而且朝鮮自己的元氣還沒恢復，現在得罪女真人，多半沒好結果。

這麼一思量，光海君就想把這事情敷衍過去。

然而，在抗日戰爭中明朝給予的巨大幫助，使整個朝鮮瀰漫著狂熱的對明朝的感激之情。人民高呼：「我國的一草一木，生民的一毛一髮，無不仰賴大明皇帝的恩澤！」朝野要求出兵助剿的輿論高漲。

光海君苦笑道：「不當家不知道柴米貴啊。」他只好派大將姜弘立帶一萬多朝軍去向楊鎬報到。但他暗中叮囑姜弘立：明朝的軍令，也不是非聽不可，保全我們自身的實力更重要！

1619年二月，楊鎬率領十多萬大軍，兵分四路向後金進攻。結果努爾哈赤集中六萬兵力，快速機動，各個擊破，三天之內，接連殲滅三路明軍，徹底打破了圍剿，史稱薩爾滸之戰。

在這次大戰中，部分朝軍進行了頑強抵抗，左營將軍金應河力戰身死。姜弘立則很「識趣」，一旦被後金軍圍攻，立刻率全軍投降，還幫助後金軍搜捕明軍。這幫投降的人多數被編入了

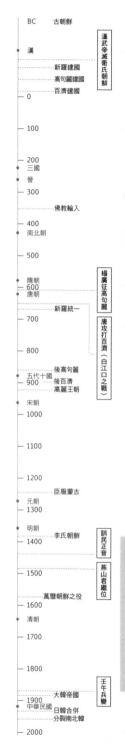

後金隊伍，有幾個被放了回來，並帶了一封努爾哈赤的信。信中說：「俺知道，你們出兵是被明朝這壞人逼的。現在俺打敗了明朝，你也跟俺一起打吧。」

光海君早被後金軍在戰場上迅猛的攻擊嚇破了膽：「十萬大軍啊，當初明朝救援我們也就這個數，居然一下子就被滅了！」在他腦海中迅速出現一個公式：後金＞明朝＞日本＞朝鮮。我們哪敢和他鬥哩！但要公開倒向後金，畢竟於情於理都不合適，他就對努爾哈赤說：「我不敢再惹您了，但我也不忍心打明朝，要不我們都不打了，和平共處好吧？」

光海君一面暗中聯絡後金，一面對明朝敷衍，試圖在兩個老大間保持中立。但他「勾結蠻夷」的舉動，在國內引起了極大的不滿。再加上改革得罪權貴，以及殺害兄弟、囚禁嫡母這些罪行，終於引來大禍。

1623年，在政壇上被壓抑許多年的西人黨聯合南人派，發動武裝政變，一舉殲滅大北派，並以仁穆王后的名義廢黜了光海君，改立光海君的姪兒、宣祖的孫子李倧為王，史稱仁祖。

光海君遭到殘酷的報復，王妃和王子被賜死，自己被流放，據說他的眼睛也被用石灰燒瞎。這次政變被稱為「仁祖反正」。

「仁祖反正」的時候，光海君已經49歲了，從國王淪為囚徒，老婆孩子被殺，眼睛也被燒瞎，簡直是斷絕了一切希望，更別說歷次政變被流放的王族往往活不長。但說也稀奇，遭遇如此酷烈打擊，光海君竟然還安穩地又活了18年，最後以67歲高齡去世，而且他身在囹圄，還對國事頗為憂心，擔心繼任者不能把持好外交，引來禍端。

耶穌基督出生　0—

君士坦丁統一羅馬
羅馬帝國分成兩部

波斯帝國　500—

回教建立

阿拉伯人攻佔西班牙

凡爾登條約

神聖羅馬帝國建立
　　　　1000—

十字軍東征

英國大憲章

蒙古第一次西征

英法百年戰爭開始

文藝復興

哥倫布發現新大陸
　　　　1500—

英國大破無敵艦隊

光榮革命

發明蒸汽機

美國獨立
拿破崙稱帝

明治維新

美國南北戰爭開始

第一次世界大戰
第二次世界大戰

　　　　2000—

丁卯胡亂

仁祖在黨爭中奪了叔叔的位，但他無法平息黨爭。西人黨在奪取政權後，再度分裂為勳西派（參加造反的人）和清西派（沒參加造反的人），爭鬥不止。就連勳西派內部衝突也很激烈。勳西派大臣李适就曾發兵叛亂，擁立仁祖的另一個叔叔興安君為王。

另一方面，仁祖和西人黨採用這樣的方式奪取政權，在明朝看來是嚴重違背封建禮法的。明朝的立場很簡單：當初我們並不贊成立光海君，但既然你們立了，就要像對國王一樣對他，哪能說廢就廢？他們幾次嚴厲質問朝鮮，弄得仁祖君臣支支吾吾，很是狼狽。

最大的危險還是來自北方。現在整個東北地區基本已被後金占領，試圖和後金和談的光海君也被政變搞下臺，那後金要打過來了怎麼辦？

幸好明朝有一員大將叫毛文龍，膽大包天，帶領一支小部隊從海路跑到女真人後方打游擊。他也不去碰後金主力，專門趁後金主力外出的空當，偷襲後金的島嶼和沿海城鎮，招收流民。幾年下來，竟然發展成了好幾萬的軍隊，以鴨綠江口的皮島做根據地，建立了「東江鎮」，成為敵人後方的一顆釘子。

朝鮮方面對毛文龍給予財力、物力的支持，這也算變相地跟後金開戰了。當然，毛文龍對朝鮮來說，既是宗主國的友軍，又是一個巨大的負擔。幾萬人駐紮在皮島，吃喝拉撒消耗巨大，都跟朝鮮要。不過，供應幾萬兵馬總比直接在國土上打仗要輕鬆些。

這麼搞了幾年，禍事臨頭了。1627年（農曆丁卯年），努爾哈赤之子皇太極繼位不久，即與貝勒阿敏率領數萬大軍向東而

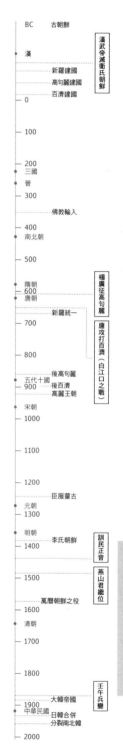

來，要把毛文龍和不聽話的朝鮮一起解決掉。

　　事實證明，光海君當年對兩國軍事力量對比的判斷還是滿準確的。朝鮮正規軍在女真鐵騎面前不堪一擊，接連敗退，仁祖君臣逃到了江華島上，只好向後金求和。後金原本是有完全吞併朝鮮計畫的，但遭到朝鮮各地義軍的反抗，毛文龍的東江鎮在躲過第一波猛攻後，也開始反擊，使得後金軍難以立足。最終雙方經討價還價，達成「江都會盟」，共有三條盟約：（1）雙方結為兄弟之邦；（2）各守邊境；（3）後金撤軍，永不南下。結盟之後，後金軍大肆搶掠一番，滿載而歸。

　　此次入侵，史稱「丁卯胡亂」。仁祖終於見識到了女真人的厲害。此後十餘年，後金年年向朝鮮勒索大量財物，並且老是想把「兄弟之盟」改成「君臣之盟」，還要朝鮮方面出兵配合攻打明朝。對這些問題，朝鮮君臣堅持原則，絕不退讓。

　　然而外部環境持續惡化。1629年，毛文龍被袁崇煥所殺，朝鮮雖然解脫了一個經濟上的負擔，卻也丟失了一個軍事上的保護傘。次年，袁崇煥又被崇禎皇帝所殺；再次年，孫承宗被罷免。明朝不斷自毀長城，後金越發囂張。位於後金「下腹部」的朝鮮，日子也更不好過了。

刀架脖子的屈服

　　1636年（農曆丙子年），後金皇太極稱帝，國號「大清」，從此與明朝「天無二日」。朝鮮也面臨站隊的抉擇。

　　一開始，朝鮮的立場是很堅定的。在皇太極的登基儀式上，兩位朝鮮使者被強迫加入朝賀的行列，但他們堅決不肯，為此遭到大清官吏抓扯和毆打，雖鼻青臉腫、衣服破碎，仍不屈從，讓周圍那些投降的漢人都哭了。

耶穌基督出生　0—

君士坦丁統一羅馬

羅馬帝國分成兩部

波斯帝國　500—

回教建立

阿拉伯人攻佔西班牙

凡爾登條約

神聖羅馬帝國建立
1000—

十字軍東征

蒙古第一次西征

英國大憲章

英法百年戰爭開始

文藝復興

哥倫布發現新大陸
1500—

英國大破無敵艦隊

光榮革命

發明蒸汽機

美國獨立
拿破崙稱帝

美國南北戰爭開始

明治維新

第一次世界大戰
第二次世界大戰

2000—

接下來，皇太極派使者到漢城詔告朝鮮：「我當皇帝了，你快些稱臣吧！」

這還了得！一個蠻夷部落，竟敢要我們稱臣！朝鮮上到達官貴人，下到黎民百姓，個個義憤填膺，甚至有人要求「毀書斬使」，以表示忠於恩人大明朝，和女真蠻夷爭鬥到底的決心！大清使者匆匆逃離，遭到了百姓的「夾道歡送」——劈頭蓋腦的石頭土塊雨點一樣飛來。

皇太極勃然大怒：「還真把自己當大爺了！」這年冬天，他親率十萬大軍，向朝鮮發動了進攻，史稱「丙子虜亂」。

仁祖李倧也知道皇太極饒不了自己，趕緊號召民眾奮起抗戰。他派軍隊守住邊境，同時把老婆孩子送到江華島避難。

誰知清朝軍大膽穿插，進兵神速，一路摧枯拉朽，僅僅十天就從鴨綠江衝到了漢城。仁祖匆忙逃到南漢山城，又被清軍團團圍住。朝鮮全國各地的軍隊前來勤王，被清軍來一個打一個，來兩個打一雙。接下來清軍又攻占了江華島，把仁祖的王妃和王子全部抓起來當人質。

這麼著，朝鮮君臣終於抵擋不住，就在1636年正月開城投降，向清朝皇帝皇太極三叩九拜，並且上繳了明朝賜予的印綬。

從這一刻起，朝鮮再也不是明朝的藩屬，而變成了清朝的附庸。

失去了明朝這個宗主，全國人民悲痛欲絕。更直接的痛苦還在後面。清朝抓走了仁祖的世子李澄和次子李淏做人質，又勒索了大筆錢財，還縱兵劫掠，綁架了數十萬朝鮮人，這才得意洋洋滿載而歸。被綁走的朝鮮人，有錢的家裡出錢贖了回來，窮人就被直接當奴隸賣了。

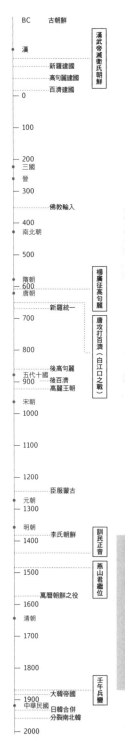

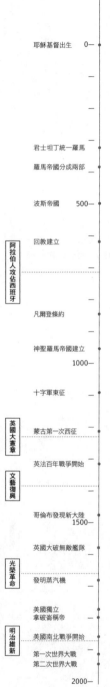

王世子之死

接下來的幾年，清朝變成宗主國，不再發兵進犯，朝鮮人好歹能喘口氣了。1644年，李自成攻占北京，崇禎皇帝自縊身死。隨後，吳三桂引清兵入關，擊敗李自成。清朝王爺多爾袞抱著年幼的順治皇帝入主北京。中國歷史正式進入「清朝」。

清軍攻占北京之後，重心放在繼續打擊江南的明朝殘餘勢力和西邊的李自成餘部上，對朝鮮則以籠絡為主，不但減少了貢品的勒索，而且把作為人質的朝鮮世子李澄和二王子李淏也放了回來。

李澄在清朝當了八年人質，日子過得其實還不錯，他與清朝攝政王多爾袞交上了朋友，成了一個「親清派」。他在北京，知道明朝已經沒救了，和清朝打好關係，更有利於朝鮮的利益。抱著這種想法，李澄在清朝官員的陪同下回到朝鮮。

然而朝鮮的臣民，卻依然不能擺脫對明朝的感情。明朝滅亡的消息讓國王和滿朝大臣都哭得跟死了爹娘一樣，特地到郊外去哭了一天的喪。看見世子李澄跟清朝官員如此親密地進入京城，還強迫大家都來迎接，不少人已經恨得咬牙切齒。

結果世子回國兩個月，就莫名其妙地死了。有人認為是病死的，而有人則認為是被人下毒害死的。多爾袞聞得此事，大為震怒，但在朝鮮上下一致的「病死」口徑下，也只能懷著憤憤的心情不了了之。

王世子暴斃，對於朝鮮和清朝關係或許是一個危險的信號。

反清復明，壯志未酬終落空

孝宗的雄心

世子既然橫死，繼承權就落在二兒子李淏身上。1649年仁祖去世，李淏繼位，史稱孝宗。這位孝宗和他哥哥完全相反。他也在清朝境內當過八年人質，但這只增加了他對滿清的仇恨。

一直以來，無論是王氏高麗還是李氏朝鮮，都對中原的漢族文化無比仰慕，而對中國的少數民族政權嗤之以鼻。不幸的是，在兩國近千年的歷史中，除了北宋初年和明朝外，其他多數時候，朝鮮半島上的政權總是被迫臣服於遼、金、元、清這樣的少數民族政權。對朝鮮朝廷而言，這是很大的恥辱。而孝宗本人的立場，則助長了這樣的思潮。

於是在孝宗的主導下，一場轟轟烈烈的「反清復明」運動展開了。

孝宗即位初年，便流放親清派大臣，任命反清派人士當大官，引得清朝專門派人來質問：「小兄弟，幹嘛把這幾個人引進朝廷啊？」孝宗迫於壓力，只得罷免了反清派人士，卻又把親清派的人砍了好幾個作為平衡。很快，朝廷裡面親清的勢力基本被一掃而光了。

隨後，孝宗開始正式反清復明。他擴充軍隊編制，修建城堡，打造兵器，更親自身披戰袍，檢閱軍隊，真是威風凜凜。

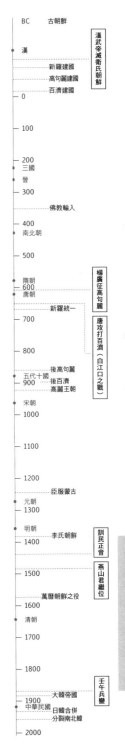

說起明朝的滅亡，孝宗和他的反清復明大臣們慷慨激昂：「我們侍奉大明三百年，萬曆皇帝對我們有再造之恩，名義是君臣，其實是父子！如今當兒子的怎能眼看著爹被賊人殺了，還要認賊做父呢！」

他制訂計畫，要組建十萬精兵，跨過鴨綠江，直撲北京，等待全中國的義士來回應。他說：「我先天聰明，後天磨練，又在清國當了八年人質，熟悉他們的地形，打起來未必怕他們！再說起兵反清，為的是宣揚大義，就算打輸了又如何？照樣流芳百世！我只希望能有機會率軍渡海直搗北京，就算一戰而死在北京城下也了無遺憾了！」

然而朝鮮國小民弱，又在過去幾十年裡遭到了兩次全國範圍的戰爭破壞，實在不夠折騰的了，孝宗擴充軍隊的目標始終沒有完成。清朝順治皇帝雖然年幼，國政卻較為穩定。1659年，孝宗李淏忽然去世，年僅41歲。他的北伐大計也就成了永遠不能實現的美夢。

值得一提的是，孝宗任上，真有兩次「北伐」。可惜這兩次北伐不是去打清兵，而是去幫清兵打人——抵抗入侵東北的沙俄侵略軍。在戰鬥中，朝鮮火槍手射擊精準，得到了清朝軍官的一致讚賞。這些辮子軍卻不知道，這精銳的火槍手，原本是訓練出來準備反清復明用的。

註：1654和1658年，朝鮮軍隊兩次接受順治皇帝的命令，協助清軍在松花江擊退沙俄的軍隊。第一次朝鮮軍隊派出火槍手100名，輔助人員數十名；第二次派出火槍手200名，輔助人員百餘名。在1658年的第二次戰鬥中，清朝、朝鮮軍隊聯軍殲滅沙俄軍隊200多人，朝鮮方面有8人陣亡，25人負傷。

君士坦丁統一羅馬

羅馬帝國分成兩部

波斯帝國　500—

回教建立

阿拉伯人攻佔西班牙

凡爾登條約

神聖羅馬帝國建立
1000—

十字軍東征

英國大憲章　蒙古第一次西征

英法百年戰爭開始

文藝復興

哥倫布發現新大陸
1500—

英國大破無敵艦隊

光榮革命　發明蒸汽機

美國獨立
拿破崙稱帝

明治維新　美國南北戰爭開始

第一次世界大戰
第二次世界大戰

2000—

最後一次機會

孝宗死了，但他反清復明的思想被兒孫和大臣繼承下來。其子李棩（顯宗）繼位後，經常派間諜刺探清朝情報。為了打倒清朝，他還試圖和日本人聯合起兵。不過日本人在萬曆年間被打傷了心，再也不願意折騰這事情了。顯宗又與臺灣的鄭氏家族多方聯絡，試圖顛覆清朝，也都無果而終。

顯宗還有他頭疼的事情。國內這幫官員們，剛一不打仗，立刻又鬧起黨爭來了。這次，是掌權的「西人」和在野的「南人」之間的爭鬥，而雙方交鋒的主要問題，是先王孝宗喪禮上的禮儀細節。在這場喪禮之戰中，「西人」占了上風，繼續把持朝政。這幫西人黨同樣秉持「一旦得勢就分裂內訌」的傳統，因此又出現了「少論派」和「老論派」的對峙。

1683年，清朝康熙皇帝決意削藩，吳三桂等起兵造反，史稱「三藩之亂」。次年，消息傳到朝鮮半島，顯宗大喜：「等了這麼多年，反清復明的機會終於來了！」滿朝文武，也都熱淚盈眶，紛紛上書表示：下定決心，不怕犧牲，討伐滿清，恢復大明！

朝堂之上，尹鑴為首的主戰派口出豪言：「應該立刻聯合臺灣鄭經，斷絕和清朝的外交，出兵北伐。現在清朝西有吳三桂，東有鄭家軍，北有蒙古，我們再一傢伙砍過去，他哪裡還招架得住？」博得了長時間的熱烈掌聲。

掌聲裡，領議政（相當於首相）許積站出來，先大聲附和道：「說得好啊！從道義的角度，我們當然應該出兵討伐清朝，為恢復大明朝立功！」

主戰派大喜，紛紛鼓掌歡呼。

許積話鋒一轉：「不過，現在雖然烽煙四起，清朝對付我們

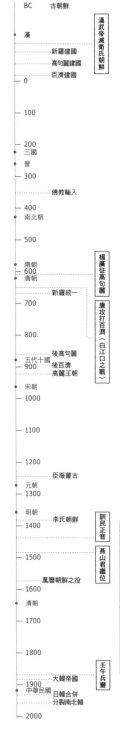

還是足夠的。如果像前兩次一樣，派幾萬精兵渡過鴨綠江，各位有何妙計呢？」

這下子，主戰派一時語塞。

此刻，朝鮮全國的民意還是傾向於北伐。距離丁卯、丙子兩次清朝入侵，已經三十多年了。社會的中堅階層，多是些沒有見識過清朝厲害的年輕人，只知道「報國仇，雪國恥」，全不考慮實際強弱。就在這一片鬧哄哄的喧囂中，顯宗死了，年僅34歲。

繼位的是他兒子李焞，史稱肅宗。朝鮮這幾代，老國王死得一個比一個早，新國王年齡一個比一個小，肅宗當時只有14歲。

這14歲的孩子卻比很多大臣明白。面對朝野喧囂一片的「北伐」言論，他表示：「正義的想法是好的，但也得看看自己的實力啊。」他把重點放在加強本國防禦上，而不是一心想著打過鴨綠江，解放全東北，甚至他還禁止再上書北伐。

非暴力不合作

從肅宗開始，朝鮮開始漸漸務實。等到後來康熙皇帝平定三藩之亂、攻占臺灣消滅鄭氏之後，朝鮮失去了外援，不敢再奢談「反清復明」的大業了。

然而從情感上，朝鮮對於明朝終究是深切懷念的。在1704年，肅宗帶領大臣們舉行了「崇禎皇帝殉國六十周年紀念大會」，會上深切緬懷明朝的開國皇帝朱元璋、對朝鮮有大恩的皇帝萬曆和末代皇帝崇禎。後來，對這三位皇帝的祭祀更成為每年一度的固定儀式。

英法百年戰爭開始

文藝復興

哥倫布發現新大陸

1500

英國大破無敵艦隊

光榮革命

發明蒸汽機

美國獨立
拿破崙稱帝

明治維新

美國南北戰爭開始

第一次世界大戰
第二次世界大戰

2000

雖然朝鮮公開的身分是清朝的藩屬，在公開上表裡一口一個「吾皇」、「天使」叫得比蜜甜，但在私底下，君臣都習慣把清朝皇帝叫做「胡皇」，把清朝使者叫做「虜使」。更為誇張的

是，朝鮮內部的公文、書信，一律使用崇禎年號。「崇禎後某某某年」的記錄方法，一直用了二百餘年，用到近代高宗李熙時代。

朝鮮維護大明的意志，真不比天地會遜色。

然而這樣的行為也帶來了負面影響。不管清朝最初如何野蠻，後來如何腐朽，它畢竟是二百多年裡中國的正統朝廷。在過去的一千多年裡，朝鮮半島各國最大的對外活動就是與中國進行政治、經濟、文化、科技交流，即使在最霸道的元朝也沒有耽擱。如今，朝鮮卻對清朝關閉了這扇門，自詡為華夏正統的真正傳人，影響了兩國邦交的正常發展。

於是早在清朝對世界閉關鎖國之前，朝鮮就先對清朝來了個閉關鎖國。好在清朝對於周圍藩屬，也只是滿足於宗主名分。只要你不來招惹我，我是不會為難你的。雙方就這樣維持著冷淡的關係。

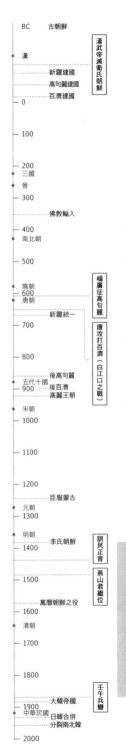

內鬥不息，黨爭餘隙是權門

耶穌基督出生　0—

君士坦丁統一羅馬

羅馬帝國分成兩部

波斯帝國　500—

回教建立

阿拉伯人攻佔西班牙

凡爾登條約

神聖羅馬帝國建立
　　　　　1000—

十字軍東征

英國大憲章

蒙古第一次西征

文藝復興

英法百年戰爭開始

哥倫布發現新大陸
　　　　　1500—

英國大破無敵艦隊

光榮革命

發明蒸汽機

美國獨立
拿破崙稱帝

明治維新

美國南北戰爭開始

第一次世界大戰
第二次世界大戰

　　　　　2000—

狐狸精的故事

外界塵埃落定，剩下就只有持續不斷的內鬥黨爭了。

如前所說，顯宗在位期間，西人黨借助喪禮上的禮法之爭壓制南人派。到了顯宗末年和肅宗初年，在孝宗老婆仁宣王后的喪禮，以及顯宗本人的喪禮中，又爆發了禮法爭鬥。這次，南風壓倒西風，「西人」領袖、三朝老臣宋時烈被流放，「南人」盡攬大權。之後，南人派又理所當然地分裂為清南和濁南對轟。等到1680年，「南人」涉嫌參與宗室謀反遭到大批捕殺，於是「西人」再度登場，並且也遵從光榮傳統，又分裂為「老論」和「少論」兩派。

這一時期的朝鮮內鬥，被稱為「四色黨爭」。所謂「四色」是指老、少、南、北。其實朝鮮二百多年黨爭，產生的派別哪裡只有四種顏色，簡直比彩虹還要豐富絢麗啊。

而對肅宗來說，煩惱的事情不在此處。他繼位多年，沒有兒子。

這對封建君王來說是很麻煩的，尤其肅宗接連幾代都是單傳。他第一位正妻金氏20歲就死了，第二位正妻仁顯王后閔妃為了幫老公解決這個麻煩，就提議再多選一個女人進宮。

這樣一來，一顆妖星在朝鮮後宮冉冉升起。

這顆妖星姓張，她的叔叔是翻譯官，在朝鮮被稱為「中人」階級。她的經歷也是相當傳奇。最初因為叔叔犯了罪受到牽連，被抄家進宮當宮女，後來被肅宗看上了，再後來又因為政治爭鬥被趕出宮去。仁顯王后讓這個大自己八歲的女人「二進宮」，或許想的是，與其找個小狐狸精來勾引老公，不如讓這個年齡大點的來承擔生兒子的責任吧。

誰知道老狐狸精更狡猾。張氏在1689年生下兒子李昀（後來的景宗）。母以子貴，她被封為正一品禧嬪，位在王后之下。這時，張禧嬪露出了本來面目。她開始結黨營私、培植勢力，要奪取後宮之主的地位。

而朝廷上，原本被西人黨壓制得喘不過氣的南人派，也可算找到大樹了。他們就內外勾結，不斷進言肅宗，說張禧嬪好不容易生了個兒子，應該立為世子。張禧嬪自己也是大吹枕頭風，陷害仁顯王后。

西人黨領袖宋時烈勸肅宗顧及王后，不要急著立世子，結果惹火了肅宗。肅宗偏要對著幹，不但把李昀立為世子，還以「嫉妒」的罪名廢黜了王后，並把宋時烈賜死！張禧嬪獨占後宮，南人派也借機得勢。

張禧嬪成為正妃之後，氣焰囂張，打擊陷害後宮其他美女，簡直把肅宗控制於股掌之中。這時卻有一位過去侍奉仁顯王后的宮女崔氏，在宮中偷偷為仁顯王后祈禱。肅宗恰好碰見此事，非常感動，於是收為新寵。

後來，這位善良的宮女懷了孕。張禧嬪聞訊大驚，幾次想害死她，卻總未能得手，最後一次還被肅宗撞見，肅宗親自護送崔氏到了安全地方。

1694年，西人黨試圖恢復仁顯王后的地位，遭到張禧嬪和南

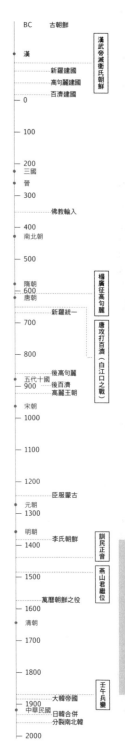

人派的鎮壓，史稱「甲戌獄事」。但西人黨繼續不屈不撓地進行政治爭鬥。就在當年，崔氏生下王子李昑（後來的英祖），動搖了張禧嬪的地位。

隨後，肅宗目睹張禧嬪的殘暴，對比之下，開始思念善良賢淑的仁顯王后，並恢復了她的地位，而把張氏降級為「嬪」。這樣，支持仁顯王后的西人黨重新又重占上風。1701年，仁顯王后病故，肅宗悲痛欲絕，於是以「詛咒國王」、「巫蠱王后」的罪名，將張禧嬪賜死。

不管王室後宮和朝廷如何爭鬥，和平發展才是真理。肅宗時期，消除了來自外部的戰爭威脅，朝鮮國內各項經濟指標有所提升，稅制更加合理，商業也有所發展，個體經濟如雨後春筍冒出來，貨幣流通加速，「資本主義萌芽」蠢蠢欲動，全國人口增長了一倍以上。

政治方面，以民為本的政治思想開始流行，一些官員主張讓人民生活過得更好才是國家強盛的關鍵。傳統的統治階級「兩班」（即文武官員）中的一些人開始自己耕作田地，而富有的農民則獲得「兩班」身分。就是說，傳統的門閥限制正逐漸被打破。對國家的發展來說，這是一件好事。

英祖蕩平黨爭

哥倫布發現新大陸
1500—

英國大破無敵艦隊

光榮革命 發明蒸汽機

美國獨立
拿破崙稱帝

明治維新 美國南北戰爭開始

第一次世界大戰
第二次世界大戰

2000—

1720年，肅宗李焞去世，在位47年，享年60歲。由張禧嬪為他生下的兒子李昀繼位，史稱景宗。景宗體弱多病，懦弱無能。這時掌權的西人黨，在打垮南人派後，再次按照「少論」、「老論」劃分陣營開始爭鬥。1721年（農曆辛丑年），老論派逼景宗立他的異母弟弟、崔氏生的延壽君李昑為繼承人，少論派卻堅決反對，認為這樣是在擾亂王室。他們激烈地攻擊老論派，甚至有

人企圖殺死延壽君李昑，嚇得李昑逃到後母仁元王后（肅宗的第三任正妃）那裡才保住性命。

在少論派的猛烈攻擊下，老論派全軍覆沒，為首的四個大臣被稱為「四凶」而遭處決，史稱「辛丑士禍」。但在仁元王后的庇護下，李昑的世子地位卻得以確認下來。

1724年，年僅36歲的景宗即去世，沒有兒子，異母弟弟李昑繼位，史稱英祖。也有人認為，景宗是被他弟弟暗害的。從兩兄弟母親一輩的仇怨，以及兩人的性格來分析，這種說法並非完全無稽之談。總之，英祖成為景宗之死最大的得利者。

英祖繼位之後，痛感自己的父母曾因為朝廷黨爭造成後宮血案，而自己也差點在黨爭中被北人少論派大臣殺死，因此決心要消除朝廷黨爭。

他消除的法子很簡單：先揍不聽話的，再任用聽話的。

於是在1725年（農曆乙巳年），英祖開始對朝廷黨派下手。首先的開刀對象，是當年支持張禧嬪的南人派，對其嚴厲懲處，史稱「乙巳士禍」。此後，英祖重用當初支持自己的「北人老論派」，而疏遠曾威脅自己的「北人少論派」。少論派企圖另立新君，被英祖蕩平。

把南人派和少論派都揍下去之後，英祖實行「蕩平策」，平息黨爭。他勸告各黨派和平共處，並且對各黨派一視同仁地加以任用。由於不聽話的都被狠狠收拾了，英祖的想法在一定程度上得到了實現。

暫時平息黨爭後，英祖開始致力於國家治理。他常常走出宮廷，去徵求官員、讀書人乃至士兵、農民的意見。他實行財務改革，用會計制度整頓國家的收支，調整稅率，印刷各種文化教科書和農業技術書籍，還製造了大量的氣象科學儀器。他在全國範

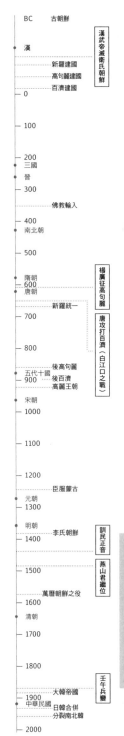

圍興修水利，建設橋樑道路。在英祖時代，朝鮮與滿清、日本的貿易大大增加，全國從事商業和工業生產的人數劇增，不但產生了一些富可敵國的商團，而且兩班貴族和平民百姓都紛紛靠參與商貿賺外快，從而出現「全民經商」的盛況。工商業的發展又刺激了金融貨幣的發展，放高利貸的行業也蒸蒸日上。

英祖還是位具有親民色彩的國王。他削減了兩班貴族特權，提高平民子女地位，廢除了一些酷刑，還設立「登聞鼓」使得平民的冤屈可以上奏朝廷。英祖本人生活簡朴，曾禁止從清朝進口奢侈的綾羅綢緞。

這一時期朝鮮的文學也蓬勃發展，最著名的作品《春香傳》就是在英祖時期開始流傳的。

思悼世子的慘死

英祖雄心勃勃地治理國家，他是朝鮮歷史上在位時間最久和最長壽的國王。然而他的兒子卻只有兩個，都不是正妃所生。長子李緈10歲就死了，次子李愃作為繼承人，16歲即開始參與處理國政。

因為是唯一的王子，所以李愃從小受到寵愛；又因為是唯一的王子，所以具有雄心壯志而又望子成龍的英祖，對他寄予了很大的希望，希望他能夠達到甚至超過自己的治國才能。

當然，要達到英祖這個高度並不容易。於是，英祖很自然地有了當爹的一種常見表現：趕鴨子上架。

兩方面的擠壓產生了父子衝突。李愃在治理國家方面也有自己的一些想法，但英祖則對他的很多做法嚴屬斥責。這種教育方法使雙方的衝突越來越深，最後竟把李愃弄得出現了嚴重的精神憂鬱。

彷彿還嫌家裡鬧得不夠熱鬧，世子李愃的岳父洪鳳漢和英祖的岳父金漢耇（正妃金氏她爹）又參與進來。他們倆其實都算是「北人老論派」，但權益在前，一派的內訌是必然的。洪鳳漢為首的被稱為「時派」，而金漢耇一黨則稱為「僻派」。圍繞著世子的地位，兩家的爭鬥越來越激烈。

這讓英祖勃然大怒：「我一生都想消除黨爭，你們兩家國戚居然又鬥起來了！」他把世子李愃看做是罪魁禍首，再加上李愃有時候精神失常，做出一些荒誕甚至暴虐的舉動，更加讓英祖厭惡。而「僻派」出於政治利益，也會有意無意地向英祖進對世子不利之言。

父子之情蕩然無存，終於造成了慘絕人寰的家庭悲劇。

1762年，朝廷有人上告世子李愃謀反，這終於成了壓死駱駝的最後一根稻草。英祖勃然大怒，連夜召見世子，並調集大軍將宮殿圍住。英祖手持寶劍，令唯一的兒子立刻自盡。他甚至咆哮道：「要是你死了，國家還能繼續；要是我死了，國家就完了！」

面對父王的暴怒，世子李愃慘然解下腰帶，懸樑自盡。可是他身邊的侍從，不忍心看著主人橫死，剛一吊上，就去解救。這樣反覆折騰了幾次，世子沒有死成。

這卻更加激起了英祖的怒火。他叫人抬來一個大木櫃，把世子硬推進櫃子裡，親手上了鎖，又用大鐵釘釘上厚木板，還在外面拴上了很粗的繩索，壓上巨大的石塊。就這樣，他將親生兒子活活封在這口「棺材」裡面，不給飯，不給水。八天後，可憐的李愃終於慘死在木櫃中，年僅38歲。

英祖逼死自己的兒子，心中也很難過，為世子李愃賜號為「思悼」，朝鮮史料上則稱為「莊獻世子」。世子之死，使得朝

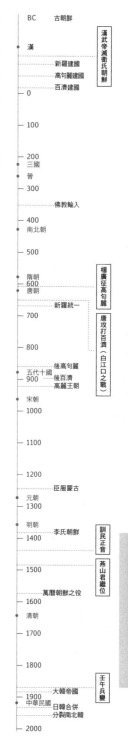

BC

耶穌基督出生　0—

君士坦丁統一羅馬

羅馬帝國分成兩部

波斯帝國　500—

回教建立

阿拉伯人攻佔西班牙

凡爾登條約

神聖羅馬帝國建立
1000—

十字軍東征

英國大憲章

蒙古第一次西征

英法百年戰爭開始

文藝復興

哥倫布發現新大陸
1500—

英國大破無敵艦隊

光榮革命

發明蒸汽機

美國獨立
拿破崙稱帝

明治維新

美國南北戰爭開始

第一次世界大戰
第二次世界大戰

2000—

廷裡洪鳳漢「時派」和金漢耈「僻派」的爭鬥趨於明顯化。英祖終其一生想消除的黨爭，還是在他執政數十年後再次泛起。

英祖李昑在位52年，享年83歲。他的兩個兒子，一個夭折，一個被父王逼死了。好在李愃留下了好幾個兒子，儘可以夠老爺子挑選繼承人。英祖就把李愃的兒子李祘，過繼給李緈，立為王太孫。

學滿清還是學歐洲

1776年，英祖去世，王太孫李祘繼位，史稱正祖。

在英祖後期，朝廷黨爭在時派和僻派之間進行，僻派占優。正祖繼位後，因為時派曾大力保護自己的親爹思悼世子李愃，於是他就支持時派，打擊僻派，順便強化國王的權力。在這個過程中，他提倡學術自由，推動朝鮮的科技和人文科學發展。他任用蔡濟恭，並提拔了朴趾源、朴齊家、丁若鏞等「實學」名士，建立了學術機關「奎章閣」，在朝鮮的經濟、科技等方面進行了一些改革，同時大量印刷各類著作。朝鮮的科學和文藝事業，也保持了英祖時期蓬勃發展的趨勢。

正祖時期朝鮮的變化，表現在「北學」和「西學」思想上。

所謂「北學」，即向清朝學習。如前面所說，長期以來朝鮮王朝對大明朝感情很深，把清朝看做蠻夷，甚至內部一直使用明朝末代皇帝崇禎的年號。英祖時期，雖然鄙夷清朝的思想依然存在，但朴趾源、朴齊家等人則從當時乾隆統治下的清朝盛世中看到學習的榜樣，呼籲全面學習清朝的農業技術，以提升朝鮮國力。

「西學」則是指向歐洲學習。不過，最先進入朝鮮的不是西方的科技，而是宗教。那時候，天主教已經進入中國，並以在華

的朝鮮使臣為突破口，滲透到半島上。1784年，朝鮮使臣李承薰在北京接受洗禮，教名彼得。他回國後，便開始祕密傳教。

在天主教會看來，朝鮮沒有正式的教士，他們的傳教和洗禮都是不正宗的。他們決定往半島上派遣正式的教職人員。可是朝鮮對滿清尚且懷有戒心，怎能讓金髮碧眼的西洋人直接入境呢？北京主教想了個法子，他就派中國教士姚文謨裝扮成朝鮮人，於1791年混入朝鮮國境進行傳教。這樣，天主教在朝鮮半島迅速傳播開來，短短半個多世紀，發展到數十萬教徒。朝鮮政府把天主教視為「邪教」，得知中國教士入境的消息後，便嚴加追捕。

安東金氏專權

在政治上，正祖走的是一條很彆扭的路。他本人是在黨爭的烽煙中登上王位的，親生父親也因為黨爭而喪命。像爺爺英祖一樣，他憎惡黨爭。但他的應對方法卻很特別：他把最高權力託付給自己的舅兄、為他登基保駕立下大功的洪國榮，從而用「權臣獨裁」代替了「黨爭」。

1800年正祖病逝。他也只有兩個兒子，長子4歲夭折，幼子李玜繼位時也不過12歲，史稱純祖。

因為世子年幼，正祖在臨終前將國政大權託付給權臣金祖淳，使之一躍成為朝鮮王朝的實際獨裁者。金祖淳將女兒嫁給純祖為妃，自己以國丈兼託孤大臣的身分掌握大權，完全架空國王，開創了「安東金氏勢道時代」。這樣，朝鮮的「勢道」（意指權臣專政）正式成為主流政治。

在接下來的半個多世紀裡，安東金氏長期控制朝政，但在與其他權貴門閥在爭鬥中曾一度被趕下臺。英祖、正祖開始的改革也被停止，官僚日趨腐敗，科舉污穢不堪，農民遭到多重剝削，

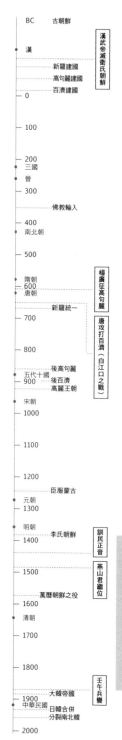

生活無著。

　　金祖淳為代表的勢道權門，對於「西化」的思想視若洪水猛
獸，大力鎮壓。1801年（農曆辛酉年），丁若鏞等許多有西化思
想的大臣被扣上「宣揚邪教」的帽子加以清洗，天主教更是被嚴
禁。此事史稱「辛酉教獄」。在教獄中，首次進入朝鮮傳播天主
教的中國教士姚文謨和一批朝鮮教徒被處死，甚至正祖的弟弟、
純祖的叔叔恩彥君李䄄也受牽連而死。

　　而在對西方關緊大門的同時，權門勢道把持下的朝鮮，對
大清朝的態度反而恭順了不少，開始恪守作為「藩屬」的立場。
1828年，一艘英國商船來到朝鮮半島附近的海面，要求和朝鮮做
生意。這是西方首次向朝鮮的貿易申請，卻遭到拒絕。因為朝鮮
認為，自己是滿清的藩屬，不應該有獨立的外交。你們要做生
意，應該直接和清朝皇帝商量，別來找我們。

　　李氏王朝在它的最後一個世紀裡，倒是與宗主國大清進入了
一個慢熱的蜜月期。

末世的紛亂

　　1834年，純祖去世。他只有一個兒子李旲，只活了22歲，在
四年前就死了。好在李旲還生下一個兒子，叫李奐。這個五代單
傳的孫子當時年僅8歲，沒辦法，別說8歲，就算8個月，王位也跑
不了他啊。

　　這麼著，李奐小朋友繼位，史稱憲宗。憲宗在位期間，朝鮮
王朝真正顯出了沒落跡象，可謂百病橫生。

　　在朝廷上，他老媽神貞王后趙氏一族，與把持朝政的金氏
一族激烈爭鬥。在社會上，兩班官僚勢力抬頭，權力日趨腐敗，
經濟日漸崩壞。短短幾年，兩次發生權貴擁立其他王室成員的叛

耶穌基督出生　0—

君士坦丁統一羅馬

羅馬帝國分成兩部

波斯帝國　500—

回教建立

阿拉伯人攻佔西班牙

凡爾登條約

神聖羅馬帝國建立
1000—

十字軍東征

英國大憲章

蒙古第一次西征

英法百年戰爭開始

文藝復興

哥倫布發現新大陸
1500—

英國大破無敵艦隊

光榮革命

發明蒸汽機

美國獨立
拿破崙稱帝

明治維新

美國南北戰爭開始

第一次世界大戰
第二次世界大戰

2000—

亂。西方列強的炮艦，也開始在朝鮮半島周圍出沒，引起朝野惶恐。

內憂外患中，1849年，憲宗李奐去世了。這位年僅23歲的短命鬼只有一個女兒，還夭折了。五世單傳的朝鮮王室，至此絕了血脈，只好往上找繼承人。找來找去，選中了英祖的玄孫、憲宗的堂叔李昪。這位李昪的曾祖父就是被活活餓死的思悼世子李愃，他的祖父是李愃的第三個兒子恩彥君李裀。於是，朝廷裡舉辦了一個儀式，讓李昪過繼給已經死去15年的純祖當兒子，然後繼承了王位，史稱哲宗。

面對這個天上掉下來的國王，哲宗沒有表現出任何積極性。他待在王位上十多年，唯一的喜好就是享樂。而國家則繼續日趨惡化。

到了1862年，終於爆發了全國範圍的民亂。相對同期清朝面臨的太平天國，朝鮮民亂可算是相當溫柔。造反的基本模式是：忍無可忍的農民揭竿而起，手持棍棒攻打地主莊園和衙門，砸爛些罈罈罐罐，搶些糧食，毆打殺死些地主和官吏，然後一哄而散。

朝廷對此的處置也是象徵性的，通常很少派兵馬去大肆鎮壓，而是等農民散去後，再各打五十大板：一方面抓幾個造反的「禍首」砍頭，另一方面也懲辦幾個貪贓枉法的官吏，敷衍「民意」。然而治標不治本，對朝鮮王朝日漸敗壞的機體沒有什麼拯救效果。

1863年，貪杯好色的哲宗享福到頭，死了。哲宗前後生下五個兒子和六個女兒。然而除了一個女兒，其他十個都夭折了，所以最後還是沒有兒子繼位。

這樣，必須再找一個王族成員來繼位。找來找去，找到一位

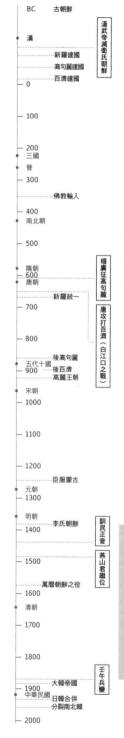

叫李熙的。

這位李熙論起輩分，是哲宗的遠房姪兒、英祖的六世孫、思悼世子的玄孫。但要按血緣說，他其實是二百多年前朝鮮仁祖第三個兒子的一支，和英祖，和思悼世子都隔了好多輩，八竿子未必打得著一下。只是因為思悼世子的第四個兒子恩信君李禛沒有兒子，就把李熙的爺爺南延君李球過繼為嗣子。這麼一來，算是一下子拉近了和現在王室的距離。

接下來，王室又讓李熙過繼給已死去三十多年的李旲（純祖的兒子，憲宗的爹）為子，李熙進一步變成憲宗的弟弟、哲宗的姪兒，繼承了王位。

就在朝鮮王室忙於玩這種「走迷宮」、「連連看」遊戲的時候，外洋已經出現了西方艦隊，閉關鎖國的日子快過到盡頭了。

| 第六章 | 最後的掙扎
（近代韓朝）

　　19世紀中後期，歐洲的大砲沒有轟開朝鮮的大門，日本的刺刀卻刺進來了。明成皇后和大院君，按他們的想法富國強兵，迴光返照的清朝也拿出最後的力量想保住朝鮮，然而終究不能拯救危亡。李氏王朝在他們最後的10多年裡，自稱皇帝。隨後，這個帝國被日本一口吞掉。

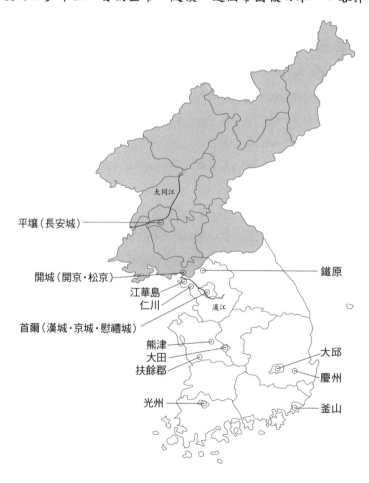

閉關鎖國，洋擾兩番驅美法

有個性的大院君

話說1863年，朝鮮哲宗去世，因為沒有兒子，從王室的子弟中，選中了興宣君李昰應的兒子李熙繼位，史稱朝鮮高宗。高宗李熙登基時只有12歲，他的親爹李昰應就被封為「大院君」，並實際掌握朝政。

這位大院君李昰應非比尋常，乃是朝鮮末年一位著名政治家。兒子登基時他44歲，胸懷壯志，一心要富國強兵，在西方入侵下保衛朝鮮的三千里江山。於是大院君主導了一系列的政治、經濟改革。

朝鮮國的書院打著教書的名義，其實是貴族子弟的政治經濟俱樂部，霸占大片良田，剝削民眾，稱得上是國家的毒瘤。大院君就把書院狠狠整頓了一番。他還廢除外戚專權，發展本土經濟，取消奴婢。這些措施對朝鮮的衰敗有一定延緩作用，但都是治標不治本。

因為擔心西方入侵，李昰應的針對性措施是：更加殘酷地迫害國內的天主教徒，嚴厲奉行閉關鎖國之策。顯然，這是在揚湯止沸，甚至是飲鴆止渴。

早在19世紀20年代，西方各國就曾派船隻來朝鮮試圖通商。此後，他們的努力一直沒有停止。1866年，普魯士商人兩度尋求

左側年表：
耶穌基督出生　0
君士坦丁統一羅馬
羅馬帝國分成兩部
波斯帝國　500
回教建立
阿拉伯人攻佔西班牙
凡爾登條約
神聖羅馬帝國建立　1000
十字軍東征
英國大憲章
蒙古第一次西征
英法百年戰爭開始
文藝復興
哥倫布發現新大陸　1500
英國大破無敵艦隊
光榮革命
發明蒸汽機
美國獨立
拿破崙稱帝
明治維新
美國南北戰爭開始
第一次世界大戰
第二次世界大戰
2000

通商，都被拒絕。隨後，美國武裝商船謝爾曼號滿載著貨物，配備了火槍大炮，發動了對朝鮮的第一次強行「攻關」。

最初，朝鮮方面依然客客氣氣，派官員接待謝爾曼號，送去食物和小禮物。但等到美國人提出通商時，朝鮮官員明確告知：我們朝鮮王國不和蠻夷通商的，您請回吧。

美國人堅持要求，朝鮮官員鬆口了：「要不然，您先等在這裡，我回去請示上級。」

美國佬和那時候一切西方佬一樣，蠻橫得很。加上前幾年跟著英法打贏了第二次鴉片戰爭，又在國內打完了南北戰爭，心想大清帝國都被我們馴服了，你小小的朝鮮還敢頂嘴？他們不顧朝鮮官員的警告，駕船沿大同江逆流而上，一路往平壤去。平壤的朝鮮官員見狀，趕緊過來阻止，結果美國人反而把他扣押了，並對朝鮮軍隊開槍恐嚇。

大院君聞訊，拍案而起：「這還了得，跟他們開戰！」

於是美國歷史上第一次「韓戰」打響了。

雙方實力都很弱。朝鮮的炮火基本就是幫「謝爾曼」抓癢，但謝爾曼號作為武裝商船，火力也沒法跟鴉片戰爭中的英法軍艦相比。尤其朝鮮海軍還在使用當年抗擊日本的「龜船」，雖然笨拙，防禦力真不是蓋的。雙方就這樣誰也打不掉誰地對轟了一陣，朝鮮將軍看美國佬船堅炮利，我們火攻吧！他們把幾艘船載滿燃料，向謝爾曼號順水飄去。

赤壁之戰的招數又一次發揮了作用。木制商船謝爾曼號避不開朝鮮的火攻船，被引燃。朝鮮軍又向江中傾倒燃油，形成一片火海。美國船員們紛紛跳船逃命，被朝鮮軍隊砍瓜切菜，趕盡殺絕。

朝鮮第一次抗擊西方入侵，就這樣取得了「全勝」。

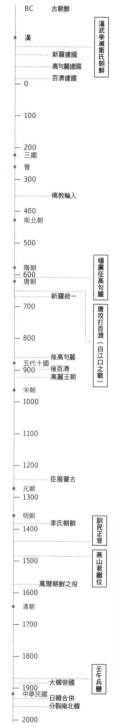

耶穌基督出生　0—

君士坦丁統一羅馬

羅馬帝國分成兩部

波斯帝國　500—

回教建立

凡爾登條約

神聖羅馬帝國建立
1000—

十字軍東征

蒙古第一次西征

英法百年戰爭開始

哥倫布發現新大陸
1500—

英國大破無敵艦隊

發明蒸汽機

美國獨立
拿破崙稱帝

美國南北戰爭開始

第一次世界大戰
第二次世界大戰

2000—

大院君禁止天主教傳播，逮捕12萬教徒，處死上萬人，包括好幾個信奉天主教的朝鮮官員和9個法國傳教士，這就激怒了法國。8月，法屬印度支那艦隊的一支分艦隊逼近江華島，一陣炮火之後，派陸戰隊登陸。

朝鮮軍隊照例頑強抵抗，用土炮玩命地朝敵軍轟擊。靠著這種死戰不退的精神，倒也對法軍造成了一定的損失。這時法國皇帝拿破崙三世的主要精力被遠征墨西哥所牽制，在歐洲又面臨普魯士統一的挑戰，也沒法在東方這個小小半島投入過多兵力，最終法軍劫掠一番後撤退了。

這一年是農曆丙寅年，因而朝鮮歷史上稱之「丙寅洋擾」。大院君一口氣竟然擊退了美、法兩個西方強國的入侵，對自己閉關鎖國的政策更加有自信了。他還專門在首都漢城修建了一座紀念碑，叫做「斥和碑」。碑上刻著18個大字：「洋夷侵犯，非戰則和，主和賣國，戒我萬年子孫。」

這位大哥真是把自己當一流強國了。

明成皇后亮相

1866年註定是朝鮮的多事之秋。這一年，大院君替自己的兒子、朝鮮國王李熙娶了老婆。該老婆名叫閔紫英，比李熙大一歲，歷史上稱為閔妃，她還有一個更著名的稱號——明成皇后。

大院君之所以選這個兒媳，是看中她從小是孤兒，沒什麼家族勢力，不至於形成強大的外戚，干擾李熙的改革。此刻的大院君並不知道，這位從小孤苦的閔妃，卻磨練出堅韌的意志、敏銳的目光和縝密的思維，她將成為大院君的終身政治對手。

到了1871年（農曆辛未年），美國為了謝爾曼號被滅掉一事興師問罪，派遣海軍分隊逼近江華島。這次還有什麼客氣的，兩

邊開炮對轟。美艦一頓排炮過去，打得朝鮮炮臺碎石亂濺，血肉橫飛。轟得差不多了，又投入陸戰隊上島，逐個圍攻炮臺。鎮守炮臺的朝鮮軍雖然與美軍力量懸殊，依然血戰到底。朝鮮軍陣亡和被俘數百人，美軍傷亡不過數十人。美軍試圖用被俘的朝鮮兵作為籌碼要求朝鮮和談，卻被告知：這些俘虜隨你們處理好了，和談是不可能的。到了夜裡，更有幾百名武裝的民眾，趁夜色向美軍襲擊。這當然是以卵擊石，但其戰鬥意志卻也讓美軍有些震撼。美軍司令認為自己的兵力無法征服朝鮮，加上遇到風暴，於是主動撤離。

就這樣，五年之中，朝鮮竟然「挫敗」了西方的三次入侵，雖然損兵折將，但沒割地沒賠款，比起同時期封建國家的中國和日本強多了。大院君信心更加爆表，並且堅持不懈地把閉關鎖國的基本國策貫徹到底。

另一件事卻讓大院君很頭疼，他發現自己當年選的兒媳婦閔妃，是個很有主見，很不安分的女人。當年少的國王李熙在花天酒地時，這位同樣年少的王后卻在書房讀書。隨後，她開始培養自己的勢力，並且插手國政。

大院君極為不爽，但是沒辦法，高宗李熙娶了媳婦忘了爹，這個年輕貌美又能幹的老婆，當然比一本正經的老頭子可愛多了。在李熙有意與無意的支持下，閔妃勢力越來越大。

這樣，大院君和閔妃的爭鬥揭開序幕。此後兩人整整鬥了二十多年，直鬥到國破家亡，方才罷手。

早在1868年，李熙寵愛的李尚宮就產下庶長子李墑。到1871年，閔妃第一次懷孕產子，卻夭折了。據說，閔妃是服用了大院君送來的人參才遭此慘禍。此事真偽難辨。但大院君對幼孫的夭折，顯然沒有兒子兒媳悲傷。他從朝鮮王朝過去多年的宮廷爭鬥

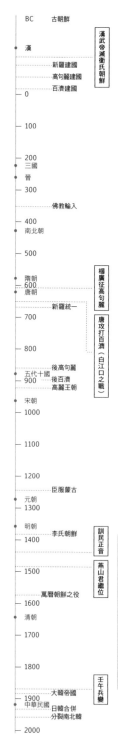

中吸取經驗，深知要打擊後宮的政敵，從「子嗣」上做文章是一條捷徑。他就鼓動高宗將李妃生的庶長子李墡立為世子。此舉若成，閔妃的地位就岌岌可危了。

高宗李熙卻對此很不滿意，而閔妃也在積極活動。她一方面拿出女性的手段，盡力奉承丈夫李熙，一面則籠絡閔氏族人和朝中一些不受重用的臣子，甚至連大院君的長子和哥哥，因為不滿意大院君給他們的官職小，也被閔妃用權位拉攏過去了。

到了1873年，高宗已虛歲二十二，閔妃鼓動群臣一起呼籲高宗親政。她籠絡的一些儒生同時還指摘大院君執政期間的種種不是之處。經過堅持不懈地攻擊，終於在當年11月，大院君交出政權，高宗親政。

客觀來說，大院君李昰應執政期間，做了一些好事，也做了一些壞事。比如廢除書院、抑制權貴等屬於對民眾有利的好事，卻得罪了貴族；而大興土木、加收賦稅又引起民眾的不滿。在臺上的總是容易左右不討好，所以他下臺的時候除了自己和少數親信，也沒人難過，就連他哥哥和兒子，都歡天喜地地去閔妃那裡領取官職了。

耶穌基督出生　0—

君士坦丁統一羅馬

羅馬帝國分成兩部

波斯帝國　500—

回教建立

阿拉伯人攻佔西班牙

凡爾登條約

神聖羅馬帝國建立
1000—

十字軍東征

蒙古第一次西征

英國大憲章

英法百年戰爭開始

文藝復興

哥倫布發現新大陸
1500—

英國大破無敵艦隊

光榮革命

發明蒸汽機

美國獨立
拿破崙稱帝

明治維新

美國南北戰爭開始

第一次世界大戰
第二次世界大戰

2000—

倭亂再來，江華條約惹禍端

最袖珍的「炮艦外交」

　　高宗親政之後，實權轉到了閔妃手中。1874年，閔妃又生下一子李坧（後來的朝鮮純宗），在次年被冊封為世子。這回放心了，權力也到手了，兒子也有了。閔妃決定大展宏圖，她要糾正大院君的種種錯誤，把朝鮮帶上一條康莊大道！

　　憂國憂民的閔妃，把大院君做過的事情都倒過來做。比如大院君取消的書院，她就恢復了一些；大院君罷免的權貴，她也任用了一些；同時，大院君加收的稅賦，她又減免了一些。總之大院君的改革以得罪人為主，她的施政方針則是安撫人心。

　　在對外方面，大院君奉行閉關鎖國之策，嚴厲鎮壓天主教，並且洋洋自得於擊退美法入侵的壯舉。閔妃在這一點上也完全反過來了。她畢竟年輕，思想活絡，認為再抱殘守缺是不行的。

　　那怎麼辦呢？她要開放，就是積極與西方強國建立交流關係，藉由向西方學習來富國強兵。

　　按說，這種思路沒錯，可閔妃畢竟太年輕了，對於國際爭鬥的殘酷認知不足，拿過去中國和朝鮮這種溫和的宗主藩屬關係，來套用到19世紀的帝國主義身上，這就難免要吃大虧。

　　果然，不速之客來了。

　　那就是東邊的日本。

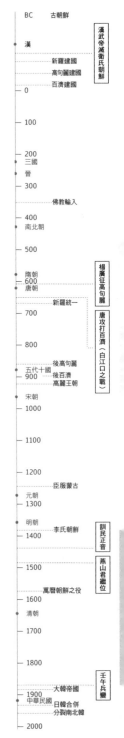

在過去的一千多年裡，日本基本是除了中國之外，與朝鮮關係最密切的鄰國。一方面有長期的商貿往來，一方面有倭寇的頻繁入侵。在近三百年前更差點把朝鮮滅國。

19世紀中葉，日本與中國、朝鮮一樣，都遭受西方列強入侵，其程度遠遠超過朝鮮。然而在列強的堅船利炮下，日本猛然醒悟過來，武裝推翻了守舊而腐敗的德川幕府，開始學習西方，實行維新。

不知不覺間，這個糾纏了一千多年的鄰居，再次裝備強力武裝，殺氣騰騰地逼近了。

1875年，日本派出軍艦，在朝鮮半島沿岸游弋，深入軍事重地，測量水位。到了8月，雲揚號炮艦入侵江華島附近，並放出小艇逼近草芝鎮炮臺。炮臺守軍見日軍挑釁上癮了，於是開炮射擊。而這正中日軍的下懷，立刻開炮「還擊」。

說起來，這場戰鬥雙方都是很乏力的。朝鮮方面固然裝備落後，日軍的雲揚號也不過是一艘200多噸的小艇，裝了兩門口徑100多毫米的大炮，航速只有10節。憑這樣的軍艦要打下草芝鎮炮臺也沒那麼容易。雲揚號對炮臺轟了一陣，就退出射程。閔妃執政時期的這次戰鬥，眼看著又要和大院君時代的幾次「洋擾」一樣無果而終。

然而日本鬼子卻比歐美鬼子更加凶殘。他們轉而向附近防守薄弱的沿海村鎮進攻，先是炮轟，然後派出士兵登陸，對守軍和平民無差別地屠殺，最後燒掠一番，揚長而去。這就是所謂「雲揚號事件」。

燒殺之後，這事情該完了吧？哪有那麼簡單！這次來的是日本帝國主義，可不是當初的倭寇。10月、11月裡，日本軍艦又連續在半島南端的釜山一帶挑釁。次年1月，日本大臣黑田清隆和井

耶穌基督出生 0—

君士坦丁統一羅馬

羅馬帝國分成兩部

波斯帝國 500—

回教建立

阿拉伯人攻佔西班牙

凡爾登條約

神聖羅馬帝國建立 1000—

十字軍東征

英國大憲章

蒙古第一次西征

英法百年戰爭開始

文藝復興

哥倫布發現新大陸 1500—

英國大破無敵艦隊

光榮革命

發明蒸汽機

美國獨立
拿破崙稱帝

明治維新

美國南北戰爭開始

第一次世界大戰
第二次世界大戰

2000—

上馨帶領8艘軍艦，再次前往江華島，要與朝鮮就「雲揚號事件」談判。在日本方面看來，這次事件不是雲揚號入侵朝鮮，而是朝鮮傷害了雲揚號，所以朝鮮政府必須賠償日本的損失，不然，就得通商！

清廷自身難保

面對日軍的無理取鬧，朝鮮國內群情激憤，已經下臺的大院君更是義正詞嚴：「當初法國、美國我們都沒怕過，這小日本怕他做啥！跟他們打啊！」

但是當政的閔妃，卻沒有這個膽略。她不是大院君那樣死腦筋的統治者。她對外界瞭解得越多，也就越害怕，而且認為朝鮮一定是打不贏日本的（這個評估其實沒錯）。怎麼辦呢？她派人前往北京，詢問宗主國大清的意見。老大，人家欺負到頭上來啦，您發個話吧。

另一方面，日本有了明朝萬曆年間的教訓，也不敢輕易繞過中國對付朝鮮，因此也派人往北京，試探清朝的意見。

這樣，日朝兩國的問題，就擺在清朝總理衙門的桌子上。

當時的中國是個什麼實力呢？對外遭遇了兩次鴉片戰爭，對內太平天國、捻軍平定不久，一片瘡痍。然而在鎮壓太平天國和捻軍中興起的湘軍、淮軍等新式軍隊銳氣旺盛，彭玉麟、劉銘傳等湘淮軍宿將也還正值當打之年。同時，洋務運動正積極開展，福建水師初具規模，南洋、北洋水師開始建立。

總體來說，這個實力對付西方列強差點，真要豁出去跟日本人打，也吃不了啥虧。就在1874年，日軍曾試圖襲擾臺灣，就被清軍的艦隊擊退了。因此日本試探的目的很明白：要是清朝態度強硬，我們就軟一點，要是清朝態度軟嘛⋯⋯嘿嘿。

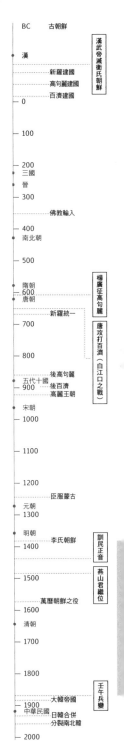

當時的清朝，內憂外患剛剛歇息，覺得多一事不如少一事。早在兩三年前，日本使者曾經試探性地詢問清朝說：我們想和朝鮮做生意，這事情是您清朝說了算呢，還是朝鮮自己做主？清朝的回答很大度：「朝鮮雖然是我們的藩屬，但是他的內政外交我們是不干涉的，自己做主。」所以，日本才敢在江華島挑釁。

這次面對朝鮮的請示，清朝政府又勸朝鮮：「最好別輕易開戰，打起來很可怕的，還是要以和為貴嘛！」這個態度，也被日本方面探知。

這樣，當老大的都硬不起來，小弟能怎麼辦呢？閔妃就派出使團與日本談判。朝鮮方面據理力爭指出：這次「事件」壓根就是日本軍艦先入侵，現在你燒殺搶掠了還要我賠償，講不講道理？

日本使者冷笑一聲：「道理？國際上啥時候講過道理？少廢話，要嘛賠償，要嘛通商，不然我們就進攻漢城！」他們提出了12項「友好條約」，逼著朝鮮代表簽字。

這時候，朝鮮國內已經炸了鍋。崔益鉉為首的大批儒生，舉著斧頭在王宮門前集會。「斧頭幫」宣稱：要是接受了這些條款，整個朝鮮的社會基礎就被顛覆了，以後一定會被日本吞併。要是朝廷和日本簽字，就拿斧頭自殺！而下臺寂寞的大院君李昰應更是上躥下跳，慷慨激昂地號召：一定要堅決抵抗日本帝國主義，不能屈膝投降！

這種民意嚇住了閔妃，把她推向另一個極端：「亂嚷嚷什麼啊，日本鬼子真打過來了，就靠你們這些書呆子能擋住？還有李昰應，不就是想借這機會重新掌權嗎？我偏不讓你如意！」

《江華條約》的陰謀

於是在1876年2月26日，雙方終於簽訂了《江華條約》。朝鮮政府選擇了「通商」而不「賠款」。

這個條約到底有些什麼內容呢？說真的，不割地，不賠款，乍看挺不錯的。第一條就是：「朝鮮是自主之邦，和日本平等，兩國以後用同等禮儀相待。以後有礙邦交的條款都必須廢除。」

怎麼樣，挺友好吧，跟你「平等」了，還要怎樣的？然而，這一條卻包含最大的危險。

因為在過去數百年裡，李氏朝鮮一直是以中國的藩屬自居。哪怕有很長一段時間裡，朝鮮對清朝其實頗為鄙夷，名分卻還在，尤其近百年來雙方關係逐漸在改善。日本要動朝鮮，就是招惹大清，姑且不論打得過打不過，於情於理就說不過去。

然而如今這一條「自主」、「平等」，看似好話，卻包含了另一個意思：「以後我打你，我欺負你，你不許找清朝幫忙了。」進一步透過這個所謂「平等」、「自主」條款，日本在以後還得自居為「朝鮮獨立的保護人」，並以此為理由向清朝宣戰，甚至吞併朝鮮也有了藉口：當初本來就是我讓你「獨立」的，現在我收回這個權力，那又如何？

一切禍端，從此開始。

日本對這個所謂的「平等自主」是非常看重的。之後，有一次朝鮮在外交公文中稱中國為「上國」，日本就非常不滿，責問說：「說好平等外交，憑什麼中國就是『上國』，難道我們日本是『下國』嗎？你們還把中國當宗主，這讓我們很沒面子耶！」朝鮮趕緊把這事情報告清朝，總理衙門還專門發公文去跟日本理論說：朝鮮本來就是中國的屬國，而他們的政務中國讓他們自主，這事情天下都知道，日本何必拿這個找麻煩？

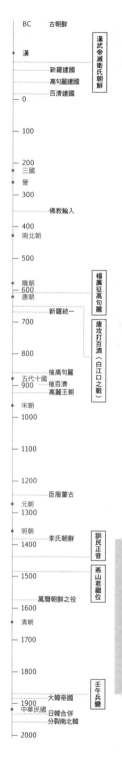

《江華條約》後面的11條，有的是建立邦交的條款，比如日本派外交使臣駐漢城，規定雙方往來公文書寫格式等；有的是強制性地開闢通商，比如要求朝鮮增開兩處港口，並且日本人允許在這兩處港口「隨意租借地皮，修蓋房屋」；還有的是明顯地欺負人，比如日本國船隻如果遭遇特殊原因，可以隨意進出朝鮮港口，朝鮮沿岸島嶼航道准許日本的船隻自由測量和繪製地圖；等等。總之，在和平友好的外衣下，是赤裸裸的侵略。

在遭入侵的亞洲國家裡，朝鮮創下了一個紀錄。它的首個不平等條約，是被近鄰日本所迫簽訂的。而相對歐美列強，日本距離更近，又更貪婪，它的侵略也就來得更加猛烈。這一切，揭開了朝鮮日後數十年被奴役的序幕，甚至由此造成的國家分裂延續至今。

耶穌基督出生　0—

君士坦丁統一羅馬

羅馬帝國分成兩部

波斯帝國　500—

回教建立

阿拉伯人攻佔西班牙

凡爾登條約

神聖羅馬帝國建立
　　　1000—

十字軍東征

蒙古第一次西征

英國大憲章

英法百年戰爭開始

文藝復興

哥倫布發現新大陸
　　　1500—

英國大破無敵艦隊

光榮革命

發明蒸汽機

美國獨立
拿破崙稱帝

明治維新

美國南北戰爭開始

第一次世界大戰
第二次世界大戰

　　　2000—

中日角逐，大清國奪籌壬午

李鴻章的妙計

之後，日本鬼子就在朝鮮半島上橫行起來。閔妃對日本一方面是怕，一方面是羨慕，處處向他們學習，還專門派遣一些貴族青年，到東京去交流、考察。她本來的意思是借此培養一些有知識有頭腦的人來建設祖國，誰知道卻讓日本抓住機會，薰陶出一群親日派來。日後，這些親日派或主動、或被動地做了日本侵朝的馬前卒，把半島攪得烏煙瘴氣。

閔妃也真有膽子。她甚至讓日本方面派遣教官，幫她訓練新軍（近衛隊）！這閔妃的政治頭腦實在有問題，連衛隊都讓日本人滲透了，還能有什麼好結果呢？

平心而論，閔妃這一段時間雖然做了不少親日的舉動，也可以說她的政治集團是一個親日的集團，她本人倒並不是一門心思抱日本人的粗腿。日本雖然是朝鮮半島的大爺，但畢竟名義上的宗主國還是大清。閔妃在親近日本的同時，也頻頻與大清交流。

這時候，以李鴻章為首的大清群臣，也開始改變過去對朝鮮那種不聞不問的狀態。李鴻章明白，朝鮮緊挨大陸，是東三省的屏障，而日本鬼子的野心也是昭然若揭。1879年琉球就被日本強占了，要是朝鮮再被搶去，那大清國的基業就岌岌可危了！

怎麼辦呢？李鴻章一貫主張「以夷制夷」，於是出了個主

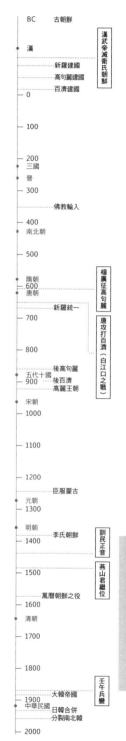

意給閔妃：「你們要是光開放給日本一家，容易受欺負。不如同時多跟幾個西方強國建立外交關係，這樣日本就不敢欺負你們了。」

薑還是老的辣啊。閔妃本來就主張「開放」，得到李老爺子的錦囊妙計，大喜，趕緊籌備和西方列強的通商。因為宗主國是大清，朝鮮的外交當然要讓大清主持。大清政府專門派遣洋務派大員馬建忠、北洋水師提督丁汝昌帶著幾艘軍艦到朝鮮，主持簽訂朝鮮與美國的通商條約——《朝美修好條約》。日本人看在眼裡非常不爽，但也只好乾瞪眼。

客觀說，這雖然是不平等條約，但比起清朝當初和其他國家簽訂的，溫柔多了。

註：《朝美修好條約》，是朝鮮和美國於1882年5月22日簽訂的。內容主要包括：

1. 對於一國與其他國家的衝突，另一國要幫忙調節、幫忙。

2. 美國享有朝鮮的最惠國待遇。

3. 美國人享有在朝鮮的居住權和領事裁判權。

4. 美國來往船隻，朝鮮要准許停泊，並提供救護、飲食，還要保護美國公民。

5. 美國進口的日常商品關稅，不得超過10%。

壬午兵變

這時，閔妃當政已經將近十年了。前面說過，開放派閔妃和閉關派大院君在執政上各有千秋，都做了一些好事，也都做了一些壞事，總之是跟著感覺走。問題在於閔妃當政時的國際環境更惡劣了。日本人進來之後，在整個半島橫行霸道，日本商人掠奪

耶穌基督出生　0—
君士坦丁統一羅馬
羅馬帝國分成兩部
波斯帝國　500—
回教建立
阿拉伯人攻佔西班牙
凡爾登條約
神聖羅馬帝國建立　1000—
十字軍東征
英國大憲章
蒙古第一次西征
英法百年戰爭開始
文藝復興
哥倫布發現新大陸　1500—
英國大破無敵艦隊
光榮革命
發明蒸汽機
美國獨立
拿破崙稱帝
明治維新
美國南北戰爭開始
第一次世界大戰
第二次世界大戰
2000—

式收購，以及日本船隻在海岸線橫衝直撞，使得朝鮮老百姓的生活水準持續下降。而閔妃的宮廷揮霍無度，對國家財政帶來極大壓力。閔氏集團的官僚們，很多濫用職權、貪污腐敗……這種情況下，老百姓又紛紛懷念起當初大院君執政的歲月了，雖然一樣是窮，好歹沒有洋鬼子啊……

　　這種問題的積累，在1881年就引發了一次政變，當時鎮壓下去了。到1882年（農曆壬午年），東亞旱災波及朝鮮，民不聊生。很多官員被拖欠了半年俸祿，而駐守漢城的部隊竟然多達13個月沒有領到薪俸。

　　脾氣再好，也得吃飯呀！更讓士兵們氣憤的是，由日本教官訓練的別技軍，則是待遇優厚、糧餉充足。不患寡而患不均，大家都要餓死了，這些「二鬼子」吃得腦滿腸肥，這是什麼世道！

　　1882年6月，全羅道的糧食運到了漢城，主管軍糧的政府機關決定給士兵們先發一個月軍糧。士兵們餓著肚子開始排隊。誰知道，發下來的軍糧竟然摻了大量的米糠和砂子，根本就不能吃！

　　這下，士兵們的怒火被點燃。他們發起暴動，毆打看守糧倉的官吏，並且衝進去砸毀了辦公設備，搶走了一批軍糧，然後一哄而散。隨後漢城負責抓強盜的衙門，逮捕了幾個帶頭的士兵，並判處死刑。

　　這下子，原本沒有參加搶米的士兵也覺得活不下去了。而寂寞多時的大院君，在民族危亡和個人榮譽面前，毅然決定派人進行煽動和指導。這樣，暴動轉化為起義，史稱「壬午兵變」。

　　次日，上萬名士兵在漢城郊外聚集譁變，先搶奪武器，然後浩浩蕩蕩殺入漢城。一路上，對時政不滿的老百姓紛紛加入。造反的隊伍一面攻打監獄、釋放犯人，一面進攻別技軍營寨，殺死了日本教官，同時攻打日本公使館。日本公使只好燒了使館逃

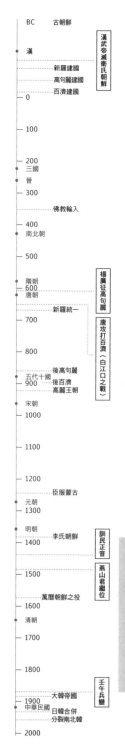

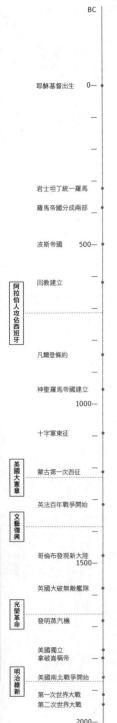

BC

耶穌基督出生　0—

君士坦丁統一羅馬

羅馬帝國分成兩部

波斯帝國　500—

回教建立

阿拉伯人攻佔西班牙

凡爾登條約

神聖羅馬帝國建立
　　　　　1000—

十字軍東征

蒙古第一次西征

英國大憲章

英法百年戰爭開始

文藝復興

哥倫布發現新大陸
　　　　　1500—

英國大破無敵艦隊

光榮革命

發明蒸汽機

美國獨立
拿破崙稱帝

明治維新

美國南北戰爭開始

第一次世界大戰
第二次世界大戰

　　　　　2000—

走。

閔氏集團的高官們，過去貪贓枉法，享盡了福，如今算是倒了大楣，一個個被起義的軍民抓起來活活打死。一些高官倉皇躲進王宮，也被群眾揪出來殺掉。軍民還衝進後宮，追殺閔妃。閔妃畢竟是苦孩子出身，臨難不慌，化裝成宮女逃出王宮，回老家避難。那些在朝鮮的日本僑民，平日過足了大爺的癮，這次也有不少被打死。

人民救星大院君在萬眾歡呼聲中進宮，接受了親兒子的歸政，第二次掌權。他赦免了起義的士兵和老百姓，同時讓他們停止暴動，遣散出宮；又宣布說閔妃已經被打死，並為這個恨之入骨的兒媳婦舉行了葬禮。他又全面罷免閔妃集團的官員，任命自己的親信擔任要職。

隨後，大院君開始按自己的想法治理國家。他說，閔妃這丫頭亂搞開放，弄得現在洋鬼子入侵、民不聊生，我們還是要閉關的好！這英明的論斷，也得到了全國軍民的一致擁護。

大清兵閃電平亂

大院君利用民心兵變，重新掌權，心裡正高興，渾然不知自己這下把宗主國得罪了。

壬午兵變的消息傳到日本，他們最喜歡的就是這種機會了，立刻派遣軍隊向西渡海，準備趁機占領朝鮮。

同時得到消息的還有清政府。大清國一向昏昏碌碌，把國際大事不當回事。但幾十年的虧吃下來，也該精明些了。當時，李鴻章因家裡老人喪事在休假，張樹聲代理北洋大臣，一聽到消息，趕緊打電報把李鴻章請回來商議。兩人一合計，先命令馬建忠、丁汝昌帶三艘軍艦往東探聽消息，隨後又命令提督吳長慶帶

著三千精兵，在海軍護送下立刻登陸半島。北洋水師的艦艇不夠，把南洋水師的也調過來！

於是，清軍踏上朝鮮土地，直撲漢城。提督吳長慶部下有一員青年將領，督軍急行，一馬當先，頗有大將風度。這位將領不是別人，正是吳長慶的世交姪兒、後來中華民國首任正式大總統袁世凱。

清軍進入漢城之後，大院君還當沒事情似的，前來向天朝大將問安。他滿心以為：閔妃要向東洋鬼子、西洋鬼子諂媚，我們可是忠心耿耿地侍奉大清，大清的將軍怎麼會為難我呢？

然而，對清政府來說，大院君利用兵變掌權這種行為本身就不可原諒，吳長慶等人之前經過商量，已經確認：朝鮮的變亂就是大院君弄出來的，為了朝鮮安定，不能讓他再待在朝鮮。

於是，賓主見面會上，吳長慶一拍桌子，把大院君逮捕起來，押送到中國天津去了。隨後，吳長慶派遣袁世凱等精兵強將，向兵變的營地進攻。朝鮮義兵們人數雖多，但沒有統一指揮，再加上多數不敢和大清軍隊交戰，所以很快，清軍捕殺了一百多個為首的亂兵，把局面穩定下來。

這時候，日本公使帶著一千多日軍也氣喘吁吁地跑過來。

吳長慶問：「太君，來這裡做啥啊？」

日本公使：「來平定朝鮮的變亂，保護我們的僑民。」

吳長慶：「朝鮮是我大清的屬國，變亂有大清國平定，不勞你們的大駕了。」

這樣，大院君的第二次掌權，僅僅一個月就被清軍摧毀了。這一事件，對於參與的各方，都產生了重大的影響。

首先，清朝成為這次事變的最大贏家。依靠迅速的反應和正確的應對，加強了在朝鮮的控制力和影響力。此後，吳長慶率領

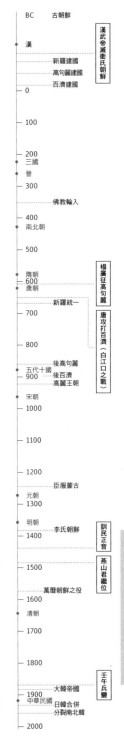

三千精兵就長期駐紮朝鮮，作為大清國在藩屬國的代表。

　　日本在這次事變中被大清搶先，沒撈到太多好處。事後，日本迫使朝鮮簽訂了《濟物浦條約》（即《仁川條約》）和《修好條規續約》作為補償。朝鮮賠償日本撫恤金和使館損失共計60萬元。但另外兩條卻有些麻煩：一是日本使館人員和眷屬可以遊歷朝鮮內地，二是日本公使館可以駐軍擔任警備。前者使得日本的軍事間諜和政治滲透活動日益猖獗，後者則給了日本人在朝鮮駐軍的權利。

　　壬午兵變還對朝鮮的政治格局帶來巨大的變動。如前所述，朝鮮王朝的「黨爭」是兩百餘年的傳統。在壬午兵變之前的十餘年裡，閔妃作為「開放派」的領袖，與在野的大院君「守舊派」進行爭鬥。壬午兵變就是守舊派反擊開放派的一次舉動。但隨著清軍逮捕大院君，守舊派遭到了沉重打擊，一蹶不振。這樣，開放派本身的分裂，又成為了順理成章的事情。

　　以閔妃為首的一些大臣，因為感激清軍的救命之恩，並且逐漸看清了日軍的猙獰嘴臉，轉而從親日轉向親華，對大清朝好得不得了。這樣，他們形成了新的「保守集團」，其實就是親華派。閔妃對吳長慶率領的精銳淮軍也是嘖嘖稱道，覺得不比日軍差，就請清政府幫忙訓練朝鮮軍。李鴻章等人同意了，這個艱鉅的任務落到了年僅24歲的袁世凱身上。

　　而原先從屬於閔妃集團的另一批貴族青年，因為和日本人接觸比較多，吃了日本人的迷湯，決心採取更偏激的方式來拯救祖國。他們把大清看做朝鮮獨立自主、富國強兵的最大障礙，主張聯日抗清。這一批人從日本方面得到了槍枝彈藥和金錢的支持，一心想奪取政權，稱為「開化黨」，其實就是親日派。

甲申政變，袁世凱揚威半島

開化黨造反

　　壬午兵變之後的朝鮮，是閔妃為首的保守派當國。這時候的大清國，也正處於迴光返照的階段，辦事井井有條。在大清國的指導下，朝鮮又與英、法、德等國簽訂了通商條約。大清國自己吃過虧，指導小弟的時候，多少避免了重蹈覆轍。清朝還幫助朝鮮建設了海關稅務司，推薦德國人穆林德擔任司長，開始徵收進出口關稅，收入逐年增長；朝鮮新軍在袁世凱的編練下，日益兵強馬壯；再加上民間積累的憤怒透過壬午兵變發洩出去，而閔妃第二次當權後，在控制開支方面也稍微改善了些：這樣，各方面都呈現出一派安寧景象。

　　這個寧靜是靠大清國支撐的。到了1883年12月，中法戰爭爆發，吳長慶率領1500人回國增援西南戰線。這樣，清軍在半島的控制力嚴重削弱，各種妖魔鬼怪也蠢蠢欲動起來。

　　1884年（農曆甲申年），開化黨人金玉均、朴泳孝等受到日本公使竹添進一郎的鼓動，決定發動武裝政變。金玉均甚至進宮去對高宗游說：「現在中法開戰，大清國必敗。他們一敗，我們作為屬國，也要跟著倒楣！不如藉著日軍的幫助，先把清軍驅逐，取得獨立地位。這樣，就不會被大清國連累了。」

　　高宗此時已經33歲，成年了，也有獨立意識了。他在位20

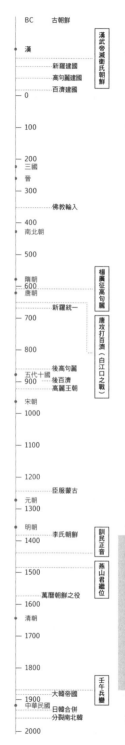

BC　古朝鮮

漢

　　　　新羅建國
　　　　高句麗建國
0　　　百濟建國

100

200
三國

晉
300

　　　　佛教輸入
400
南北朝

500

隋朝
600
唐朝
　　　　新羅統一
700

800

　　　　後高句麗
五代十國　後百濟
900　　　高麗王朝

宋朝
1000

1100

1200
　　　　臣服蒙古

元朝
1300

明朝
　　　　李氏朝鮮
1400

1500

　　　　萬曆朝鮮之役
1600
清朝

1700

1800

　　　　大韓帝國
1900
中華民國　日韓合併
　　　　分裂南北韓
2000

漢武帝滅衛氏朝鮮

楊廣征高句麗

唐攻打百濟（白江口之戰）

訓民正音

燕山君繼位

壬午兵變

年，大權前10年被老爹把持，後10年被老婆把持，心中頗有不滿，對於大清國也有自己的想法。他竟然被金玉均說動了心，便下了一道「便宜行事」的密詔。

開化黨人得到密詔，大張旗鼓地準備起來。他們制訂了如下計畫：

第一步：趁著1884年12月4日朝鮮漢城郵局落成，由郵局局長開化黨人洪英植舉辦宴會，邀請保守集團的大臣及清軍將領赴宴。

第二步：在郵局外面埋伏殺手，另外派人在王宮放火，引誘守舊派大臣們趕往王宮救火，在半路截殺，一網打盡。

第三步：衝進宮中，挾持高宗和閔妃，宣布獨立和改革。

12月4日當天，洪英植帶人在郵局忙忙碌碌，一邊佈置宴席，一邊佈置埋伏。眼看離開宴還有幾個小時，卻看大清幫辦袁世凱全副武裝，一個人衝進了郵局。開化黨人見了袁世凱，就跟老鼠見了貓似的，尤其這時候埋伏還沒佈置好，一群人愣在那兒。

袁世凱走進宴會廳，左右一掃，就知道這事情不對。他冷笑一聲，對洪英植道：「我們軍營事務繁忙，派我來打個招呼，今晚就失陪了。」說完轉身就走。開化黨人你看看我，我看看你，都不敢動。於是，這天晚上清軍的代表都沒有出席宴會。

守舊派的大臣們卻沒袁世凱的心思，公款酒宴不吃白不吃，一個個就都趕來了。郵局裡面觥籌交錯，大吃大喝，不亦樂乎。

裡面吃得開心，外面洪英植安排的殺手在郵局大門外埋伏，左等右等，也不見王宮起火，焦急萬分。原來那邊的開化黨人辦事不力，居然連火都沒點燃！洪英植急了，自己去把郵局旁邊的民房點著了，然後叫人高呼：「起火了，快出來呀，起火了！」

郵局裡面正在吃喝的大臣也聽見了，禁軍將領閔泳翊（閔妃

耶穌基督出生　0—

君士坦丁統一羅馬

羅馬帝國分成兩部

波斯帝國　500—

回教建立

阿拉伯人攻佔西班牙

凡爾登條約

神聖羅馬帝國建立
　1000—

十字軍東征

英國大憲章　蒙古第一次西征

英法百年戰爭開始

文藝復興

哥倫布發現新大陸
　1500—

英國大破無敵艦隊

光榮革命　發明蒸汽機

美國獨立
拿破崙稱帝

明治維新　美國南北戰爭開始

第一次世界大戰
第二次世界大戰

　2000—

的姪兒）出門去看，立刻遭到開化黨殺手的一陣圍砍，被砍得滿身是血。搞笑的是，也不知道是幾個殺手太不專業，還是這位閔將軍太勇敢，居然滿身是血地逃出了包圍，又跑回了郵局，對著一群大臣們高喊：「不是失火，是有人造反！」守舊派大臣們紛紛從後門逃出，一鬨而散。就連重傷的閔泳翊都連滾帶爬地跑到了海關稅務司。前面說過，那時候朝鮮海關稅務司屬於大清國海關總稅務司的分支機構，頭頭是李鴻章推薦的德國人穆麟德，叛亂分子也不敢擅自衝擊洋大人的辦公室。

如此一來，開化黨人企圖把守舊派大臣一網打盡的計畫完全破產。

開化黨人一計不成又生一計。前面金玉均派人在王宮中引爆了炸彈，嚇得李熙魂飛魄散。金玉均趁機跑進宮向高宗報告：「清軍作亂，要來殺害陛下！」建議去日本使館避難，窩囊的高宗嚇得就要答應。

閔妃卻比老公清醒得多，堅決反對去日本使館。兩邊爭執了一下，決定先去景祐宮避難。金玉均又對李熙一陣嚇唬，終於嚇得李熙寫下了「日本公使來護朕」的小紙條。日本公使竹添進一郎趁機率領二百多日軍進宮。這樣，高宗和閔妃實際上成為了開化黨人和日軍的人質。

隨後，開化黨人在日軍支援下揮舞屠刀，把好些守舊派的大臣直接送上了西天，然後對自己人加官晉爵。高宗一看不對勁，不是說聯合日軍驅逐清軍，怎麼先對本國官員大開殺戒了？你們這算什麼啊？但這時候後悔已經晚了。他和閔妃都處在日軍控制下，無能為力。

12月4日夜開始的這場政變，史稱「甲申政變」。

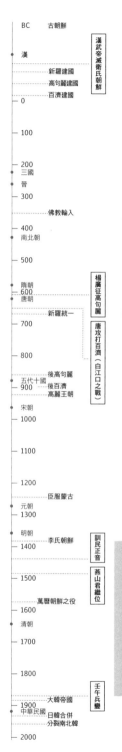

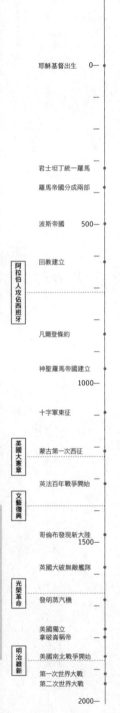

袁世凱痛擊日寇

12月6日，開化黨人頒佈了14條施政綱領，史稱「開化革新」。大致包括斷絕和清朝的關係，懲治貪官，廢除門閥政治，改革租稅，整編軍隊，限制王室權力等內容。客觀來說，條款本身是不錯的，然而他們依靠鬼子的刺刀奪取政權，這樣的革新也註定得不到老百姓的支持。

因此，這些綱領頒佈之後，全國老百姓反應冷淡，也不覺得這些「激動人心」的綱領有啥好的。相反地，城鄉流傳著很多謠言，說閔妃已經被這些叛黨殺害了，叛黨還要勾結日本人廢黜高宗，另立新君。「開化革新」從它誕生的時候，就走到了整個民族的對立面。

金玉均、朴泳孝等人正在著急，只聽得槍聲大作，袁世凱殺過來了。

回頭說甲申政變當夜，袁世凱立刻帶領一隊精兵，出營沿街巡邏，探察動靜，但見一路都是兵荒馬亂。到了海關稅務司門口，卻看見一個年輕的八品文官，拿著手槍，英姿颯爽地站在門口守衛。

袁世凱心中暗自稱奇，問道：「閣下是何人？」

那人回答：「下官是海關稅務司祕書，唐紹儀！」

袁世凱也通了姓名。唐紹儀見是自己的隊伍來了，趕緊告訴袁世凱，說閔泳翊在郵局被砍傷了，躲到這兒來了。因怕亂兵趁機衝進來，所以在門口守著。

袁世凱大讚：「唐老弟，你真不錯！」

唐紹儀道：「袁大哥，你也很不錯！」

兩位青年才俊，頓時起了惺惺相惜之心。當時袁世凱26歲，唐紹儀23歲，卻已在朝鮮甲申政變中顯示出過人的勇氣與魄力。

二人今朝風雲際會，他日精誠合作，直到二十多年後辛亥革命爆發，袁世凱任中華民國首任正式大總統，唐紹儀任首任國務總理，此是後話。

單說袁世凱把閔泳翊接到軍營，聽說了開化黨人的陰謀。但一時情況不明，他也不好輕舉妄動，遂派人向高宗李熙請示，想帶兵進宮守衛陛下。這時候李熙已經成為開化黨人的傀儡，他就算想讓袁世凱來也開不了這個口，於是，在日本人的挾持下，「謝絕」了清軍的好意。

等到12月6日開化黨人頒佈政令後，袁世凱明白了，政變分子已然得手：「這幫賊子真做得出來啊。」他立刻與上司商量對策。

當時，清朝駐朝鮮有一千多人馬，老大是提督吳兆有，老二是總兵張光前，袁世凱只是他們的參謀。吳兆有和張光前都認為：局勢不明，兵馬不多，要是打起來，贏了還好說，輸了的話，這個責任承擔不起。最好還是向國內請示北洋大臣，等候上級的指示吧，聽上級的就沒錯。

袁世凱一聽急了：「眾位大人，要請示北洋大臣，這一去一來得多少時間啊？現在開化黨人剛剛造反，還不穩固，要是我們這邊拖延，可就養癰成患了。應該立刻出動，把叛亂鎮壓下去！」

吳兆有、張光前雖然也認為袁世凱說得有理，但還是吞吞吐吐，不敢拿主意。袁世凱知道他們顧慮什麼，就毅然說道：「目前我們孤懸海外，要是處置不當，都會死無葬身之地的。要不這樣，我們出兵，要是事後朝廷責問起來，我袁某一身擔當！」

袁世凱把話說到這地步，吳提督和張總兵也就不好意思再反駁了。於是，袁世凱率領本部人馬，直撲景祐宮。剛到門口，宮

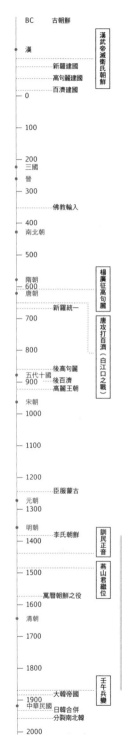

BC

耶穌基督出生　0—

君士坦丁統一羅馬

羅馬帝國分成兩部

波斯帝國　500—

回教建立

阿拉伯人攻佔西班牙

凡爾登條約

神聖羅馬帝國建立
1000—

十字軍東征

蒙古第一次西征

英國大憲章

英法百年戰爭開始

文藝復興

哥倫布發現新大陸
1500—

英國大破無敵艦隊

光榮革命

發明蒸汽機

美國獨立
拿破崙稱帝

明治維新

美國南北戰爭開始

第一次世界大戰
第二次世界大戰

2000—

中的日本兵一陣排槍打來，清軍頓時倒下一片。

眼看陣腳有些亂，袁世凱怒喝道：「後退者死。不把國王搶回來，我們誰還想活著離開朝鮮半島嗎？都給老子衝上去拚了！」

好一個袁世凱，身先士卒，指揮清軍用同袍的屍體作為掩護，步步逼近。戰況一時陷入膠著。

袁世凱正死盯著前面的鬼子，旁邊忽然一隻女人的手拍了拍他肩膀。轉頭一看，原來是閔妃趁著兩軍交戰的混亂，帶領世子李坧逃出日本人的控制，投奔清軍來了。這女人確實不簡單！

袁世凱大喜，這回開化黨和日本人的人質少了一半了。恰好吳長慶和張光前的援軍也到了，袁世凱遂令加緊進攻。現在就算李熙在亂軍中被流彈打死，他還可以擁立世子李坧繼位，讓閔妃垂簾聽政！

沒多久，一部分朝鮮新軍集合前來，幫助袁教官打鬼子，宮中的朝鮮軍士也紛紛倒戈投向清軍。日本人和開化黨再也站不住腳了。日本公使竹添進一郎退回公使館，洪英植挾著高宗逃到城北關帝廟。當夜，袁世凱搶回國王，洪英植等被當場擊斃。

漢城老百姓原本就對日本人和開化黨人非常不滿，如今有清軍撐腰，紛紛聚集起來痛打過街老鼠。當街打死的日本人就有好幾十個，開化黨人更是不計其數。竹添進一郎再次焚燒使館，從仁川走海路回國。開化骨幹也跟著一起跑了。

至此，開化黨的「三日新政」完全破產。嚴格說來，頒佈的新政僅僅持續一個白天。

最糟糕的善後

甲申政變，是朝鮮繼壬午兵變後的第二次政變。這次政變

本身是日本人煽動出來的，而清朝一方由於袁世凱的當機立斷，處理得相當不錯，不僅打擊了日本勢力，而且更牢固地控制了朝鮮。

事後，日本方面再次強迫朝鮮簽訂了《漢城條約》。這《漢城條約》內容大致是就政變中日本人被殺、使館被燒（其實是他們自己燒的）事件道歉、賠款13萬，懲辦殺死日本人的凶手之類。

但是李鴻章卻走出一步臭棋。他為了善後，和伊藤博文簽訂了《天津條約》，這個條約的問題相當大。《天津條約》重要的內容有三項：

1.雙方從朝鮮撤兵；

2.雙方都不派人在朝鮮當教官；

3.以後朝鮮有重大事情需要出兵，雙方要相互照會。

這麼一折騰，就等於大清國放棄已經取得的有利態勢，而承認日本在朝鮮和中國有平等權力了。當然，條約的簽訂也有客觀原因。當時，中法戰爭打到尾聲正在和談，李鴻章稍微鬆懈了點。

無論如何，弄出這麼個結果來，對後續事件的影響是相當嚴重的。

甲申政變的槍聲震驚了整個世界，西方列強紛紛掉頭來看：開始搶了啊，那自己也不能落後哦。近水樓臺先得月的，自然是北方的沙皇俄國。而高宗李熙和閔妃，對俄國的威猛雄壯也頗為羨慕。朝鮮甚至背著清朝與俄國簽了通商條約，規定雙方的軍艦有權到對方的任意港口——當然，這話傻瓜也明白是啥意思。

面對錯綜複雜的國際形勢，李鴻章「以夷制夷」的思路又出來了。他竟然想把軟禁在中國的大院君放回去，制約李熙和閔妃

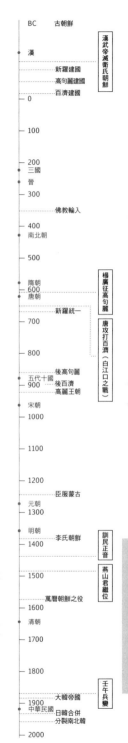

集團。這一步實在是錯上加錯。如果清朝有足夠的實力，自然足以保持對朝鮮的控制；如果清朝自己實力不夠，即使有了大院君也沒用。大院君回國，除了引起閔妃集團的不滿之外，沒有太大價值，後來更是被日本當做傀儡。

袁大頭苦苦支撐

袁世凱因為在甲申政變中的出色表現，深受李鴻章賞識，被任命為朝鮮總理交涉通商事宜大臣，等同三品道員，成為朝鮮實際上的「太上皇」。閔妃對袁世凱的救命之恩也非常感激，將表妹金氏嫁給了袁世凱。

甚至還有野史說，閔妃自己也和袁世凱發生了地下戀情。此事當然找不到實證。然而，不管袁世凱本人在高宗和閔妃那裡如何被感恩戴德、關係密切，但就整個朝鮮局勢而言，無論是袁世凱本人，還是大清王朝，以及朝鮮王國的處境都是在逐步惡化。以俄國為代表的西方列強虎視眈眈，日本則更是赤裸裸地進行掠奪。在經濟上，日本強行收購朝鮮的糧食運往本國，造成朝鮮本土缺糧；在政治和軍事上，日本不但在朝鮮朝廷扶持自己的代理人，甚至在民間社團都安插了間諜。

面對內憂外患，朝鮮王室自己還是內鬥得不亦樂乎。放回國的大院君與閔妃，雖然有袁世凱的調解，照樣不共戴天。同時，朝鮮朝野上下，「獨立自主」的傾向也在高漲。閔妃一方面暗中勾結俄國，一方面聘請德國人穆林德為私人顧問游說歐洲，討好列強。她還解除了數十年來對基督教和天主教的禁令，准許美國人開辦醫院和學校。

閔妃的這些活動，對朝鮮的主要威脅沒啥緩解作用，日本照樣騎在頭上耀武揚威。由於日本收購朝鮮糧食帶來危機，閔妃曾

耶穌基督出生　0—

君士坦丁統一羅馬

羅馬帝國分成兩部

波斯帝國　500—

回教建立

阿拉伯人攻佔西班牙

凡爾登條約

神聖羅馬帝國建立　1000—

十字軍東征

英國大憲章

蒙古第一次西征

英法百年戰爭開始

文藝復興

哥倫布發現新大陸　1500—

英國大破無敵艦隊

光榮革命

發明蒸汽機

美國獨立
拿破崙稱帝

明治維新

美國南北戰爭開始

第一次世界大戰
第二次世界大戰

2000—

一度下令，禁止賣米給日本商人。結果日本大怒，用武力威脅，
閔妃馬上嚇得乖乖就範，取消了禁令，還賠了十幾萬元。

　　面對這種局面，袁世凱憂心忡忡，日夜思考該怎麼辦才好。
他甚至提出了比較極端的方法：吞併朝鮮，將其變成中國的一個
省，從而為東北地區抵抗日俄滲透建立一個戰略緩衝區。但真的
執行這行動需要很大的魄力，李鴻章的外交以太極拳的招式為主
要武器，他顯然是拿不出來這魄力的，所以最後這事情只好不了
了之。

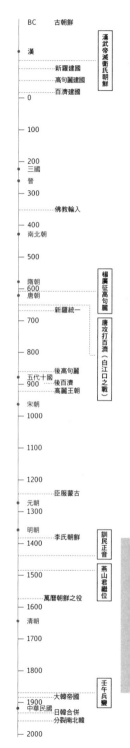

甲午風雲，三千里盡膏狼吻

BC
耶穌基督出生　0—
君士坦丁統一羅馬
羅馬帝國分成兩部
波斯帝國　500—
回教建立
阿拉伯人攻佔西班牙
凡爾登條約
神聖羅馬帝國建立
1000—
十字軍東征
英國大憲章
蒙古第一次西征
文藝復興
英法百年戰爭開始
哥倫布發現新大陸
1500—
英國大破無敵艦隊
光榮革命
發明蒸汽機
美國獨立
拿破崙稱帝
明治維新
美國南北戰爭開始
第一次世界大戰
第二次世界大戰
2000—

東學黨起義

就這麼過去了十年，進入了1894年——農曆甲午年。

這一年，對中國、日本、朝鮮三國影響重大的事件逐次爆發。

首先爆發的，是朝鮮東學黨的起義。

所謂東學黨，又名東學道，是朝鮮人崔濟愚在1860年創立的本土宗教，融合了佛、道、儒三家的東方文化元素，用以對抗西方的天主教，所以叫「東學」。東學道同時又融合了「眾生平等」等略有西方特色的文化元素，因此很能吸引人心。經過三十餘年發展，東學黨信徒不下數十萬。

1894年初，為了反抗貪官的壓迫，全羅道的平民發動了起義。為首的是東學黨的一個大區首領，叫全琫準。全琫準發佈四大綱領，要驅逐日寇，殺盡貪官，提倡忠孝，建立盛世，而且不燒殺搶掠。全琫準自稱「綠豆將軍」，先後擊敗官兵幾次鎮壓。到6月，占領重鎮全州和全國一半的土地，隊伍發展到十多萬人。

高宗和閔妃看情況不妙，只得按照慣例，又向宗主大清求救。

大清國這些年來，內戰、外戰打了不少，不是誇口，鎮壓平民起義那是駕輕就熟。連太平天國都滅了，這小小全琫準算得了

啥？但是，日本人也在半島上啊。當初《天津條約》說了出兵朝鮮要相互告知的。

清政府正在猶豫呢，日本方面先來催了：「貴國怎麼還不出兵幫朝鮮鎮壓叛亂啊？別擔心，敝國政府不會有什麼意見的。快去，快去吧！」

於是，清政府真把日本人的話當成好意，就派直隸提督葉志超和總兵聶士成等帶領兩千多軍隊，走水路在朝鮮牙山登陸。

結果，葉志超6月6日登陸，6月11日，全琫準就和朝鮮官方在全州達成了停火協定——不打了，招安了。葉志超白跑一趟，這算什麼啊！

江山淪陷

麻煩事還在後面。日本早等著這一刻，一看清政府出兵，立刻也大舉往朝鮮半島調兵遣將。短短個把月，在朝鮮的日軍就達到了一萬多人，超過清軍好幾倍。而且，不斷向清軍挑釁，戰爭一觸即發。

這種火燒眉毛的時候，光緒為首的「帝黨」和慈禧太后為首的「后黨」還在不斷奪權。李鴻章還是秉持他的「以夷制夷」原則，指望靠列強出面主持公道。人家巴不得你東亞兩個強國火拚，他們好坐收漁利呢。所以，這幾個國家只是紛紛「譴責」日本，實際上是看戲。

決定兩個民族命運的決戰，註定要在第三個民族的土地上展開了。

日本人打仗要先找藉口。好歹清朝算是朝鮮的宗主國，就這麼在朝鮮領土上揍人家宗主國，說不過去。於是在1894年7月23日，日軍突然進攻漢城，俘虜了高宗和閔妃，組織了以金弘集為

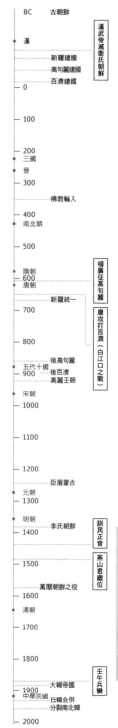

首的親日派政府。

日本還缺一個檯面上的代表人物。想來想去，他們看中了閔妃的死對頭——大院君李昰應，於是把大院君從床上抓起來，強迫他擔任了名義上的「攝政」。這可以算是大院君第三次上臺，不過完全是傀儡。接下來，日軍賊喊捉賊地宣布「清朝阻撓朝鮮改革」、「清朝陰謀攻擊日軍」，又要朝鮮政府「委託」日軍驅逐清軍。7月25日，日本巡洋艦「吉野」號等在豐島海面偷襲清軍運兵船，中日甲午戰爭正式爆發。

說起來，雖然閔妃被日軍軟禁，大院君被日軍抬出來當傀儡，但這鬥了半輩子的公媳二人，在仇日親華的「大義」上都挺堅持。閔妃偷偷派人去慰問清軍將士，大院君更是暗中向清軍傳遞軍事情報。後來日本人發現大院君的把戲，很快剝奪了他攝政的權力，大院君第三次下臺。

遺憾的是，清軍爛泥抹不上牆，9月，清軍接連在平壤之戰和大東溝海戰中輸給日本人。從此，陸軍一潰千里，北洋水師也保船避戰，把黃海制海權拱手相讓。戰火隨即向北推移，燒到了中國的遼東半島。曾在朝鮮叱吒風雲十年的袁世凱，也隨同敗軍回國。

整個朝鮮半島，現在全是日本人的了。

閔妃的最後努力

日本占領朝鮮後，發現大院君不肯老老實實當韓奸，就轉而企圖誘惑閔妃投靠日本。但此時的閔妃，風風雨雨也經歷過了，難道還看不透日本人的德行嗎？日本人給了她一筆貸款以示拉攏，閔妃卻用這筆貸款購買武器，聯絡西方政客。她被日本人和韓奸奪走了行政權力，就轉而大作外交，組織了一個俱樂部，經

耶穌基督出生　0—

君士坦丁統一羅馬

羅馬帝國分成兩部

波斯帝國　500—

回教建立

阿拉伯人攻佔西班牙

凡爾登條約

神聖羅馬帝國建立
　　　　1000—

十字軍東征

英國大憲章

蒙古第一次西征

文藝復興

英法百年戰爭開始

哥倫布發現新大陸
　　　　1500—

英國大破無敵艦隊

光榮革命

發明蒸汽機

美國獨立
拿破崙稱帝

明治維新

美國南北戰爭開始

第一次世界大戰
第二次世界大戰

　　　　2000—

常和西方的外交人員聚會，鼓吹朝鮮「中立」，反對日本霸占。英、法、美、俄等國本來就只是想讓日本和中國兩敗俱傷，日本打敗中國獨霸朝鮮是他們所不願看到的。在閔妃的指引下，各國紛紛表示，朝鮮是全世界廣大列強的朝鮮，不是日本一家的朝鮮，反對日本獨吞朝鮮。閔妃這些活動，讓日本人非常頭疼。

　　同一時間，依附日本人的金弘集內閣弄了一個改革，史稱「甲午更張」，頒佈了「洪範十四條」。裡面的內容從字面上看，具有改革的性質，比如「宮廷與政府分權」、「破除門閥制度」等，尤其第一條「廢止和清國的藩屬關係」，被奉為「民族獨立」的寶典。

　　然而，這個在日本人控制下的所謂改革，實際上還是在為日本的掠奪和吞併朝鮮做鋪墊。所以，朝野及百姓對這些聽起來很美的改革條款紛紛抵制。

　　而引發清軍、日軍入朝，並間接引起甲午戰爭的朝鮮東學黨起義軍呢？當日軍攻占王宮，把清軍趕過鴨綠江後，他們在1894年10月再度舉起義旗，北伐漢城，要把日本人趕出朝鮮半島。

　　然而全琫準的軍事程度實在不怎麼樣。十萬東學黨起義軍，在一千日本陸軍和部分投靠日本人的朝鮮軍陣前，遭到瘋狂掃射，血流成河，死傷數萬。全琫準也在被俘後被斬首示眾，英勇就義。

　　順便說一句，在全琫準第二次起義時，東學道的教主崔時亨公開宣布不支持全琫準的「叛亂」。這一方面影響了起義軍的士氣，同時卻保全了東學道。現在東學道在韓國還有一百多萬信徒，算是相當強大的一個宗教。

　　1895年2月，劉公島失陷，北洋水師全軍覆沒；3月，遼東清軍全線潰退，甲午戰爭中國戰敗；4月，李鴻章與伊藤博文簽署

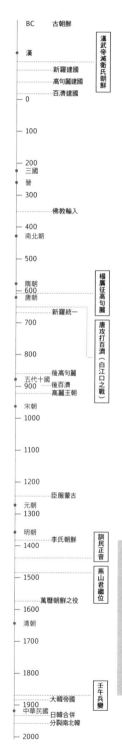

《馬關條約》，清朝放棄對朝鮮的宗主權，承認朝鮮獨立。

朝鮮終於「獨立」了，可是這獨立的結果，不過是從一個相對溫和的宗主手下，轉到一個更加狠毒貪婪的狼嘴裡。

在這民族危亡的緊要關頭，閔妃頑強地站出來。這個柔弱而又堅強的女人，決心獨力抗擊這些她曾經倚為強援的強盜。

她的思路和李鴻章差不多：利用其他列強。

恰好這時，發生了「三國干涉還遼」事件。俄國糾集德、法兩國，用武力威脅日本，迫使日本把遼東還給中國。這讓閔妃感到振奮：「還是俄國老大有魄力，夠氣派。我們要免除亡國，只有靠他了！」

閔妃本來就與沙俄互通有無，現在更是把沙皇陛下當做新的救星，沙俄自然樂得收一個小弟。這樣，北極熊的勢力逐漸伸入朝鮮半島。

女戰士之死

日本人這下不高興了。他們還不敢惹俄國，就試圖逼迫閔妃就範，後來又企圖利用親日派除掉閔妃，但這些計畫都失敗了。閔妃反而在俄國的支持下，罷免了一批親日的內閣大臣，並利用俄國逼迫日本從朝鮮撤軍。

日本人又想再次扶持大院君第四次出來，取代閔妃，但大院君這回不糊塗了。雖然他多年來對這個兒媳婦恨之入骨，但家仇歸家仇，國恨是國恨，絕不能幫你日本人的忙！

忍無可忍的日本人，終於親自下了毒手。

這大概是歷史上罕見的大規模「暗殺」：日本浪人、守備隊士兵等暴徒上千人，浩浩蕩蕩殺進王宮，一路人抓住高宗，逼迫他在《閔妃廢位》的詔書上簽字；另一路則直撲閔妃居住的宮

耶穌基督出生　0

君士坦丁統一羅馬

羅馬帝國分成兩部

波斯帝國　500

回教建立

阿拉伯人攻佔西班牙

凡爾登條約

神聖羅馬帝國建立　1000

十字軍東征

英國大憲章

蒙古第一次西征

英法百年戰爭開始

文藝復興

哥倫布發現新大陸　1500

英國大破無敵艦隊

光榮革命

發明蒸汽機

美國獨立
拿破崙稱帝

明治維新

美國南北戰爭開始

第一次世界大戰
第二次世界大戰

2000

殿，在宮女們淒慘的尖叫聲中，閔妃慘遭殺害，時年45歲。

東亞一代奇女子閔紫英，用盡了她的智慧和勇氣拯救她的國家，終於走到自己的末路。她也曾爭權奪位，也曾引狼入室，也曾犯過如此這般的錯誤。她不是聖人，不是天才，只是一個有著個性和追求的女子。在民族危亡的最後關頭，面對豺狼，她戰鬥到了最後，以身殉她的祖國。因此，她被當時的朝鮮人尊為國母，也被今天的韓國人尊崇和懷念。

兩年後高宗在俄國支持下稱帝時，追諡閔妃為「孝慈元聖正化合天明成皇后」，所以韓國一般稱她「明成皇后」。

與閔妃爭鬥半生的大院君，也在三年後寂然離世。

閔妃之死，朝鮮民眾無比悲憤。武裝反抗日本的「反日義兵運動」逐漸興起。一位流浪的義士，則在旅店憤而殺死一名日本軍官。這位義士，正是日後赫赫有名的大韓民國之父──金九。他被逮捕後，在法庭上慷慨直陳自己的動機，就是為國母報仇雪恨。高宗李熙感激他的忠義，最終將他赦免。當然，也是金九運氣好，當時高宗正在依靠俄國勢力進行獨立，再晚個兩年，朝鮮被日本完全控制，只怕他就在劫難逃了。

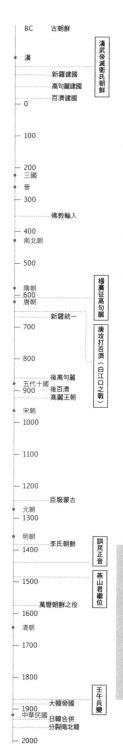

曇花一現，大韓帝國終湮滅

耶穌基督出生　0—

君士坦丁統一羅馬

羅馬帝國分成兩部

波斯帝國　500—

回教建立

阿拉伯人攻佔西班牙

凡爾登條約

神聖羅馬帝國建立
1000—

十字軍東征

蒙古第一次西征

英國大憲章

英法百年戰爭開始

文藝復興

哥倫布發現新大陸
1500—

英國大破無敵艦隊

光榮革命

發明蒸汽機

美國獨立
拿破崙稱帝

明治維新

美國南北戰爭開始

第一次世界大戰
第二次世界大戰
2000—

「韓始皇」的偉業

閔妃被殺害，激起朝鮮上到高宗、下到百姓更大的仇恨。他們只好向閔妃的老朋友沙俄求救了。

沙俄一聽閔妃都被殺害了，不禁義憤填膺：小日本太過分了，亞洲東部歷來是俄國的勢力範圍，豈容你欺負我的小弟朝鮮！俄國就派出遠東艦隊，在仁川港集結，宣布對朝鮮人民正義的衛國事業給予支持。

1896年，在沙俄的支持下，李熙帶著王族前往俄國公使館避難，同時派人逮捕了金弘集等一批親日的大臣。這些人在被押往俄國公使館的途中，有些被日本人搶走，金弘集等則在半路上被軍民亂刀砍死、曝屍街頭。老百姓還朝他們的屍體吐唾沫，投石頭，甚至割下他們的肉。

這時候，日本剛剛從甲午戰爭中獲勝，兵力疲憊，無法和沙俄抗衡。看著「北極熊」得意洋洋，日本恨得咬牙切齒：「死胖子，走著瞧吧。」

有了俄國這個靠山，不但高宗李熙一時振奮起來，開始有節奏地反抗日本，而且民間「獨立」的呼聲也日甚一日。

於是，在1897年10月12日，朝鮮高宗李熙有了一個駭人聽聞的舉動：他在漢城登基，自稱為皇帝。國名從「朝鮮王國」改

為「大韓帝國」，年號「光武」，大概是想學習中國歷史上的漢光武帝劉秀，來「中興」朝鮮半島吧。高宗也就成為了傳說中的「韓始皇」。王世子李坧被封為皇太子，死去的閔妃被追封為「明成皇后」。

朝鮮半島歷史上第一個帝國和第一位皇帝出現了。這充分表達了朝鮮統治者試圖與中國、日本平起平坐的願望。遺憾的是，這種名分上的尊貴，本來就是遭受奴役和壓迫下生成的畸胎，而「大韓帝國」基本上也可以算朝鮮半島歷史上最為窩囊的一個朝代。國力的強弱和地位高低，真不是一個皇帝的稱號可以決定的。

當然，「韓始皇」李熙本人當時沒這麼想。他是真心想富國強兵，開始了「光武改革」。在老爹和老婆的羽翼庇護下苟活了幾十年的君主，這回似乎要把全身的幹勁拿出來，他接過閔妃的旗幟，努力前進。

他頒佈了《大韓帝國憲法》，皇帝自任海陸軍大元帥。他聘請俄國軍官當顧問，大肆擴建新軍。到1899年，大韓帝國的總兵力急劇擴張到5600人。他又在美國人的幫助下開始土地改革，並且準備引進西方國家的文官制度。同時請來英國人，幫韓國製作電車和電燈，又和美國合辦了漢城電力公司，在首都實現了電氣、自來水供應，還和俄國合辦了銀行。鐵路公司、紡織工業、港口商務等近代化企業紛紛建立，幾十所中小學校和好幾家報紙也如雨後春筍般冒了出來。西裝革履成為社會各界的時尚。

靠山崩塌了

李熙改革改得興高采烈，經營的小地盤也是風生水起。然而他的三千里江山，這時候依然是列強搶奪的肥肉。被吃下去是早

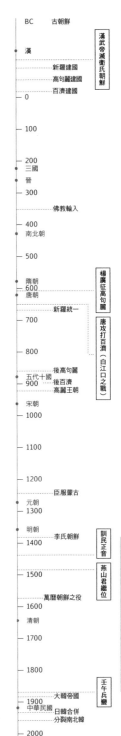

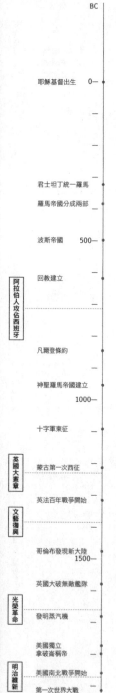

BC

耶穌基督出生　0—

君士坦丁統一羅馬

羅馬帝國分成兩部

波斯帝國　500—

回教建立

阿拉伯人攻佔西班牙

凡爾登條約

神聖羅馬帝國建立
　　　　1000—

十字軍東征

蒙古第一次西征
英國大憲章
英法百年戰爭開始
文藝復興

哥倫布發現新大陸
　　　　1500—
英國大破無敵艦隊
光榮革命
發明蒸汽機

美國獨立
拿破崙稱帝
明治維新
美國南北戰爭開始

第一次世界大戰
第二次世界大戰

　　　　2000—

晚的事情，差別也就是誰來吃、怎麼吃而已。

　　就在大韓帝國內部忙於改革的同時，決定它命運的日本和俄國兩個新舊帝國，也就如何在朝鮮劃分勢力範圍討價還價。

　　1903年，雙方最後攤牌。

　　日本表示，願意支持俄國吞併中國東北，以此換取自己吃下整個朝鮮，這個叫做「滿韓交換」，兩國勢力範圍以鴨綠江為界。

　　俄國則說不行，東北是我的，朝鮮我們再平分。他主張兩國以北緯39°線為界，基本上以大同江來劃分各自勢力範圍，把朝鮮半島北部吞入自己口中。而且，他還要求日本也不能將朝鮮半島南部用於軍事目的。

　　日本人一聽：老毛子欺人太甚，我們五五平分就好了，你居然要二八分！

　　兩家談不攏，當然只有開打。於是在1904年，日俄戰爭爆發。

　　李熙巴不得俄國得勝。可是當數萬日軍在朝鮮半島登陸，韓國卻也不敢摸老虎屁股。大韓帝國最初宣布「中立」，很快被日軍脅迫簽署了協定書，協助日軍與俄國作戰。

　　而俄老大也確實愧對小弟的殷切期盼。由於戰略蠢笨，戰術落後，在一年多慘烈的血戰後輸給了日本。雙方簽訂《朴資茅斯和約》，俄國不但承認把朝鮮讓日本獨占，而且中國東北地區也是雙方均分。東亞權利原本俄國主張日二俄八，現在反過來變成日八俄二了。

　　俄老大退縮了，依附於他的韓國小弟日子不好過了。

　　早在日俄戰爭期間的1904年8月，日軍登陸半島後，就強迫韓國簽署了《日韓新協約》（第一次日韓協約），規定韓國必須聘

請日本的財政和外交顧問，韓國政府財政、外交重大決策，都必須徵詢其意見。

等到俄國正式把韓國拋給日本，日本立即在1905年（農曆乙巳年）11月強迫韓國簽訂了《日韓保護協約》（第二次日韓協約），規定韓國撤銷外交機關，韓國的一切外交事務都交給日本包辦，日本派出一名「統監」駐紮漢城，全權負責韓國的一切外交事務。這樣一來，作為一個完全沒有外交的國家，韓國喪失了獨立地位，成為日本的附庸了。支持和促進簽署這個條約的李完用等五個大臣，被稱為「乙巳五賊」。

註：韓奸李完用（1856—1926），著名賣國賊，位列「乙巳五賊、丁未七賊，庚戌國賊」。本是閔妃派系的開放派官員，親美親俄，曾與金弘集的親日內閣爭鬥，並策劃高宗逃亡到俄國使館。但在日俄戰爭後，改投向日本，積極支持日本吞併韓國。

日韓合併後，李完用被日本封為伯爵，之後晉升為侯爵並授與大勳位菊花大綬章。這是「二戰」前韓國王室之外唯一受勳的韓國人。

2005年，他子孫的土地被韓國政府根據《親日反民族行為者財產歸屬行為法》沒收。

海牙的哭訴

稍有頭腦的韓國人都知道，亡國的時間近了。為了救亡，他們採取各種方式抗爭。有的去韓奸李完用的家中放火，有的自發集會要求「廢除保護協約」、「驅逐倭寇」，有的拔刀自刎、服毒自盡，還有的謀刺日本首任「統監」伊藤博文和促成協約的「五賊」。更有勇氣的則組織起來，開展「義兵運動」，武裝反

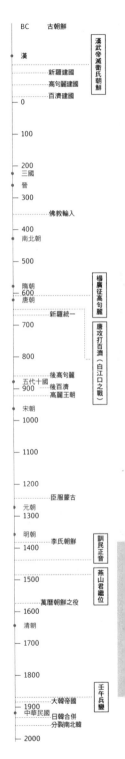

BC

抗鬼子入侵。

　　然而這些運動，在兵強馬壯而又不擇手段的日本人面前毫無作用。伊藤博文大搖大擺進入統監府，開始行使代替韓國行駛外交的神聖使命。

　　面對咄咄逼人的日本人，李熙欲哭無淚。自己實力不濟，就只能繼續把希望寄託在外國列強的干涉上面。

　　於是，在1907年召開的海牙國際和平大會上，李熙派了三位代表去參加大會。這三位代表隨身帶去了李熙寫給俄國沙皇的書信和參加會議的委任狀。李熙給他們的指示是：到會上去一哭二鬧三上吊，沉痛控訴日本對韓國的欺凌，爭取國際社會的支援和干預。

　　三位壯士慷慨悲壯地跋涉千萬里，來到了荷蘭海牙。在大會上，面對一群弱肉強食的猛獸，控訴其中一頭猛獸的凶殘。

　　等韓國代表一把鼻涕一把淚地說完，各國列強面面相覷。他們想，當初日俄《朴資茅斯協約》，是確認了日本對韓國「保護」權的，怎麼現在韓國又來哭訴呢？奴才告主子，這個頭可開得不好啊！

　　於是大會派人打電報向「韓始皇」李熙，確認一下：這邊這三個哭鬧的小子是你派來的嗎？不大對勁啊！

　　韓國的外交機構本來就被日本人控制，所以李熙需要偷偷派代表去參加大會。結果，大會反過來打電報去問韓國外交部門。這封詢問電報，當然就落到日本「統監」伊藤博文的手中了。

　　伊藤統監一聽，心想：你這奴才還想造反？他立即通知大會，說這個委任狀是假造的，大韓帝國沒有派人去。可憐的三個韓國代表，就這樣被當做騙子轟了出來，其中一個憤而剖腹自殺。

耶穌基督出生　0—

君士坦丁統一羅馬

羅馬帝國分成兩部

波斯帝國　500—

回教建立

阿拉伯人攻佔西班牙

凡爾登條約

神聖羅馬帝國建立
　　1000—

十字軍東征

英國大憲章

蒙古第一次西征

英法百年戰爭開始

文藝復興

哥倫布發現新大陸
　　1500—

英國大破無敵艦隊

光榮革命

發明蒸汽機

美國獨立
拿破崙稱帝

明治維新

美國南北戰爭開始

第一次世界大戰
第二次世界大戰

　　2000—

另一方面，伊藤博文對李熙咆哮道：「太過分了，不是說好乖乖讓我們欺負，你怎麼能用如此陰險的手段，來破壞我們欺負你的神聖權利呢？有本事你對我們日本宣戰啊，你敢嗎？」

為了懲罰這種不聽話的行為，伊藤博文決定逼李熙退位。最先發動的是韓奸組織「一進會」，著名韓奸李完用也帶領一群大臣逼迫李熙。李熙面對威脅，拍案怒斥：「你們難道想把我賣給日本鬼子嗎？」李完用聳聳肩，心想：這不是廢話嗎，你現在才知道啊！

日本方面看見李熙不肯乖乖聽話，就在1907年（農曆丁未年）7月19日派兵包圍了皇宮，又在漢城南門外的山上架起了六門大炮，炮口對準皇宮。在這種威逼之下，李熙終於頂不住壓力，把皇位禪讓給了皇太子李坧，史稱「韓二世」……不對，是「純宗」。

嚼碎吞下去

「韓二世」登基之後僅僅四天，韓奸李完用就撇開皇帝，跟日本人簽訂了《丁未七款協約》（即第三次日韓協約）。該條約主要包括以下內容：

韓國政府的內政工作，要由日本人說了算；

韓國政府的司法工作，要由日本人說了算；

韓國高等官員的任命，要由日本人說了算；

韓國政府要任命日本人當官；

韓國監獄要日本人當監獄長；

韓國軍隊要全部解散（其實本來也就只有幾千人）。

因為簽署這條約的貢獻，李完用等被韓國人稱為「丁未七賊」。

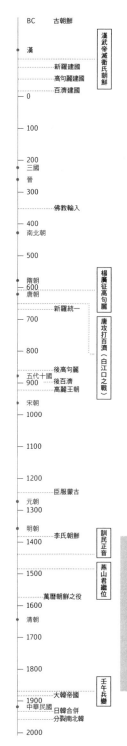

BC

耶穌基督出生 0—

君士坦丁統一羅馬

羅馬帝國分成兩部

波斯帝國 500—

回教建立

阿拉伯人攻佔西班牙

凡爾登條約

神聖羅馬帝國建立
1000—

十字軍東征

英國大憲章

蒙古第一次西征

英法百年戰爭開始

文藝復興

哥倫布發現新大陸
1500—

英國大破無敵艦隊

光榮革命

發明蒸汽機

美國獨立
拿破崙稱帝

明治維新

美國南北戰爭開始

第一次世界大戰
第二次世界大戰

2000—

　　幾天後，李完用又公佈了《新聞法》和《保安法》，剝奪了韓國人言論、出版、集會、結社的一切自由，並開始著手解散韓國軍隊。

　　韓國亡國滅種已近在眼前，不甘坐以待斃的軍隊終於在沒有皇帝領導的情況下反抗了。漢城的1300名韓軍發動起義，與日軍展開巷戰，終因寡不敵眾，慘遭鎮壓。更多不願意就此當亡國奴的韓軍官兵則化整為零逃亡到各地，與當地的「義兵運動」結合。

　　這些有軍事經驗的官兵加入，大大提升了義兵的組織性和戰鬥力，在他們周圍團結了十多萬的義兵，與日軍展開游擊戰。僅1907—1911年，他們即與日軍作戰三千次，但在日軍鎮壓下，頭兩年就有一萬多人被殺。

　　1909年，日本開始起草吞併韓國的檔案。1910年（農曆庚戌年）8月29日，日軍出動軍隊、憲兵和員警，封鎖了漢城各個要地，然後在日軍槍口下，召開了韓國的最後一次御前會議。

　　在御前會議上，韓奸李完用宣布：全體大臣一致贊同日韓合併。隨後，不管「韓二世」李坧的哭泣，李完用與日本「統監」寺內正毅簽署了《日韓合併條約》。這次簽署又誕生了一個「庚戌國賊」的稱號。

　　相對之前的三次日韓協約，這次簡單得多。簡言之就一句話：

　　韓國（朝鮮）作為一個國家沒了，被日本吞併了。

　　說複雜點，「朝鮮王」是日本帝國下面的一種榮譽稱號。凡是和日本人合作的朝鮮人，可以升官發財，榮華富貴。

　　此後，日本的「統監府」改稱「朝鮮總督府」，換湯不換藥，繼續統治朝鮮，不過這次是名正言順作為日本天皇的代理人

了。

建國五百餘年的李氏王朝、稱帝十四年的大韓帝國，至此煙消雲散。

亡國宗室

李氏王朝最終被日本帝國的鐵蹄踏得粉碎，亡國的皇室成員，他們的結果又如何呢？

「韓始皇」高宗李熙，以「德壽宮李太王」身分過了九年亡國奴生活，於1919年年初去世。日本方面公佈的死因是腦出血發作，民間則傳說是遭日本人下毒害死。因為高宗葬禮，引發了朝鮮「三一運動」。

「韓二世」純宗李坧從「皇帝」降為「李王」，完全是一個傀儡，連自己的吃穿住行，都要聽從日本人安排。父親高宗去世後，他在空虛和絕望中，命人把電話線接到高宗的陵墓和生前的寢宮，每當悲傷湧起，就打電話給那兩個地方，在電話裡對著父親的靈魂傾訴自己的痛苦。這位懦弱的皇帝在1926年逝世，引發了朝鮮民眾的「六一〇」反日運動。

至此，大韓帝國兩任皇帝都已離開人世。高宗李熙前後生下十多個子女，但活到成年的只有三個兒子和一個女兒。純宗則自幼中毒，沒有生育能力，只有靠他的兩個弟弟李堈和李垠延續大韓帝國的血脈。

高宗的次子——義親王李堈，英俊瀟灑，行事果決，不像老爹和老哥那樣窩囊，而頗有爺爺大院君的風格。他表面上尋花問柳，骨子裡不甘心國破家亡，與韓國的反日團體往來密切，甚至準備去上海參加韓國流亡政府，後被發現送到日本軟禁。日本投降後，李堈回到韓國，被授予「獨立建國勳章」，1955年去世，

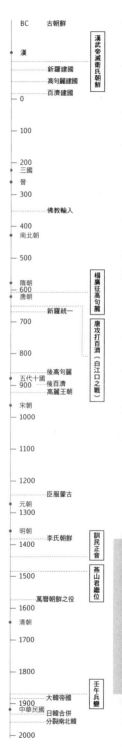

享年87歲。他前後生了十二個兒子和九個女兒。對於多年來子孫稀疏的李氏王朝，單只這一項，就是大大的功勞了。

高宗的三兒子——英親王李垠走的是另一條路。他本是哥哥純宗選的繼承人（因為純宗自己不能生育，故立弟弟為嗣），卻從小被日本人帶走，受了多年日本教育，在日本上了軍校，後來加入「皇軍」，官至日軍中將、師團長、航空軍司令官。因此，他被韓國人視為「賣國賊」。日本投降後，金日成和李承晚都不許他回國。他在朝鮮半島的財產被沒收，在日本的財產也喪失殆盡，一度淪落到吃了上頓沒下頓的窘迫境地。直到1963年，已經臥床不起的李垠才在朴正熙的允許下回到闊別半個多世紀的祖國。1970年去世後，倒是得到了國葬的待遇。

今日大韓「皇族」

英親王李垠畢竟是純宗的法定繼承人。他死後，唯一的兒子李玖作為僅存的嫡系皇族，被推舉為李氏王室的族長。李玖父親是韓國親王，母親卻是日本人，因父親被拒絕回國，他也無法回到故土。李玖留學美國，娶了美國籍的烏克蘭老婆，自己也入了美國籍，一生慘澹坎坷，最後破產、離婚，2005年死於日本，被李氏王朝的後裔們諡為「哀宗」、「懷隱皇帝」。

他曾感慨：「我不是朝鮮人，也不是韓國人，更不是日本人，我也不是皇帝。我什麼都不是。我是一個沒有祖國的孤兒。」

李玖覺得「皇帝」沒什麼意思，他的親人們卻不這麼想。

首先高舉「皇族」大旗的是李玖的堂弟、義親王李堈的兒子李錫。李錫的遭遇比李玖要好一點，畢竟他爹義親王在「二戰」後被尊為「英雄」而非「賣國賊」。但經過韓戰和李承晚獨裁，

耶穌基督出生　0—

君士坦丁統一羅馬

羅馬帝國分成兩部

波斯帝國　500—

回教建立

阿拉伯人攻佔西班牙

凡爾登條約

神聖羅馬帝國建立　1000—

十字軍東征

英國大憲章

蒙古第一次西征

文藝復興

英法百年戰爭開始

哥倫布發現新大陸　1500—

英國大破無敵艦隊

光榮革命

發明蒸汽機

美國獨立
拿破崙稱帝

明治維新

美國南北戰爭開始

第一次世界大戰
第二次世界大戰

2000—

他在韓國的日子也很苦。李錫曾經去美軍駐韓基地賣唱為生，後來還跟著美軍參加了越南戰爭，並很倒楣地中彈負傷，後來則在韓國當歷史教授。在這樣的艱難下，李錫不忘家族榮耀，努力為恢復大韓帝國皇族地位而奮鬥，不斷寫信給幾十個保留君主制的國家，告訴他們：韓國還有皇室！

做著皇室夢的，還有一個是李玖的堂姪兒兼養子李源。李源生於1962年，本是義親王李堈的孫子，後來過繼給沒兒子的堂叔李玖。李源的職業是現代汽車公司的員工，卻對自己的皇族血統非常看重。

2005年「哀宗」李玖死後，李源認為：英親王李垠是純宗的繼承人，哀宗李玖是英親王的唯一傳人，而我又是哀宗的養子，所以接下來，這大韓帝國皇帝非我莫屬，他就公然自稱為「皇嗣孫」。

李源的繼位，卻遭到了親人們的反對。站出來的是他的姑母、義親王的女兒李海瑗。李海瑗認為：你李源又不是李玖的親生兒子。論起血緣來，你不過是義親王的一個孫子，憑什麼爬到長輩的頭上？

李海瑗和李源的爭鬥，可以看做是義親王和英親王兩支後裔的爭鬥。英親王是韓國名義上的嫡傳後人，可惜當了「賣國賊」，而且絕了後，唯一舉他旗號的，只有他兒子從義親王那一支過繼來的養子李源；而義親王不但是「英雄」，且子孫昌盛。他們的皇室復辟活動也就要「威風」得多。復辟的積極分子李錫也堅決支持姐姐稱帝，反對姪兒繼位。

2006年9月29日，在韓國首都首爾（漢城）的一家旅館裡舉行了加冕儀式。參加儀式的是五十多名義親王的後人。88歲的李海瑗被宣布為大韓帝國女皇。她身穿繡花金色長袍，接受了鑲嵌寶

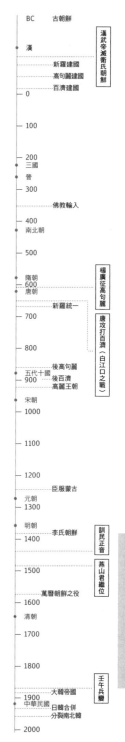

石的王冠，然後坐在從電視臺借來的道具「龍椅」上宣布，她要代表皇室，為祖國的統一而努力。

這樣，大韓帝國迎來了高宗、純宗之後的第三位加冕皇帝。據說贊成復辟帝制的韓國人超過50%，前提是「皇帝」只作為榮譽稱號。

│第七章│ 從抗爭到分裂

（現代韓朝）

在日寇鐵蹄下，朝鮮人有的在忍耐，有的在抗爭。「二戰」勝利，日本撤出，國家卻更加多難。列強的插手干涉，政客的勾心鬥角，還有南部、北部的國土戰爭。

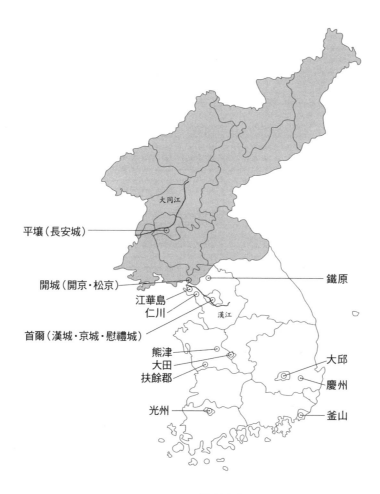

大同江

平壤（長安城）

開城（開京·松京）

江華島
仁川

漢江

首爾（漢城·京城·慰禮城）

鐵原

熊津
大田
扶餘郡

大邱

慶州

光州

釜山

濟州島

國破家亡，忠臣義士競熱血

BC

耶穌基督出生　0—

君士坦丁統一羅馬

羅馬帝國分成兩部

波斯帝國　500—

回教建立

阿拉伯人攻佔西班牙

凡爾登條約

神聖羅馬帝國建立
1000—

十字軍東征

英國大憲章

蒙古第一次西征

英法百年戰爭開始

文藝復興

哥倫布發現新大陸
1500—

英國大破無敵艦隊

光榮革命

發明蒸汽機

美國獨立
拿破崙稱帝

明治維新

美國南北戰爭開始

第一次世界大戰
第二次世界大戰

2000—

殖民地和幫凶

透過《日韓合併條約》，日本開始了在朝鮮半島長達半個世紀的殖民統治。日本大行奴化教育，把日語作為「國語」強制教學。日本人霸占了朝鮮半島上一半的土地，租稅提高數倍。朝鮮的糧食和棉花源源不斷運往日本，日本軍隊和移民則源源不斷地踏上朝鮮的土地。反日的義兵組織也終於遭到徹底鎮壓。韓純宗李坧被授予「昌德宮李王」的榮譽爵位，太上皇高宗李熙被降為「德壽宮李太王」，軟禁在漢城的皇宮裡。

日本把朝鮮半島當做侵略中國的跳板，1931年「九一八」事變時，日本關東軍以一個師團向二十萬東北軍發動全面進攻，其後盾就是駐紮在朝鮮半島的兩個師團。經過長時間的占領和洗腦，很多朝鮮人實實在在變成了日本的「順民」，出錢出力支持日本的擴張。大批朝鮮人加入日本軍隊和特務機關，為日本侵略中國及其他國家當幫凶。

在中國抗日戰爭期間，朝鮮人大量加入日軍，在日軍的編制中稱為第一等「皇協軍」，裝備、紀律、戰鬥力與正規日軍也相差不多，遠遠超過華北偽軍、汪精衛偽軍和其他偽軍，中國軍民稱其為「二鬼子」。據說「高麗棒子」的蔑稱也是從這時候開始流傳的。1945年日本在窮途末路時，試圖動員全國軍民拚命和盟

軍決戰，號稱「一億玉碎」，這「一億」，就包括本土的七千萬人和朝鮮的三千萬人。

「三一」運動

在多數朝鮮人迫於無奈，接受奴役，甚至當幫凶的時候，還是有不少熱血的朝鮮人挺身而出，與占領他們家園的日寇進行殊死的奮鬥。

這個奮鬥，貫穿於朝鮮被日本吞併直到重獲獨立的數十年之間。

1919年1月，高宗李熙離奇死亡。朝鮮老百姓紛紛傳說，是被日本人毒死的。再加上那幾年日本對朝鮮的掠奪式統治，激起了朝鮮全國的憤怒，掀起了朝鮮被吞併後第一次獨立運動的高潮。

2月8日，東京的一群朝鮮留學生發佈《二八獨立宣言》，號召全民起來，為獨立而流血。在日本的首都發佈這樣的宣言，可見他們的勇氣。

這時候，獨立自主的思潮瀰漫整個半島，居於領導地位的一群精英，為首的是天道教（就是以前發動起義的東學教）教主孫秉熙。他們制訂了一個周密的計畫：先擬定一份《獨立宣言書》，在3月1日的高宗國葬儀式上當眾宣讀，然後發動漢城市民遊行，向日本人示威，也向全世界宣告朝鮮人民發誓獨立的態度。

這一切的目的是什麼呢？是為了引起「國聯」的重視，希望靠英美法等國的力量來逼迫日本讓朝鮮復國。

獨立運動緊鑼密鼓地籌備著，到3月1日早上萬事俱備，《獨立宣言書》已經寫好了，派去聯絡群眾的學生代表向獨立運動領導人報告：漢城各界群眾都通知到了，到時候一起遊行示威！人

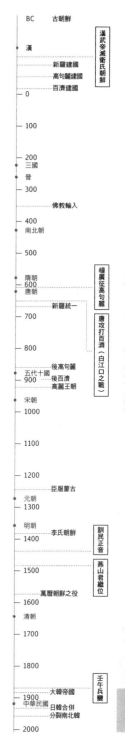

數至少一、二十萬！

　　孫教主和精英們頓時愣住了：居然有這麼多人組織起來上街啊，這樣會不會把日本人刺激得太厲害啊？不妥，很不妥。

　　用通俗的說法，孫教主這幫主張「合法爭鬥」的精英，是不敢太放手發動群眾的，要掌控十萬人以上的群眾運動，他們沒這自信心。總之，聽到有這麼多人，自己先打了退堂鼓。於是，吩咐學生們把當天的遊行取消！

　　孫教主和其他三十多個精英，則在一家飯店裡面召開祕密會議，宣讀了《獨立宣言書》，大家一起鼓掌：「獨立了，獨立了！」

　　然後，這三十多位革命家，攜帶《獨立宣言書》，主動去向日本員警自首：「我們是朝鮮獨立運動的領導人，你們要殺要剮，悉聽尊便！」

　　日本員警大喜，立刻把這份厚禮送進了監獄。孫教主後來多次向日本政府乞求讓朝鮮獨立，都徒勞無功，最後死在獄中。他們不畏犧牲的勇氣無可挑剔，但在更為狡猾凶殘的日本人面前還謹守爭鬥的尺度，也夠迂腐和可笑了。

　　政治家們自首去了，學生和市民卻不甘心取消早已準備好的遊行。當天，在漢城地區就爆發了30萬朝鮮人參加的反日獨立大遊行。遊行群眾與前來鎮壓的日本軍警爆發了流血衝突。隨後，遊行示威活動向全國蔓延，參加者達200萬人以上，很多地方發展成為武裝暴動甚至起義。

　　面對這些暴動和起義，日本人當然不會手軟。於是，全國各地血流成河。無組織、無紀律的朝鮮老百姓，打不過武裝的日本軍警。指望國聯的干涉更是癡心妄想了。最終，「三一」運動失敗。之後在1926年純宗去世時，雖然又引發了「六一〇」反日運

耶穌基督出生　0—

君士坦丁統一羅馬

羅馬帝國分成兩部

波斯帝國　500—

回教建立

阿拉伯人攻佔西班牙

凡爾登條約

神聖羅馬帝國建立　1000—

十字軍東征

英國大憲章

蒙古第一次西征

文藝復興

英法百年戰爭開始

哥倫布發現新大陸　1500—

英國大破無敵艦隊

光榮革命

發明蒸汽機

美國獨立
拿破崙稱帝　0—

明治維新

美國南北戰爭開始

第一次世界大戰
第二次世界大戰

2000—

動，也是有始無終。

更多的義士開始把爭鬥戰場轉移到國外。

主營暗殺的臨時政府

「三一」運動之後，一部分朝鮮愛國者逃到中國上海。他們認為，有必要建立一個代表朝鮮的政治組織，向國際社會呼籲復國。這樣，大韓民國臨時政府於1919年4月11日在上海法租界成立。對外稱為「高麗僑民事務所」。這個政府得到了孫中山國民革命政府和法國、波蘭等國的承認，其經費很大一部分也來自國民黨的援助。

臨時政府選出的首任執政官總裁（總統）是李承晚。不過，李承晚本人一直待在歐美，很少到中國。他反對臨時政府「組織游擊隊，聯合蘇聯抗日」的主張，自己又拿不出可行的辦法，甚至挑起內鬥，最終被罷免。

臨時政府內部派系林立，相互掣肘。這樣一個政府，自然採取不了什麼有效的政治行動，對於日軍魔爪下的祖國，只能看著。向國際社會的呼籲，也都石沉大海。

不過，有一項工作卻做得有聲有色。那就是暗殺。

早在1909年，在日本吞併朝鮮的危急關頭，朝鮮義士安重根在哈爾濱開槍刺殺了日本前首相伊藤博文。伊藤博文是甲午戰爭和吞併朝鮮的重要策劃者，安重根算是為中國和朝鮮小小報了一下仇。不久，安重根被日本處以絞刑，伊藤博文的死也被日本作為加速吞併朝鮮的藉口之一。

此後，韓奸李完用、日本總督寺內正毅等也先後成為暗殺的目標。

暗殺只能出一口氣，對大局的影響很小。然而，對於面臨亡

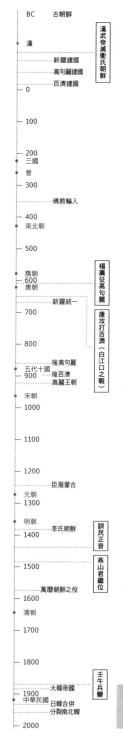

BC　古朝鮮

漢　　　　　漢武帝滅衛氏朝鮮

新羅建國
高句麗建國
百濟建國
0

100

200　三國
晉
300

佛教輸入
400
南北朝

500

隋朝　　　楊廣征高句麗
600
唐朝
新羅統一　　唐攻打百濟（白江口之戰）
700

800

後高句麗
五代十國　後百濟
900　高麗王朝

宋朝
1000

1100

1200

臣服蒙古
元朝
1300

明朝　　　李氏朝鮮　　訓民正音
1400

1500　　　　　　　　　燕山君繼位

萬曆朝鮮之役
1600
清朝

1700

1800　　　　　　　　　壬午兵變

大韓帝國
1900
中華民國　日韓合併
分裂南北韓
2000

國滅種的人，能出口氣已經不容易了。

臨時政府成立以後，韓國「國父」金九擔任內務和員警部長。金九有著二十多年的抗日經驗，也是一位暗殺高手，早在1896年就為了替明成皇后報仇而殺死過日軍一個中尉。他把暗殺作為爭取獨立的最重要手段，把臨時政府經費的一半都花在組織暗殺上。

1932年1月8日，日本裕仁天皇與偽滿洲國皇帝溥儀，到代代木參加閱兵儀式。金九派義士李奉昌潛伏在櫻田門，向天皇汽車投擲手榴彈，可惜前一枚只炸中了天皇的副車，後一枚則是個啞彈。事後，李奉昌沒有逃走，而是在大群日本人中揮舞韓國太極旗，大喊「萬歲」。他被日本軍警逮捕並判死刑，終年32歲。

同年，日本在中國上海發動「一二八」事變，十九路軍奮起抵抗，終因寡不敵眾，被迫撤出。日本占了上海，得意忘形，遂於4月29日「天長節」（天皇生日）在虹口公園舉行慶祝大會。十九路軍將領聞訊非常憤怒，決定以暗殺活動破壞日本人的慶祝大會，打擊其囂張氣焰。為此，他們找到了「斧頭幫」幫主王亞樵。

然而會場戒備森嚴，根本不許中國人進入，只許日本人以及被殖民化的朝鮮人進入。因此，十九路軍將領和王亞樵輾轉找到了韓國臨時政府的金九。金九一口答應，並委派義士尹奉吉擔當重任。

4月29日早上，尹奉吉飽餐一頓牛肉麵，又和戰友交換了廉價的手錶，隨即攜帶特製炸彈，混入了虹口會場。

這天上午，日本人先舉行了天長節慶祝活動，然後開始祝捷。一群侵略者頭目在主席臺上瘋狂叫囂，得意忘形。11點30分，祝捷會進入高潮，日軍飛機掠過，禮炮連發，煞是熱鬧。

耶穌基督出生　0—

君士坦丁統一羅馬
羅馬帝國分成兩部

波斯帝國　500—

回教建立

阿拉伯人攻佔西班牙

凡爾登條約

神聖羅馬帝國建立　1000—

十字軍東征

英國大憲章

蒙古第一次西征

英法百年戰爭開始

文藝復興

哥倫布發現新大陸　1500—

英國大破無敵艦隊

光榮革命

發明蒸汽機

美國獨立
拿破崙稱帝

明治維新

美國南北戰爭開始

第一次世界大戰
第二次世界大戰

2000—

就在這時候，尹奉吉衝出人群，在距離主席臺幾公尺的地方，將偽裝成水壺的炸彈，直接投擲到了日本高官們的腳下。頓時爆炸聲起，硝煙瀰漫。

主席臺上的日本上海民團委員長河端肚子被炸開，當場一命嗚呼。「一二八」侵略軍總司令白川義則大將被204塊大彈片以及無數小彈片擊中，成了「蜂窩」，後來在醫院裡哀號了近一個月死去。第三艦隊司令野林中將被炸瞎了一隻眼睛，駐華公使重光葵和第九師團長植田中將每人斷了一隻腳（13年後重光葵就是拖著這條斷腿爬上密蘇里號戰艦簽署投降協定）。另有多人輕傷。

虹口道場炸彈一響，日軍的氣焰頓挫，中國方面則是一片歡呼。尹奉吉則被日軍逮捕後槍決。

韓國臨時政府就是這樣向日軍復仇，對於中國抗戰也是不錯的幫助。虹口爆炸案之後，日軍在法租界大肆搜捕朝鮮人，臨時政府遷往杭州，後來又遷往鎮江，並在南京落下腳來。1937年中國抗戰全面爆發，南京淪陷，韓國臨時政府又一路內遷，先後在長沙、廣州、柳州待過，最後落腳重慶。

到重慶之後，蔣委員長認為韓國臨時政府光用暗殺對日軍打擊太小，就資助他們建立了光復軍。韓國本土早已淪陷，這支由流亡者組成的軍隊最初只有300人，後來收編了一些朝鮮族義勇隊，雖然有所擴充，整體實力還是不濟。他們對日軍展開游擊戰，戰果甚少。對於中國抗戰的最大幫助，還是表現在情報搜集上。此外，存在這麼一支韓國游擊隊，本身的國際政治意義是不可忽視的。

太平洋戰爭爆發後，臨時政府緊跟美國老大，於1941年12月9日正式向德意日軸心國宣戰。

這是朝鮮淪陷期間的第一支獨立力量。

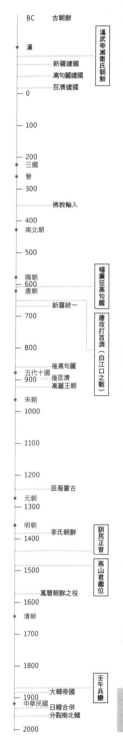

傳奇人物金日成

就在韓國臨時政府背靠中華民國進行抗戰之際,半島的另一位傳奇人物在北方崛起。

他就是金日成。

在日本吞併朝鮮時,有許多軍民奮起抗爭。其中一部分被鎮壓下去了,另一部分越過鴨綠江往中國東北跑,以東北作為他們的活動基地。

然而,日本的勢力也在步步滲入東北。1931年「九一八」事變,張學良和國民政府不戰而退,把遼闊的東三省拱手讓給日本人。

同樣不甘做亡國奴的東北軍民組織了抗日聯軍,與日軍進行殊死搏鬥,一度達到數十萬人,後來雖然大部分被鎮壓下去,但爭鬥一直沒有停息。朝鮮的流亡者們,很多人加入了抗聯,其中就有金日成。

金日成原名金成柱,是1925年跟隨父親流亡到中國的。1931年金成柱加入中國共產黨,歷任抗聯的大隊政委、團政委,最後官至師長。

1937年,金成柱率抗聯第六師殺回朝鮮境內,殲滅日軍和朝鮮偽軍數十名,史稱「普天堡大捷」。對於已經淪陷了二十多年的朝鮮,人們看到自己的隊伍殺回國來,確實受到很大的激勵。次年,他正式改名金日成。

此後,金日成又率部與其他抗聯兄弟部隊一起,在白山黑水間與日軍展開了艱苦戰鬥。但東北的自然環境實在不適宜游擊戰,沒幾年,抗聯在日軍的圍剿中損失慘重,剩下的撤入蘇聯接受訓練。金日成也在1941年率部進入蘇聯。這是朝鮮淪陷期間的第二支獨立力量。

BC

耶穌基督出生　0—

君士坦丁統一羅馬

羅馬帝國分成兩部

波斯帝國　500—

回教建立

阿拉伯人攻佔西班牙

凡爾登條約

神聖羅馬帝國建立
1000—

十字軍東征

英國大憲章

蒙古第一次西征

英法百年戰爭開始

文藝復興

哥倫布發現新大陸
1500—

英國大破無敵艦隊

光榮革命

發明蒸汽機

美國獨立
拿破崙稱帝

明治維新

美國南北戰爭開始

第一次世界大戰
第二次世界大戰

2000—

除此之外，還有一批朝鮮族志士在抗戰爆發後奔赴延安，從抗日軍政大學畢業，建立了朝鮮獨立同盟。在中國共產黨的領導下，他們積極向朝鮮僑民和日軍中的朝鮮二鬼子做宣傳工作，並組織武工隊配合八路軍作戰，搞得有聲有色。這是朝鮮淪陷期間的第三支獨立力量。

勝利下的陰霾

1945年，「二戰」局勢已經完全明朗，日本帝國主義日薄西山，朝鮮的愛國者們也看到了希望。然而即使到了20世紀中期，列強依然不是慈善家。在蘇、美、英等國看來，朝鮮是日本「一戰」前就吞併的領土，壓根就是日本帝國主義的附庸。雖然金九和金日成分別依託美、蘇進行了抗日戰爭，但這個貢獻對盟軍的大佬們來說，實在很小。

所以，雅爾達會議上達成的協議，是準備在日本投降後，將朝鮮半島由美國、蘇聯、英國和中國共同託管，不讓它獨立。

計畫趕不上變化。等美國投下原子彈，蘇聯出兵東北後，兩個超級大國為了瓜分勝利果實而展開激烈的鉤心鬥角，朝鮮半島也成為雙方角力的平臺。當時，蘇聯大軍已經跨越中國東北直撲半島，美軍則尚在海上糾結。在這種情況下，為了最快速地劃分勢力範圍，一個從未到過朝鮮半島的美軍參謀，隨意在地圖上劃了一筆，從此北緯38°線就成了南北朝鮮的分界。蘇軍和美軍分別進駐半島南北，接受當地日軍投降。

這一刻種下了朝鮮半島南北分裂的禍根。

在蘇軍的支持下，金日成以朝鮮抗戰英雄的身分組建政府。原本在中共領導下的朝鮮抗戰組織新民黨，與金日成的北朝鮮共產黨合併為北朝鮮勞動黨。

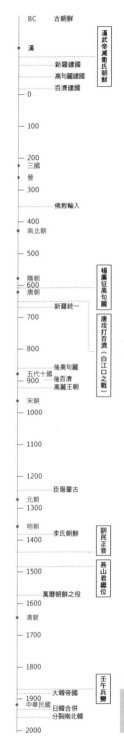

1947年2月，北朝鮮人民委員會成立，金日成擔任委員長。

「國父」之死

相對而言，「大韓民國」的光復之路卻有些曲折。

當時在朝鮮半島南部有三股勢力，一股是臨時政府領袖金九及其獨立黨，一股是左派的呂運亨及其盟友南朝鮮共產黨，一股是右派的宋鎮禹。

如同蘇軍在北方驅逐右派一樣，美軍也在南方把左派和共產黨驅逐了，左派領袖呂運亨遭到暗殺，右派首領宋鎮禹則因為他贊同列強「託管」朝鮮半島，而被民族主義者暗殺。

這時候，韓國「國父」金九挺身而出，呼籲祖國統一，反對大國託管。他主張，南北方不要各自選舉政府，而要合起來選一個政府，選一個國家元首，這樣才不至於被那些大國瓜分。

如果統一的朝鮮真的成立，對各大國沒什麼好處。這時候，李承晚跳出來，他自願成為美國的代理人。李承晚到處宣稱：「美國是我們的恩人，我們不能忘恩負義啊！託管就託管吧，不要誤會盟友的一片苦心啊。」

兩個一比較，美國決定扶植聽話的李承晚，金九則被美國作為極端民族主義者排擠。1948年7月，南部終於率先舉行了單獨選舉，李承晚在美國支持下當選總統。8月15日大韓民國成立。同年9月，北方在蘇聯的支持下建立了朝鮮民主主義人民共和國，金日成被選為內閣首相（1953年改為國家元首）。

這樣，原先為很多人所期望的「南北共同選舉」和「南北統一」的夢想，實際上已經破滅了。

然而，金九依然不屈不撓呼籲著南北統一，反對託管。他甚至前往平壤會見金日成，商談統一的事情。這對於李承晚獨霸南

BC

耶穌基督出生　0—

君士坦丁統一羅馬

羅馬帝國分成兩部

波斯帝國　500—

回教建立

阿拉伯人攻佔西班牙

凡爾登條約

神聖羅馬帝國建立
1000—

十字軍東征

英國大憲章

蒙古第一次西征

英法百年戰爭開始

文藝復興

哥倫布發現新大陸
1500—

英國大破無敵艦隊

光榮革命

發明蒸汽機

美國獨立
拿破崙稱帝

明治維新

美國南北戰爭開始

第一次世界大戰
第二次世界大戰

2000—

朝鮮構成了很大的威脅。

　　於是在1949年6月，李承晚指示一個叫安斗熙的軍官將金九暗殺。

　　曾經以暗殺作為抗日復興手段的韓國「國父」，就這樣倒在自己同胞的槍口下。事後，安斗熙只被監禁了很短時間就獲得釋放，而且短時間內連升兩級。

　　但他的日子也並不好過。殺害「國父」的罪行，不可能得到老百姓的原諒。在失去李承晚的庇護之後，經常有人找到安斗熙，把他痛打一頓，然後扔下點錢給他治傷。到1993年，韓國國會重新調查金九遇刺案，年邁的安斗熙被人抬著出庭受審。這樣的後半輩子，可謂是生不如死了。

　　不管安斗熙晚年如何悲慘，金九一死，李承晚在韓國的地位就算穩定了。同時，朝鮮半島的分裂也就註定了。

　　李承晚當權之後，諂媚美國，對國內的異己則毫不留情。濟州島、麗水、順天的軍民反對南方單獨選舉，他就派遣軍隊前去鎮壓。1948年，他頒佈「國家保安法」鎮壓共產黨。1949年5月，他又武力鎮壓南朝鮮勞動黨，逮捕了包括國會副議長金若水在內的少壯派。為此，南朝鮮左翼政黨勞動黨被迫北遷，與北朝鮮勞動黨合併成為統一勞動黨。

　　在李承晚的政策下，南方各地到處都是起兵造反的游擊隊，而李承晚也毫不客氣的出兵圍剿。同時，三八線上南北雙方的軍事衝突也是接連不斷。年過七旬的李承晚老人家鎮壓國內共產黨打順了手，對勝利頗有信心；三十多歲的金日成同學在史達林的支持下，也是信誓旦旦，想要快刀斬亂麻的統一朝鮮。

　　朝鮮半島歷史上規模最大，國際影響最突出的戰爭，已經站在了起跑線上。

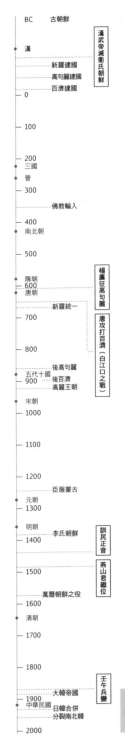

南北血戰，統一舊夢終成空

耶穌基督出生 0—

君士坦丁統一羅馬
羅馬帝國分成兩部

波斯帝國 500—

回教建立

阿拉伯人攻佔西班牙

凡爾登條約

神聖羅馬帝國建立
1000—

十字軍東征

英國大憲章

蒙古第一次西征

英法百年戰爭開始

文藝復興

哥倫布發現新大陸
1500—

英國大破無敵艦隊

光榮革命

發明蒸汽機

美國獨立
拿破崙稱帝

明治維新

美國南北戰爭開始

第一次世界大戰
第二次世界大戰

2000—

資料簡介

在1950年6月戰爭爆發之前，三八線兩邊軍事實力對比如何呢？北方的朝鮮民主主義人民共和國占據絕對優勢。當時得到蘇聯支援的人民軍，擁有10個步兵師、5個警備旅，2個獨立團，以及1個裝甲旅，總兵力13萬多人，火炮600門、飛機近200架、T34坦克150多輛。相比之下，李承晚的軍隊共有8個主力師，總兵力不到10萬，火炮不到100門，還有20多輛裝甲車和32架飛機。這只是軍隊人數和裝備數量的對比。人的素質才是更重要的。那麼比素質又如何呢？

金日成的部隊，其骨幹一部分是在「二戰」時期跟隨他打游擊的官兵，是十幾年在中國東北大小興安嶺冰天雪地裡和日本關東軍周旋過來的，後來很多人又去蘇聯接受過專門的培訓，稱得上是百煉成鋼。

另一部分則是中共解放軍中的朝鮮族官兵（當然，其中很多也是抗戰時期跑過來的朝鮮人），當初跟隨林彪橫掃東北，打了幾年仗，滅過陳誠、衛立煌、杜聿明上百萬大軍的，那更是屬害得很。

李承晚的軍隊呢，多數是日本統治時期的偽員警部隊改編的，還有一部分是偽滿洲國的官兵。大家想想愛新覺羅・溥儀的

經歷，就知道這幫人的戰鬥力如何了。

可是李承晚又有什麼信心想和北方抗衡，而且還屢次派軍隊越界騷擾呢？他靠的就是背後的美國。大本營在日本的遠東美軍，以第八集團軍為主力，擁有6個師，總兵力20多萬，此外有1000多架飛機，數個航空母艦編隊，稱得上是一個巨無霸。李承晚打的好算盤：贏了功勞是我的，輸了，就靠山姆大叔替我們撐腰了。

就這麼著，迎來了那個決定性的日子——6月25日。

第一槍之謎

關於韓戰的爆發，到底誰打響了第一槍，一直是個謎。

大多說的是「南朝鮮李承晚集團越過三八線進犯，朝鮮人民軍奮起反擊」。而西方的主流觀點則認為是在6月25日凌晨4點，朝鮮人民軍向大韓民國發動進攻，從而挑起了戰爭。

目前國外普遍認可的是西方主流觀點，金日成彷彿成了罪魁禍首。但比較奇怪的是，當年的《泰晤士報》、《曼徹斯特衛報》、《新聞記事報》、《每日快報》、《紐約時報》等多家媒體，卻都報導了6月25日韓國軍隊進攻並占領朝鮮重鎮海州（距離平壤105公里）的消息。而根據另一些當事人的回憶錄和相關記載，韓國軍隊最遲在6月25日凌晨1點，也就是「主流」認為朝鮮挑起戰爭之前三個小時，就已經越過三八線發動進攻了。

但是，要說韓國軍隊真的就成心挑起這樣一場大規模的戰爭，也不太妥當。當時李承晚的8個主力師，只有4個師在三八線正面，剩下的4個師都在後方圍剿游擊隊，這怎麼也不像是全面開戰的模樣。

實際上，南北雙方都想武力統一朝鮮半島，雙方軍隊在三八

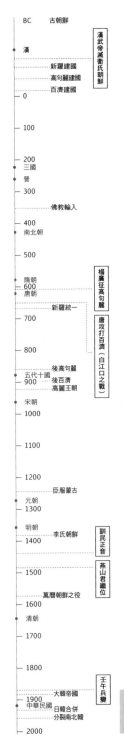

BC　古朝鮮

漢　　　　　　　　　漢武帝滅衛氏朝鮮

　　　　新羅建國
　　　　高句麗建國
—0　　　百濟建國

—100

—200
三國
　晉
—300

　　　　佛教輸入
—400
南北朝

—500

　隋朝　　　　　　　楊廣征高句麗
—600
　唐朝
　　　　新羅統一
—700　　　　　　　　唐攻打百濟（白江口之戰）

—800

　　　　後高句麗
五代十國　後百濟
—900　　　高麗王朝

　宋朝
—1000

—1100

—1200
　　　　臣服蒙古
　元朝
—1300

　明朝　　李氏朝鮮　　訓民正音
—1400
　　　　　　　　　　燕山君纂位
—1500

　　　　萬曆朝鮮之役
—1600
　清朝
—1700

—1800

　　　　大韓帝國　　　壬午兵變
—1900
中華民國　日韓合併
　　　　分裂南北韓
—2000

線附近對峙，小規模衝突不斷。只不過6月25日這一次，韓國方面再度北上，被早已作好準備的朝鮮方面順勢一把猛推過來，從而將邊境衝突轉化為大規模戰爭。

這場戰爭的性質是朝鮮半島的內戰。如果內戰在幾年內結束，南北統一，也就不會有人去斤斤計較「誰先開第一槍」了。正如牧野之戰周武王不否認自己先出兵，官渡之戰曹操和袁紹也不會去指責對方一樣。

摧枯拉朽

誰先開槍雖然不好論證，但誰先倒下卻是一目了然。6月25日邊境線上槍聲一響，金日成的十萬大軍立刻兵分三路，向著南韓猛衝過來。金日成的部署是：以第一軍的4個師加上120輛坦克直撲漢城，殲滅李承晚的主力；第二軍的2個師配30輛坦克從第一軍的東面突破春川，迂迴切斷漢城韓國軍隊的退路；第二軍的第五師則沿著半島東部海岸一路突進，占領港口。這個計畫很明顯是照搬國共內戰時期的經驗，集中優勢兵力先殲滅敵人有生力量。

而韓國軍隊數量既少，兵力又分散。面臨北方的大舉進攻，他們匆忙集結後，像添油加醋一樣逐步投入戰場。

首先上前的倒楣蛋是韓軍一師和七師，這兩個師在漢城以北列陣，遭到朝鮮第一軍4個師的圍攻。其中韓軍一師在漢城北邊的重鎮開城頑抗，結果朝鮮人民軍第6師師長方虎山少將（林彪手下的師長）帶一個團坐火車突襲車站，腰背夾擊，韓一師頓時潰敗。上午9時30分，人民軍占領重鎮開城。這時距開戰僅五個多小時。

開城南面是臨津江——漢城的天然屏障。韓軍在臨津江大橋上佈置了炸藥，準備戰局不利時就炸毀大橋，阻止人民軍南下。

耶穌基督出生　0—

君士坦丁統一羅馬

羅馬帝國分成兩部

波斯帝國　500—

回教建立

阿拉伯人攻佔西班牙

凡爾登條約

神聖羅馬帝國建立
1000—

十字軍東征

英國大憲章　蒙古第一次西征

英法百年戰爭開始

文藝復興

哥倫布發現新大陸
1500—

英國大破無敵艦隊

光榮革命　發明蒸汽機

美國獨立
拿破崙稱帝

明治維新　美國南北戰爭開始

第一次世界大戰
第二次世界大戰

2000—

結果人民軍行動神速，直接尾隨潰敗的韓軍衝過橋頭，在行進間就奪取了臨津江大橋。韓七師也被人民軍三、四師擊敗，抱川失守。

臨津江大橋和抱川被占領，漢城前面就是一馬平川、無險可守了。27日，人民軍4個師直奔漢城。李承晚趕緊又調了3個師增援。北方4個師和南方5個師在漢城邊上大戰起來。在平原地帶，人民軍的100多輛T34坦克所向披靡。一天時間，韓軍防線已被突破。眼看金日成的隊伍勢不可擋地衝了過來，李承晚慌了，一面匆匆南逃，一面下令趕緊炸毀漢江大橋。28日凌晨，擠滿了難民和撤退士兵的漢江大橋被炸毀，直接炸死和掉在漢江淹死的人就有數百人。

28日下午，人民軍占領了漢城。29日，漢城地區的韓軍主力全部被擊潰。

至此，戰爭爆發四天，韓軍已經潰不成軍，主力在漢城地區被殲滅。唯一像樣的抵抗，是韓六師在漢城東部的春川擋住了人民軍第二軍主力，避免了全線崩潰。即使如此，李承晚手中能控制的軍隊已經不到四分之一。

提前註定的結局

在金日成看來，韓軍主力已經被殲滅了，半島的統一似乎指日可待。然而，半島的戰爭，不單是朝鮮和韓國的事，實際上是美、蘇兩家的角力。就在日本，駐紮著數十萬美軍，這是比李承晚軍隊實力強大十倍的力量。一旦這支力量投入戰爭，人民軍將會面臨完全不同的局面。6月30日，漢城的人民軍開始強渡漢江。韓軍在南岸拚命抵抗。這時候，李承晚唯一的希望就是美軍參戰。7月3日，美軍先頭部隊二十四師在釜山登陸。韓戰進入了一

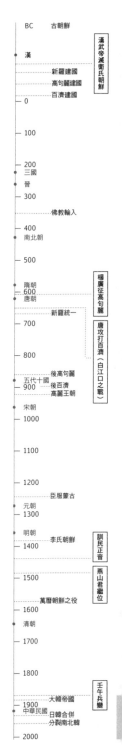

個新的階段。朝鮮現在面臨的不只是一個喪家之犬般的李承晚，還有世界上最強大的美軍了。

美軍的指揮官麥克阿瑟，最初根本不把人民軍放在眼裡。他狂妄地宣稱，只要兩個師的美軍，就可以守住朝鮮半島。在他的指示下，美軍二十四師派出一支五百餘人的特遣隊作為尖兵，在史密斯中校帶領下迎著人民軍猛衝上去。

7月5日黎明，史密斯特遣隊在平澤以北擺開陣勢，滿心以為可以給人民軍來個迎頭痛擊。迎頭趕來的是人民軍的T34坦克編隊和步兵第四師。

史密斯只抵擋了兩個小時就下令撤退。這支信心滿滿的部隊，陣亡率高達百分之三十五。美軍與朝鮮人民軍的第一次交火，落得個慘敗的下場。麥克阿瑟這才認識到人民軍的戰鬥力不可小看，緊急呼籲美國國內再增加4個師的參戰部隊。

生擒美軍師長

這時，美軍源源不斷地從釜山登陸，僅每天卸載的軍用物資就達一萬多噸。在美國的「餵養」下，李承晚迅速又組建起部隊。天空開始出現美軍飛機，越來越多的美軍陸戰部隊也擋在了人民軍南下的道路上。

7月7日，朝鮮第一軍與美軍二十四師三十四團展開激戰。就在這一天，聯合國安理會投票通過了美國成立「聯合國軍」的提案。

7月8日，朝鮮第一軍擊潰美軍三十四團，團長馬丁上校在近戰中被T34坦克擊斃。同一天，美國總統杜魯門任命麥克阿瑟為「聯合國軍」總司令。

7月9日，朝鮮第一軍開始攻擊車嶺，與美軍二十四師全面交

耶穌基督出生　0—

君士坦丁統一羅馬

羅馬帝國分成兩部

波斯帝國　500—

回教建立

阿拉伯人攻佔西班牙

凡爾登條約

神聖羅馬帝國建立
　　　　1000—

十字軍東征

英國大憲章

蒙古第一次西征

英法百年戰爭開始

文藝復興

哥倫布發現新大陸
　　　　1500—

英國大破無敵艦隊

光榮革命

發明蒸汽機

美國獨立
拿破崙稱帝

明治維新

美國南北戰爭開始

第一次世界大戰
第二次世界大戰

　　　　2000—

鋒。美國的空中優勢對人民軍帶來很大傷亡，人民軍只能趁著美機轟炸的空隙反覆出擊。他們大膽穿插，於12日突破車嶺防線，擊退美二十四師。

接著，人民軍又發動大田戰役。7月14日突破了美軍三十四團的正面防線。接著，他們從缺口投入大量兵力穿插迂迴，切斷了美軍十九團的後路，並隨即擊潰了企圖突圍的十九團。7月19日，朝鮮人民軍三面包圍大田，第二天發動猛攻。美二十四師師長迪安少將帶著一群文職人員翻山越嶺逃命，結果走到半路，師長掉下懸崖。隨行人員見狀，也只顧自己逃命，後來死的死，傷的傷，不在話下。

在人民軍的猛攻下，作為入朝先鋒的美軍二十四師全線崩潰，總計損失了7000多人，差不多占全師的一半。而掉下山崖的迪安師長大難不死，在山裡靠樹皮草根活了一個多月後，被人民軍抓獲。

這位迪安少將作為韓戰中被俘的最高級別美軍將領，後續還有些趣聞。美方一直以為他已經陣亡，在1951年1月授予他國會榮譽勳章。消息傳開，金日成趕緊宣布迪安正在戰俘營受優待呢。

折戟沉沙

在1950年7月5日到21日的半個月中，朝鮮人民軍與美軍幾次交手都獲勝，殲滅美二十四師半數兵力，還俘虜其師長。然而就在這期間，美軍的二十五師和騎一師已經先後登陸，加上二十四師殘部，總兵力超過4萬。而李承晚軍隊也恢復到了85000人。另一方面，隨著美式反坦克裝備不斷到位，在戰爭前期無堅不摧的T-34坦克遭到很大損失。人民軍依然在進攻，但他們的勝利已經變得越來越艱難了。

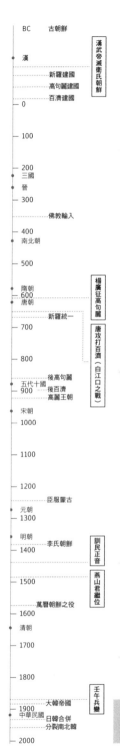

BC

7月31日，人民軍攻克晉州，逼近馬山。這裡距離釜山只有45公里。入朝美軍司令沃克中將將東線部隊全部撤回，在釜山附近形成了一個刺蝟般的重兵集團。這個重兵集團，包括美軍5萬多人，韓軍8萬多人，雖然士氣低落，但是裝備精良，彈藥充足。

相對而言，朝鮮人民軍雖然屢戰屢勝，但損耗巨大，前線各個師都被打得殘缺不齊，總兵力不到10萬，而且補給線太長，裝備更無法與美軍相比，整體戰鬥力已經弱於敵方。

雙方軍事上的態勢實際上已經完全逆轉。

1950年8月，圍繞著半圓形的釜山防禦圈，人民軍和美軍的決戰拉開了序幕。

在西線，人民軍面對美軍優勢兵力反撲，用「讓開大路，截斷後路」的戰術，殲滅美軍兩個炮兵營，打退了反撲。

另一方面，在釜山防禦圈的北部，人民軍出動6個師，強渡洛東江，企圖奪下韓國政府所在地大邱。在這一地段，美、韓軍陣地層層疊疊，人民軍之前靠大膽穿插擊退敵人的好戲再也無法上演。

朝鮮人民軍表現出了驚人的鬥志和勇氣，打退美、韓軍多次反撲，8月18日突破大邱週邊防線，嚇得李承晚政府一溜煙搬到了釜山。但最終，美軍守住了大邱，人民軍銳氣耗盡，撤回洛東江西岸。在圍攻大邱的血戰中，面對美軍猛烈的炮火，人民軍有4個主力師被打成了空架子。這是韓戰爆發以來人民軍第一次打敗仗。

此時，朝鮮人民軍雖然占領了90%以上的領土，但前方是具有優勢兵力的敵人和堅固的防線，後方是漫長的補給線和空虛的海防線，可謂強弩之末。

8月下旬，人民軍13個師兵分五路，全線攻擊釜山防禦圈。

耶穌基督出生　0—

君士坦丁統一羅馬

羅馬帝國分成兩部

波斯帝國　　500—

回教建立

阿拉伯人攻佔西班牙

凡爾登條約

神聖羅馬帝國建立
　　　　　1000—

十字軍東征

英國大憲章　蒙古第一次西征

文藝復興　　英法百年戰爭開始

哥倫布發現新大陸
　　　　　1500—

英國大破無敵艦隊

光榮革命　　發明蒸汽機

美國獨立
拿破崙稱帝

明治維新　　美國南北戰爭開始

第一次世界大戰
第二次世界大戰

　　　　　2000—

到9月2日，各路人民軍都取得了不錯的進展，但同時也都陷入了與美軍的苦戰中。4日，美軍全線動搖，指揮部已經絕望了，起草了5日總撤退的命令。但是關鍵時刻，駐韓美軍司令沃克把這個命令扣下了。他宣稱，要親自在大邱的街頭進行巷戰。

5日的戰鬥開始了。這一天，美軍傷亡達1200多人。東路，人民軍攻克了浦項；北路，美軍騎一師開始崩潰。龜縮在釜山的李承晚政府惶惶不可終日，已經在打算退往濟州島了。韓國權貴都爭先恐後乘船逃往日本。

然而就在這一天，西南方向的人民軍已經達到了自己的極限支持不住了。這引起了連鎖反應，美軍得以把優勝地區兵力調入其他戰線，使人民軍各路逐一兵敗。

在北路，人民軍突破美、韓軍多條防線，13日發動最後一次突擊，美軍方面也投入了最後的預備隊——新編成的幾個韓國員警大隊。在隨後趕來的美軍二十四師和韓一師等部隊面前，北路人民軍被迫撤退。

至此，人民軍對釜山的圍攻完全遭到失敗。朝鮮半島的戰局，也已經完全扭轉。

生力軍登場

9月15日，美軍陸戰一師和七師在仁川登陸，隨即將朝鮮半島攔腰橫截。這時，釜山地區的人民軍主力，還在全力抵抗美、韓軍的反撲，想盡力保住已經「解放」的土地。金日成直到23日才下令全軍北撤。然而，太晚了。這一週裡，在仁川登陸的美軍已經切斷了人民軍主力的後路。短時間內，人民軍主力幾乎被全殲，美韓聯軍迅速攻克漢城、平壤，穿過整個半島，一路推進到鴨綠江。

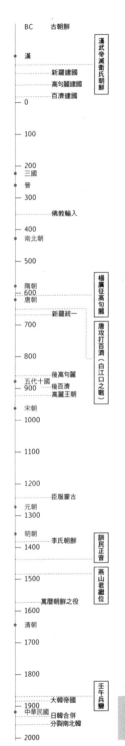

就在美韓軍得意洋洋窮追猛打時，10月25日，韓軍某部突然遭到一支強大軍隊的襲擊，對手鬥志昂揚，戰法凶猛，韓軍半數陣亡和被俘。另一個全新的對手終於出擊了。

中共參戰之後，戰爭又持續了好幾年。

大致進程是：

1950年10月下旬，中共「人民志願軍」發動第一次戰役，打得聯合國軍措手不及，敗退到清川江南。

此後，麥克阿瑟發動反撲，號稱要「讓士兵回家過耶誕節」。結果志願軍於11月下旬發動第二次戰役，收復平壤，聯合國軍撤回到三八線以南。

年底，中朝聯軍發動第三次戰役，越過三八線50公里，再次占領漢城。

1951年1月第四次戰役，聯合國軍憑藉空中和後勤保障優勢開始反攻，中朝聯軍撤回到三八線以北。

4月，志願軍發動第五次戰役，隨即美軍反攻，雙方激戰後對峙。7月，雙方開始停戰談判。這場談判整整拖了兩年，其間打打停停，

最著名的戰役包括1952年秋的上甘嶺之戰。1953年7月27日，停戰協定終於在板門店簽署，韓戰結束。之後，為了防止美國捲土重來，中共人民志願軍在朝鮮又待了五年，到1958年10月全部撤出。而美軍至今仍在韓國安營紮寨。

這場從內戰擴展的國際局部戰爭，對各方帶來了巨大的流血損失。中國傷亡、失蹤、被俘約36萬，其中戰死和傷病犧牲約18萬人。北朝鮮軍總共損失約60萬，其中陣亡約20萬。美軍損失約17萬人，其中死亡5萬多人。英國等其他聯合國軍總計損失一萬多人，其中死亡3000多人。據美國不同口徑統計，韓軍總損失達百

耶穌基督出生　0—

君士坦丁統一羅馬

羅馬帝國分成兩部

波斯帝國　500—

回教建立

阿拉伯人攻佔西班牙

凡爾登條約

神聖羅馬帝國建立
1000—

十字軍東征

英國大憲章　蒙古第一次西征

英法百年戰爭開始

文藝復興

哥倫布發現新大陸
1500—

英國大破無敵艦隊

光榮革命

發明蒸汽機

美國獨立
拿破崙稱帝

明治維新　美國南北戰爭開始

第一次世界大戰
第二次世界大戰

2000—

萬以上，其中陣亡人數在20多萬到40多萬。

　　戰火還帶來慘烈的民眾傷亡。更大的哀痛，則是國家分裂的現狀延續下去，已經持續了半個多世紀，到底還將持續多久，無人知曉。

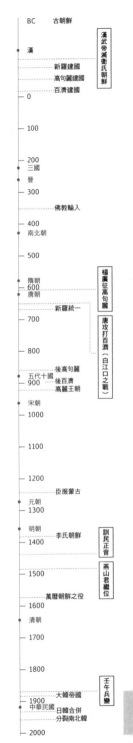

雲霓起落，國家聚散尚蒼茫

李承晚下臺

回頭說大韓民國首屆總統李承晚，差點被金日成趕下海，如今靠著美國的刺刀又殺回來了，頓時不可一世。面對半島南部的人民，他亮出了流氓相。1952年，李承晚的首屆總統任期將到，應該進行換屆選舉了。按照大韓民國當時的憲法，總統是由國會來投票選舉。李承晚預估了一下，他自己新組建的自由黨在議會裡面的席位，恐怕爭不過民主黨。李承晚就提出了修改憲法草案，要把議會選舉總統改為全民直選總統。這樣，他可以利用自己手中掌握的基層軍事組織來撈取選票了。這等於把國會的權力架空了一大半，國會議員當然不願意，所以沒有通過。李承晚惱羞成怒，他宣布「戒嚴令」，出動軍警特務，逮捕了一批不肯和他合作的國會議員，說他們「參與國際共產黨的陰謀」。這個罪名是可以直接把人整死的。靠著這種赤裸裸的威脅，李承晚制服了不聽話的議員，終於通過了他的憲法修改草案。

隨後，李承晚在1952年8月如願以償當上了第二屆總統。

等到了1954年，板門店協議也簽了，戰爭結束，和平降臨，李承晚又動了歪心思：這第二屆總統任期雖說還有兩年多，但時候一到，可就不能再連任下去了。李承晚又生一計：再次修改憲法，在「連任總統不得超過一屆」的前面加上一句「首任總統連

耶穌基督出生　0—

君士坦丁統一羅馬
羅馬帝國分成兩部

波斯帝國　500—

回教建立

阿拉伯人攻佔西班牙

凡爾登條約

神聖羅馬帝國建立
1000—

十字軍東征

英國大憲章　蒙古第一次西征

英法百年戰爭開始

文藝復興

哥倫布發現新大陸
1500—

英國大破無敵艦隊

光榮革命　發明蒸汽機

美國獨立
拿破崙稱帝

明治維新　美國南北戰爭開始

第一次世界大戰
第二次世界大戰

2000—

BC

任次數不受限制」。

這個可笑的議案一提出，再次引起軒然大波。哪能為了一個人想連任就隨意修改憲法呢？但有了上次的教訓，很多議員不敢再招惹李承晚了。國會投票結果，203人中135人贊成，未能達到三分之二多數，根據規定，該項提案不應被通過。

誰知李承晚的自由黨卻有他們的一套演算法。他們說，203的三分之二是135.3，按照數學中「四捨五入」的方法，135票就算達到了三分之二的多數。由此，李承晚可以繼續連任總統了。這就是韓國憲政歷史上貽笑大方的「四捨五入改憲事件」。

回想之前，袁世凱在中華民國總統任上，也是透過壓迫國會，擴大自己的權力。只不過，袁世凱是派軍隊偽裝成國民請願團包圍會場，不選袁世凱不許散會吃飯，這樣逼迫議員就範。李承晚則直接用武力威脅。這一點上，曾在中國組織流亡政府的李承晚，比起曾在朝鮮擔任駐軍長官的袁世凱，倒是「青出於藍而勝於藍」了。

此後，李承晚的獨裁統治越發變本加厲，對他的政治對手蓄意迫害。1956年第三屆總統選舉，李承晚的最大對手申翼熙在巡迴演說途中離奇死亡；1958年，進步黨的創建人曹奉岩被逮捕，罪名包括從事間諜、策動叛亂和持有武器。一審判處五年徒刑，隨後卻被追加為死刑，並在1959年遇害。直到2011年，韓國法院才為曹奉岩平反昭雪。1960年的第四屆總統選舉，李承晚趁競選對手趙炳玉赴美國做手術之機，忽然宣布選舉從5月提前到3月進行，趙炳玉來不及趕回國參選，又氣又急，竟然死在醫院裡。

李承晚倒行逆施，終於激起了全國憤怒。1960年3月15日，他宣布開始第四屆總統選舉，試圖繼續連任下去，結果當天爆發了示威遊行。李承晚用武力鎮壓，激起了民眾更激烈的反抗。4月19

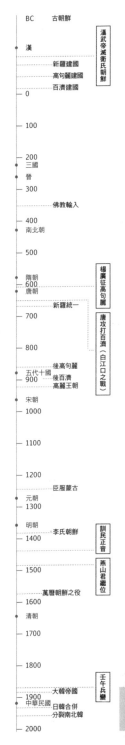

日，漢城學生和民眾發動起義，砸毀了李承晚的自由黨總部，與軍警展開搏鬥。

在全國民眾的怒潮下，李承晚自知大勢已去，於4月27日宣布下臺，隨後逃離漢城前往夏威夷，並於五年後去世。

鐵腕朴正熙

李承晚倒臺後，暫時由民主黨的尹潽善和張勉等人主持政局。但這個政府較為軟弱，不能控制局勢，導致國家經濟和人民生活水準繼續下降，群眾運動也更加猛烈。美國屬意更強硬的代理人。於是在1961年5月16日，陸軍高級將領，曾跟隨日軍侵華的「二鬼子」朴正熙發動軍事政變，建立了軍人獨裁政權。民主黨和群眾運動都遭到打擊鎮壓。此後，在美國的支持下，朴正熙的獨裁統治持續了18年，他連續擔任了五屆總統。

不過，朴正熙雖然獨裁，推動經濟卻是不遺餘力。他的主要辦法，就是扶持韓國的大財閥。早在日據時期，韓國的一群投機家透過與日本占領者合作，利用戰爭形成的市場需求和對內掠奪侵占，完成了財團原始積累。後來他們在李承晚時代，又獲得官商勾結的便利和美國財政援助，從而崛起成為財閥。朴正熙掌權後，一度想限制財閥，但很快發現與其限制，不如利用他們推動國家經濟。於是，朴正熙以國家力量作為後盾，在稅務、政策、貸款等方面大力支持財閥擴張，並向電子、化工、鋼鐵、汽車等多個領域轉型。單是出口到中東地區的勞動力即達十多萬人。

在朴正熙這一系列政策下，韓國大企業得以「不計成本，不計代價」地蓬勃發展，也盤活了整個國家經濟。20世紀六七十年代，韓國經濟騰飛，一躍從戰後滿目瘡痍的國家變成亞洲「四小龍」之一。

耶穌基督出生　0

君士坦丁統一羅馬

羅馬帝國分成兩部

波斯帝國　500

回教建立

阿拉伯人攻佔西班牙

凡爾登條約

神聖羅馬帝國建立
　　　　1000

十字軍東征

英國大憲章　蒙古第一次西征

英法百年戰爭開始

文藝復興

哥倫布發現新大陸
　　　　1500

英國大破無敵艦隊

光榮革命　發明蒸汽機

美國獨立
拿破崙稱帝

明治維新　美國南北戰爭開始

第一次世界大戰
第二次世界大戰

　　　　2000

日軍出身的朴正熙，獨裁手段強硬，個人生活方面則相對清廉。在能源危機的時候，他帶頭推行政府節能辦公，壓縮全國生活方面的能源開支；他又用鐵腕反腐倡廉，大行新村運動，改善農村環境，縮短工農差距。這些都取得了一定成效，為韓國經濟發展提供了助力。

但在政治上，朴正熙的獨裁終究使人厭惡。1979年，韓國經濟不景氣，全國範圍的學生、工人運動爆發，韓國中央情報局局長金載圭因為鎮壓不力，屢屢遭到朴正熙的斥責和排擠。金載圭一怒之下，在10月26日發動政變。他帶兵衝進酒店，把正在與歌女飲酒作樂的朴正熙當場擊斃。

然而幾個小時後，朴正熙的心腹，陸軍保安司令全斗煥就帶兵將政變鎮壓下去，金載圭被逮捕，並在1980年被處以絞刑。

一對貪汙犯

朴正熙死後，總理崔圭夏接替總統。到12月，全斗煥再次發動政變，掌握了軍權。次年，他轟走崔圭夏，作為唯一的候選人當選總統。隨後，全斗煥發布「政黨解散令」，把民主共和黨和新民黨兩個在野政黨解散，還以「謀反」的罪名，把一批政客拘捕入獄，然後驅逐出境。韓國後來的總統金泳三、金大中等都在其中。金大中於2004年獲得平反，並得到了對他900多天拘禁生活的大約8萬美元賠償。

全斗煥還修改憲法，把總統任期改為7年。他的獨裁手段和朴正熙差不多，但個人操行卻差多了，貪汙腐敗無所不做，激起了全國的憤怒。面對洶洶民情，他動用軍隊血腥鎮壓，在1980年的「光州事件」中殘殺數百民眾，逮捕和打傷數千人。這些暴行，使國際社會對他鄙視到了極點。金大中、金泳三等反對派，也在

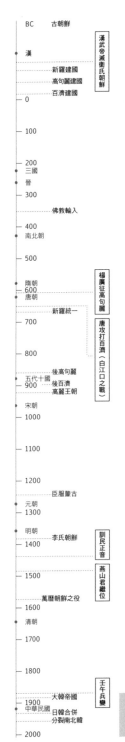

BC 古朝鮮
漢　　　　　　　漢武帝滅衛氏朝鮮
　　　　　新羅建國
　　　　　高句麗建國
0　　　　　百濟建國

100

200　　　　　　　楊廣征高句麗
三國
晉
300

佛教輸入

400
南北朝

500

隋朝
600　　　　　　　唐攻打百濟（白江口之戰）
唐朝
新羅統一

700

800

後高句麗
五代十國　後百濟
900　　　　　高麗王朝

宋朝
1000

1100

1200
臣服蒙古

元朝
1300

明朝　　　　　　　訓民正音
　　　　　李氏朝鮮
1400

1500　　　　　　　燕山君繼位

萬曆朝鮮之役
1600
清朝

1700

1800　　　　　　　壬午兵變

大韓帝國
1900
中華民國
日韓合併
分裂南北韓

2000

美國支持下返回韓國，與之展開爭鬥。

在內憂外患下，全斗煥激流勇退，把政黨交給自己的心腹盧泰愚。據說全斗煥當政期間，貪汙公款達40億美元之鉅，因此，在下臺之後，立刻遭到了調查和圍攻。為了避難，全斗煥居然跑到一座寺廟去剃頭做了和尚，兩年以後避過了風頭才還俗。

1987年總統大選，因為金泳三、金大中這兩位「民主鬥士」的相互分票，結果全斗煥的心腹盧泰愚再次當選。盧泰愚祖籍中國山東，據說是東漢名將盧植（劉備的老師）的後裔。他在總統位子上，學習大哥全斗煥的榜樣，也是拚命斂財。

民主・統一・未來

1992年12月的大選中，金泳三當選總統。李承晚、朴正熙、全斗煥一脈相承下來的軍人獨裁，終於走到了盡頭。

1993年上任的金泳三苦盡甘來。他針對韓國經濟發展緩慢的困境，大規模反腐倡廉。而全斗煥和盧泰愚兩位前總統，則因為貪腐問題，在1995年遭到逮捕。隨後，這哥倆發動軍事政變推翻合法政府、動用軍隊鎮壓人民運動等罪行也被翻了出來。在全國人民的憤怒聲討中，全斗煥被判處死刑，盧泰愚被判處無期徒刑。

這倆人心想不能這麼狠啊，他們就提出上訴，結果終審改判，判全斗煥無期徒刑，盧泰愚17年有期徒刑。總算保住了性命，也該滿意了。

1997年12月再度總統大選，飽經風霜的金大中終於獲勝，以74歲高齡當選韓國總統。金大中在經濟方面努力改革，應對亞洲金融危機的威脅；在外交方面，積極推進與朝鮮的和談，謀求和平統一；在政治方面也顯示出一個老人的胸懷。兩位前總統全斗

耶穌基督出生　0—

君士坦丁統一羅馬

羅馬帝國分成兩部

波斯帝國　500—

回教建立

阿拉伯人攻佔西班牙

凡爾登條約

神聖羅馬帝國建立
1000—

十字軍東征

英國大憲章　蒙古第一次西征

英法百年戰爭開始

文藝復興

哥倫布發現新大陸
1500—

英國大破無敵艦隊

光榮革命　發明蒸汽機

美國獨立
拿破崙稱帝

明治維新　美國南北戰爭開始

第一次世界大戰
第二次世界大戰

2000—

煥和盧泰愚過去多年把他往死裡整（差點裝進麻袋扔海裡，被美國特務救下來了），如今他們淪為階下囚，金大中以德報怨，對他們頒佈了特赦令。

在金泳三、金大中的領導下，韓國走出數十年軍人政治的陰影，真正以一個現代化國家的面目走向世界。

金日成的清洗

當大韓民國最終推翻軍人獨裁實現經濟騰飛的同時，相隔一條三八線的同胞，則走上了完全不同的道路。

相比韓國的政黨更替，朝鮮內部的爭鬥沒有這麼複雜，但也是相當激烈。在20世紀50年代初，金日成雖然是朝鮮元首，但在整個朝鮮內部，還有幾股勢力。

第一股是所謂「蘇聯派」，顧名思義，即親近蘇聯的一派。「蘇聯派」的首領叫許嘉誼，血統雖是朝鮮族，卻出生在蘇聯，在蘇聯上的學，一直當到蘇聯的州委書記。「二戰」後，他是以蘇聯官員的身分被派到朝鮮來，然後參加選舉，進入朝鮮民主主義人民共和國的高層。這樣一個徹頭徹尾的「蘇聯朝鮮人」，當然更得到莫斯科的欣賞。

第二股即「延安派」，是抗戰時期跟隨八路軍打鬼子的一批人，以金枓奉、武亭、崔昌益等人為代表。他們有的抗戰後便回到北朝鮮，有的跟著打完國共內戰才回國，自然和中國感情很深。

第三股是「國內派」，也就是原先南朝鮮勞動黨的朴憲永、李承燁等人，因為遭到李承晚的迫害和屠殺，逃到北方，與金日成的北朝鮮勞動黨合併。

這幾股勢力難免發生治國路線衝突，以及爭奪權力的爭鬥。

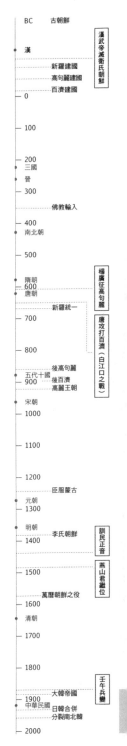

BC　古朝鮮

漢　　　　　漢武帝滅衛氏朝鮮

新羅建國
高句麗建國
0　　　　　百濟建國

100

200
三國
晉
300
佛教輸入

400
南北朝

500

隋朝　　　楊廣征高句麗
600
唐朝
新羅統一　唐攻打百濟（白江口之戰）
700

800

後高句麗
五代十國　後百濟
900
高麗王朝
宋朝
1000

1100

1200
臣服蒙古
元朝
1300

明朝　　　李氏朝鮮　訓民正音
1400
　　　　　　　　　燕山君繼位
1500

萬曆朝鮮之役
1600
清朝

1700

1800
　　　　　　大韓帝國　壬午兵變
1900
中華民國　日韓合併
分裂南北韓
2000

在「黨爭」這一點上，朝鮮和南韓一樣，都延續了當年李氏王朝中後期的「優良傳統」。

早在韓戰時期，金日成便找藉口逐漸剝奪蘇聯派和延安派的政權、兵權。蘇聯派領袖許嘉誼時任副首相，因為「建設水庫不力」被降職；而曾經參加過中央蘇區反圍剿和二萬五千里長征，並擔任紅軍、八路軍中央炮兵團團長的老紅軍武亭，也因為「平壤失守」等原因被解除軍職。蘇聯派和延安派都遭到了很大削弱。

隨著韓戰逐漸停息，金日成把矛頭指向國內派。1953年4月，金日成宣稱國內派要發動反革命政變，逮捕了國內派領袖李承燁等11人，說他們是美國收買的間諜。7月板門店停戰之後，金日成又宣稱國內派另一領袖朴憲永是美國間諜，將其解職，逮捕。之後兩年，李承燁、朴憲永等先後被處決，國內派基本覆滅。蘇聯派領袖許嘉誼也被牽連，最後「畏罪」自殺。

眼見金日成的清洗如此威猛，延安派和蘇聯派殘存成員聯合起來對抗。1956年8月的中央委員會會議上，延安派和蘇聯派的黨員們企圖推翻金日成的統治。金日成對他們安上「反黨分子」的帽子，投票開除出黨。兩派倖存者紛紛逃亡中國和蘇聯。到1961年，延安派和蘇聯派都已經從朝鮮政壇完全消失。之後，金日成又用了幾年，清除了黨內最後一個派系——「甲山派」（抗日戰爭時期潛入朝鮮半島對抗日軍的地下工作者）。

1994年，金日成在平壤接待美國總統卡特，卡特還帶來了大韓民國總統金泳三的邀請，請他訪問漢城。隨後，韓朝雙方約定7月25日金泳三訪問平壤，進行首次南北元首會談。

誰知在7月10日，金日成突因心臟病發作去世，享年82歲。

不管如何評價是非，金日成是一個很有能耐的人。他的去

世，也讓朝鮮隨後的走向發生變更。接替金日成位置的，是他的兒子金正日。而金正日表現出的才幹和氣度，和他父親不一樣。在金正日當權的近二十年裡，朝鮮從經濟到民生都出現很多問題。相對於實現了經濟騰飛的韓國，朝鮮完全成為西方乃至世界眼中的異類，一個國瘠民窮，只剩下百萬大軍威脅南方的封建怪物。2011年12月17日金正日去世後，又是其子金正恩繼位。這種父死子繼，也在提供新的注腳。

朝鮮半島的一個民族兩個國家，就這樣在鄰居們的注視中，背負歷史，默默走向的未來。

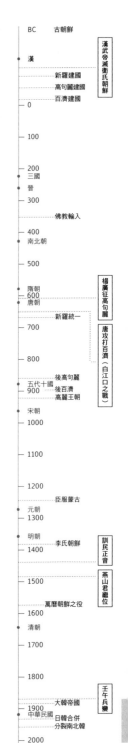

汲古閣 03

你一定想看的韓國史

作者　　　　楊益、鄭嘉偉
美術構成　　騾賴耙工作室
封面設計　　斐類設計工作室
發行人　　　羅清維
企劃執行　　林義傑、張緯倫
責任行政　　陳淑貞

企劃出版　　海鷹文化
出版登記　　行政院新聞局局版北市業字第780號
發行部　　　台北市信義區林口街54-4號1樓
電話　　　　02-2727-3008
傳真　　　　02-2727-0603
E-mail　　　seadove.book@msa.hinet.net

總經銷　　　知遠文化事業有限公司
地址　　　　新北市深坑區北深路三段155巷25號5樓
電話　　　　02-2664-8800
傳真　　　　02-2664-8801

香港總經銷　和平圖書有限公司
地址　　　　香港柴灣嘉業街12號百樂門大廈17樓
電話　　　　（852）2804-6687
傳真　　　　（852）2804-6409

CVS總代理　美璟文化有限公司
電話　　　　02-2723-9968
E-mail　　　net@uth.com.tw

出版日期　　2020年10月01日　二版一刷
　　　　　　2023年05月01日　二版五刷
定價　　　　350元
郵政劃撥　　18989626　戶名：海鴿文化出版圖書有限公司

原著由華中科技大學出版社授權給海鴿文化出版圖書有限公司在臺灣、香港、澳門地區發行中文繁體字版本，該出版權受法律保護，非經書面同意，不得以任何形式任意重製、轉載。

國家圖書館出版品預行編目（CIP）資料

你一定想看的韓國史 ／ 楊益,鄭嘉偉作.
-- 二版. -- 臺北市 ： 海鴿文化，2020.10
面 ； 公分. --（汲古閣；3）
ISBN 978-986-392-329-9（平裝）

1. 韓國史 2. 近世史

732.25　　　　　　　　　　　　　109013399